第十三届
"韬奋杯"
全国中小学生创意作文大赛 | 获奖作品集

韬奋纪念馆
《少年文艺》编辑部 编

少年儿童出版社

序

邹韬奋是我国现代史上伟大的爱国者、卓越的文化战士、杰出的出版家和新闻记者,是"100位为新中国成立作出突出贡献的英雄模范人物"之一,也是唯一一位列入首批国家公祭日公祭烈士名录的出版界人士,被誉为"人民的喉舌"。以"邹韬奋"名字命名的"新闻奖"和"出版奖",是我国新闻出版界个人成就最高荣誉。

由上海韬奋纪念馆与少年儿童出版社共同主办、《少年文艺》编辑部承办的"韬奋杯"全国中小学生创意作文大赛,同样以"邹韬奋"名字命名,是希望新闻出版人的灯塔——邹韬奋的名字,能为广大青少年朋友们所知晓,让韬奋先生的"爱国精神""服务精神""敬业精神""奋斗精神""乐观精神""创造精神"在新时代继续发光发热。

时光荏苒,不知不觉"韬奋杯"已经走过了十三个年头。在这十三年里,许多往届参赛的小作者,已经大学毕业奔赴社会各行各业,而新近参赛的小朋友们,正积极投身于紧张繁忙的学业之中,为人生的未来奠定厚实的基础。在静水流深的时间长河里,"韬奋杯"默默地陪伴着大小朋友们走过了一个又一个春秋,给大家提供了一个表达人生感悟、书写丰富心灵和畅想美好未来的舞台。

本届大赛秉承"韬奋杯"历届赛制,设置了两个大赛主题,参赛小作者们可以任选其一。第一个参赛主题是根据邹韬奋先生的一段话写一篇文章：

  其实世界上有哪一个是全知全能的？所以我们对于不知道的事情就老实承认不知道，这正是光明磊落的态度，有什么难为情？若遮遮掩掩，无论一旦露了马脚——而且这种马脚终有露出之一日——更觉难堪，而虚伪的心境，在精神上已感觉非常的痛苦。我们当以不学为耻，不必以不知为耻。

——《无若有》（原载《生活》第4卷第23期）

  一生潜精研思的韬奋先生，对于做好学问有着自己深刻独到的见解。在这段关于"学习的态度"的论述中，韬奋先生首先指出，世界上没有人是全知全能的，这是一个基于人类认知局限性的现实认识。接着，他提出在面对自己不知道的事情时，应坦荡承认自己的无知，向自己不知晓的方向更深入地挖掘。反之，遮遮掩掩、不懂装懂则会误入歧途。这种态度体现了对求知求学的尊重，也是对为人处世的警醒。参赛小作者对这段话的内涵进行了深刻的理解，然后从自己的生活、学习和知识储备中寻找鲜活的素材，构思创作。有的结合具体生活事例，如磨麦子、玩魔方、做习题、买车票等，描述因不懂装懂而导致的尴尬场景或纠结痛苦的内心，叙述生动，并以小见大，领悟坦诚的重要性；有的引经据典，与古往今来的先贤论道，或论述面对不知道的事物，应该秉持什么样的态度，或思考为何"当以不学为耻，不必以不知为耻"，条分缕析，层次分明，充满思辨色彩。

  第二个参赛主题要求以《少年文艺》2023年第10期封面为蓝本，充分发挥自己的想象力，创作一个独立的故事：风吹起洁白的纱帘，一只巨大的猫咪探进脑袋，屋内两个小朋友沉浸在书本中……画面温暖而明亮，动与静结合，在图书馆的寂静中，巨大的猫咪又给人留下了无限的遐想空间。

"封面故事"的写作，最大的困难在于如何根据要求将绘画语言转换成文学语言。这不是简单地描述画面，而是要以合理的逻辑将至少三个不同的画面元素有机地勾连起来，构思一个想象丰富、合情合理的独立故事。我们同样在参赛作品中看到很多精彩的表现：有的绽放想象，创造出色彩缤纷的童话乐园或充满科技感的异星世界；有的从日常生活出发，在亲情与友情、自然与社会、学习与游戏等丰富多彩的主题上，表达出小作者们对生活生命独特的体悟与关怀。

从第九届开始，上海市科技艺术教育中心、上海市校外教育协会也加入了"韬奋杯"大赛上海赛区的组织工作，在各区发动学校参与，基本覆盖全市各区中小学校。上海赛区获奖的小作者又加入全国赛区的评选，最终全国赛区评选出350篇获奖作品。这本集子里收录的作品，是小学组和初中组获得特等、一等、二等、三等奖的作品，共150篇，可以说代表了此次大赛比较优秀的水准。

愿更多的中小学生能加入到"韬奋杯"大赛中来，展示创作才华，抒写真挚情感。愿更多的小作者在大赛中，感悟到韬奋精神的伟力，传承和发扬韬奋精神。

"韬奋杯"大赛组委会

目 录

中学组

003　涅槃重生 / 赵圆雯
005　金黄如我 / 章昕悦
007　孤 帆 / 王艺澄
010　爱读书的巨大魔法猫
　　　　　　　／佘尚达
012　粉色季节的邂逅 / 张晓瑜
015　他，让我看到光 / 胡睿哲
017　猫的书店 / 郑　好
020　书架 / 顾皓涵
022　图书馆的智慧之门 / 胡可言
024　向往的生活 / 唐婧涵
026　无所不能的猫 / 魏诗粤
028　谦逊求知论 / 杨岬泽
030　声 / 谢沅锦
032　"不知"错了吗 / 黄奕芃

034　与薛定谔猫的对话
　　　　　　　／潘濠乐
036　复盘 / 李之善
038　做一只特立独行的猫
　　　　　　　／朱亦萱
040　永恒的生命 / 王思涵
043　街角的书店 / 张乔聿
045　饰不知为知，诚所谓耻也
　　　　　　　／任逸飞
047　"全知"使用说明书
　　　　　　　／施存芫
049　难 题 / 陆沁滢
051　种 梦 / 李梓萌
053　图书馆奇妙游记 / 黄靖淳
056　最后一座纸质书屋 / 刘任轩

058	目光 / 陆柏涵	090	盼那秋风起 / 张思施
060	心中的精灵 / 王添颐	093	山里的桃花 / 吕　行
063	猫生图书馆 / 陶佳栎	096	幸福的使者 / 赖宇轩
065	求知贵乎诚 / 孙苇杭	098	小猫的烦恼 / 孔济桐
067	一堂课的感悟 / 余佳淇	100	那一次，我明白了 / 严舜航
069	开在记忆里的花 / 曾子涵	102	木映识浅 / 郑　露
070	求知者当要光明磊落 / 杜海岳	105	胖橘书海漫游记 / 周　全
		107	寻找神秘药水 / 詹贺欣
072	浅谈"知之为知之，不知为不知" / 徐漫翎	109	时光书屋 / 郭子涵
		111	那双纽扣眼睛 / 王　菁
074	风的思念 / 孔子悦	113	以不知为耻，更当以不学为耻 / 王棠磊
077	这个世界上独为你下的一场雨 / 吴佩莹	115	知有涯，而学无涯 / 罗杰译
079	当苏格拉底遇上孔子 / 吴晨涵	116	与其云端跳舞，不如实事求是 / 赵沈添
081	学问学问　不懂就问 / 丁琦轩	118	不知为不知 / 张诗晗
083	拯救皮影将军 / 艾添忆	120	不耻下问 / 罗雅珊
086	无字书 / 黎嘉颖	122	翻盘 / 车荣哲
088	智慧地无知 / 许德昊	124	记忆相册 / 刘航语心

126 人恒过，然后能改 / 林彦佑

128 以学为德，奋斗无愧
　　　　　　　/ 陈乐萌

130 暗昧处见光明世界 / 林芷妍

132 故事 / 崔畅轩

135 学问逞论多少　不知不必
　　为耻 / 郑睿熙

137 何惧沧海一粟 / 范嘉琪

139 书中奇遇记 / 叶亦奇

141 梦之旅 / 彭江宁

143 知与无知 / 叶雅彤

145 谦逊与勇气交织的探索之
　　路 / 冒佳文

146 读书 / 梁卓诗

148 会"看书"的猫 / 赵佳燏

150 韬光韫玉，磊落光明
　　　　　　　/ 杨浩葳

152 知之为知之 / 陶雨瑄

153 谎言 / 程子煜

155 不必以不知为耻 / 陈雨杉

156 引路人 / 石胡杰

157 感悟 / 程熙涵

小学组

163 万不可"不懂装懂"
　　　　　　　/ 汪彦伯

165 大橘 / 刘婧悠

166 图书馆的舞会 / 华　暄

168 一道有难度的数学题
　　　　　　　/ 陈思诺

169 一只好奇的猫 / 李一诺

171 听世界 / 于铠源

172 薛定点和猫 / 张怀蕙

175 巨猫的"怪病" / 蔡依依

177 寻觅时针大冒险 / 杨芊晴

179 随时待命的猫 / 孙苡安

180 "小人国"的故事 / 郭若楠

182 知吾所不知，亦为知也
　　　　　　　/ 霍思如

183 流星雨的星空 / 李展逸	210 行到水穷处，方知轻与重 / 管上集
185 守护 / 马蕴宜	
187 心灵驿站 / 孟语希	211 书的角落 / 江雨霏霏
189 一次难忘的购票经历 / 汪坤麟	213 小英子和小毛球 / 胡淳元
	215 一只"自由"的猫 / 崔柏冉
190 以书为伴，诚实求知 / 钱云汉	217 我是一本书 / 胡桢析
192 猫咪萨耶和它的书店 / 朱思衡	218 老猫的心愿 / 陈祈泽
	220 夜晚奇遇记 / 张诣琛
193 如果你也有一只胖猫 / 胡晨希	221 橘猫 / 郑相宜
195 透彻的心 / 张鹿鸣	223 大脸猫和小学娃 / 史岚尹
197 知与学的边界 / 陆至君	225 满纸清梦入画来 / 孙毓璟
198 朏朏解百忧 / 刘宸宸	226 空山迎雨，必欢畅 / 黄新喻
200 向未知进发的时光 / 李昊彦	228 云朵历险记 / 张芷萱
	230 老猫 / 盛天翊
202 亲爱的猫咪 / 冯俊熹	232 爷爷书屋里的秘密 / 张译心
204 童话主角下班以后 / 王梓赫	233 不懂装懂闹笑话 / 宋俊贤
206 吃童话的猫 / 陆梓骏	235 云朵小镇的落落图书馆 / 周祉晴
208 精灵书店 / 方清岚	237 被迫读书的肥猫 / 陆向暄

238 矜己任智，是蔽是欺 / 黄越筱曼	264 毛球先生 / 汪熙雯
240 喵时空之旅 / 陈依依	266 胡同图书馆 / 杨斯羽
242 梦幻书店 / 葛怀羽	268 在不足中成长 / 徐桢越
244 由"白菜"到"百菜" / 刘奕辰	269 请不要叫我百事通 / 刘开来
245 透过窗棂的思念 / 庄　宸	270 窗边的猫 / 肖怡敏
247 梦想书屋奇幻之旅 / 张淇奥	272 奇幻之旅 / 韩依恬
248 城市"巨猫"图书馆 / 胥艺鼎	273 树林里的图书馆 / 陈天遨
250 盒子世界 / 陈璟涵	275 爱，让一切自然发生 / 巫艺琳
252 不耻下问 / 石　乐	277 魔力巨猫 / 邱子悠
253 追寻 / 邢　栋	278 奇妙的旅行 / 阎一辰
255 学"问" / 陈胤垚	280 小猫的图书馆 / 刘怡乐
256 奇妙的未来世界 / 刘辰菲	281 光明磊落的态度 / 罗翊水
258 奇特的钟表 / 郑　颖	283 以不学为耻，不可以不知为耻 / 贾嫣冉
259 小事情大教训 / 谢宇乘	285 能给我一本故事书吗 / 李泽锐
261 我做错了吗 / 刘亦凡	286 不懂就问 / 张小贝
263 代价最大的一次冲浪 / 韩金宸	

第十三届"稻香杯"全国中小学生创意作文大赛获奖作品集

中学组

涅槃重生

赵圆雯　上海崧泽学校八（6）班
王　宝　指导老师

　　我是一只大猫，一只来自开普勒-47喵星系的橘猫，我有一项神奇的技能，能够自由穿梭在地球和喵星系之间，并且从不吃人间的食物，只汲取人们的精神食粮。

　　我喜欢生活在地球上一座安静的小镇里，每天穿梭在城市的一个个角落，听闻许许多多、大大小小的事。有时会在咖啡馆的窗边徘徊，或是在公园的草地上晒太阳，也会在屋顶上看茫茫宇宙思考喵星系的未来。

　　我不需要吃东西，吃的是精神食粮。每天我去寻找各式各样读书的人，在我眼里，他们的身上都散发着柔和美妙的光芒，这些光就是我的粮食。

　　人们看不见我，我可以随意穿行在地球和喵星系之间。我蜷在咖啡馆的窗边和胡子男一起翻报纸；趴在草地上和男孩一起看小说；躺在屋顶听妈妈给女儿讲睡前故事……一旦获得了精神食粮，我的身体就会慢慢膨胀、变大，毛色变得很有光泽，眼中清澈。过去的很多年里，我的身体都保持着这种健康庞大的状态。

　　近年来，我好像病了。变得越来越瘦，越来越小，每一天醒来都生怕自己会直接消失。我跟跟跄跄地在镇上徘徊，却无处可去，我已经找不到一个正在看书的人了！咖啡馆里的胡子男不见了，草地上的男孩也不见了，屋顶上妈妈的故事声也消失了……取而代之的是窗边刷视频的白领，放学路上打游戏的男生，躺在床上看动画片的宝宝。我亲眼看见，在地铁里，一个个长方形的彩屏犹如一个个黑洞一般，不断攫取着人们身上的那一个个光晕，最后吞噬他们的全部；一扇扇窗里的孩子，正捧着一部部手机，手机里的图像变幻莫测，孩子的手在飞速地点着，控制着里面的人物，移动、射击。他们身上的光芒被那个黑洞一点点吸走，只留下一个个空洞的躯壳，面对家长的呼唤与催促，充耳不闻。

今天，我还是想去咖啡馆里碰碰运气。在咖啡馆的玻璃上，我猛然看到一个瘦骨嶙峋的渺小的身影，这难道是我吗？那只猫的皮毛已不再富有光泽，它的尾巴也不再高高翘起，它那清澈的双眼已经浑浊无神。震惊之余是无尽的哀伤。唉，现在真的没有喜爱读书的人了吗？想着想着，突然身体一沉。我竟然卡在阴沟盖板的格栅里了！我使出浑身解数，一点点用力爬，好不容易才把自己渺小而羸弱的躯体解救出来。

眼神有点模糊，我觉得自己快要能量耗尽，内心无比失落……

望向天空，我多么怀念曾经那些热爱阅读的人们啊！人们在报纸中知晓时事，在书籍中了解古今，在故事书里感受童真，在科普书中上知天文下知地理……而我在这些发光的人们身上汲取营养。可是，那个怪物出现了，那个黑洞，不断吸走人们身上的光，每个人都变成了灰色，而我也变得骨瘦如柴了。

眼神越发混沌，我觉得自己快要能量耗尽，内心越发凄凉……

傍晚，下起了小雪，给大地覆上了一层白。这是冬日里的第一场雪，我莫名有些凄凉。感觉快不行了，冰凉的雪花打在身上，身体不时传来一阵阵战栗。在我眼里，世界已是一片灰暗，昏黄的路灯也是一片灰色。

咦？远处的窗口有一抹亮光突然出现，柔和而美妙。我十分震惊，拼尽最后力气向那边爬去。

视线越发模糊，我觉得自己快要能量耗尽，等待涅槃……

再次醒来，被眼前这柔和温暖却富有能量的光芒所震撼，浑身仿佛充满了力量，僵硬的身体渐渐暖和起来，变得越来越大，越来越大……我瞪大眼睛看清了一切：屋里一整面墙的书架，上面密密麻麻摆满了书籍。一个男孩坐在地上，捧着一本书正津津有味地阅读，书架边女孩站在梯子上，正努力伸手去够一本《爱丽丝梦游仙境》。我好奇地凑上去，把爪子搁在窗沿上，看清了男孩手中的书——《三个火枪手》……

我感到了自己的身体前所未有的庞大，柔软的雪花掉在我身上，我的一颗心也与它们一起融化。

凤凰涅槃，我已经浴火重生，开启新一季喵星的一生……

金黄如我

章昕悦　上海彭浦第三中学八（5）班
胡　苗　指导老师

我叫沈安安，是个喜欢沉浸在自己斑斓世界的孩子。

小时候，我坚信就连文字都从色彩中诞生，"大"是湛蓝色的，"飘"是乳白色的。我喜欢"我"的颜色——金黄色，那么明媚温柔。当然，那只是开心的"我"的颜色。

那天上完钢琴课，回到家，我避开客人们好奇的目光，想匆匆躲回卧室。"把今天学的曲子弹给几位阿姨听听。"妈妈的指令总是无法拒绝。打开谱子，各种颜色的音符，梦幻神秘。我陶醉于高音辉煌的紫和低音浑厚的咖啡色之中，一连弹错好几个小节。"沈安安，花了那么多钱上课，你就给我弹成这样？"我眼睛一酸，差点儿落泪。

难过时，我喜欢看书。靠窗的落地书架上有许多书，书里有斑斓的文字，组成美丽而梦幻的世界。沉浸在书的梦幻海中，房间里宁静无声，我心里充盈着自在遨游的快乐与满足。每当这时，妈妈是不太管我的，因为"多看看书，可以学学怎么写作文"。

那天，我向L同学借了几本《猫武士》——暗灰的长毛公猫灰条、浅棕色的虎斑公猫桦落、金色的虎斑母猫豹星、深红棕色的公猫橡心……斑斓的猫儿演绎着猫族的荣辱兴衰，诠释着坚毅、智慧与忠贞。

我津津有味地一直看到晚上。

"喵——"一声猫叫让我抬起了头。我家住在一楼，漆黑的窗栅栏外弥漫着令人不安的气息。我屏住呼吸，凝视窗外，忽然一只金黄色通体发光的小猫蹿了出来，它的眼睛也是金黄色的，明亮又温柔。它的尾巴短了一截，显得那么惹人怜爱。但我知道妈妈绝不会允许我养它。

它在窗台上徘徊，终于试探着凑过来舔舐我的掌心。它的舌头软软的、柔柔的、温热而湿润，奇妙的触感促使我心一横，下定决心要收留它。

次日清晨，我早早起了床。虽是周末，但我有很多课。老师给我一张卷子，我匆忙地做完，得到一堆大叉。老师走后，妈妈愤怒地抓起卷子质问："那么简单，都能错！花了那么多钱补习，都补到哪里去了？"我低低地垂着头。

沮丧地回到房间，我拿起了书。小猫缓缓走到我身边，轻声叫着，短短的尾巴慢慢摇晃，金黄色的身体依偎在我身上，我感受到了它和我同频的心跳。我跟它讲述书里的故事——血红的湖水、危机四伏的黑暗森林、皎月之下琥珀色的眼睛、泛着光泽的耸起的脊背……它就那样依偎着我，侧耳倾听，与我同步感受那斑斓世界、跌宕生活，还不时"喵呜"一声表示回应。

尽管我的眼睛异于常人，它的尾巴短了一截。那又怎样？此时此刻，我很高兴。

自此，我偷偷养它，却从不需要喂食。有它在，我眼中的斑斓世界得以分享，现实中的庸常生活也被赋予了丰富色彩。我变得越来越快乐，整个人熠熠生辉。我在镜子里看到自己是金黄色的，发着光。

只是，很奇怪，有一次，我来不及藏起它，妈妈看看我们并没有说什么。

那段日子，我每天都情绪高涨地学习。小猫会在我奋笔疾书时趴在桌旁，静静陪我。有时它悄无声息地睡着，我便放下笔，轻轻抚摸它柔顺的毛发和短尾。就这样，它陪伴了我好久好久，包括每一个挨批的

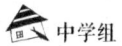

日子。当我哭泣时，它都会摇着尾巴慢慢靠近，轻轻靠上我的身体，缓缓舔舐我的脸颊。它的身体软软的、暖暖的，拥着它，我常常能好受许多。有它在，我感觉夜幕降临的时间和淫雨霏霏的日子也都被染成了金黄色，我也变成了金黄色的可爱孩子。

没想到，让这一切美好戛然而止的竟是我的学习退步，妈妈理所当然地怀疑《猫武士》是罪魁祸首，于是雷厉风行地收缴散落在外的每一本残党余孽，并给予我语重心长的善意提醒。于是，还没来得及看完的《猫武士》被收回，而那只金黄色的断尾猫也一并离奇地消失在我的生活里。

时至今日，那软软的、柔柔的奇妙触感，那温热的、温暖的，拥着它的幸福和满足，仿佛真切如昨日。

我曾偷偷养过一只猫。那时的我是金黄色的。

你，相信吗？

孤 帆

王艺澄　北京中学八（8）班
朱妞荣　指导老师

每当天色渐晚，太阳被黑色山峦吃去半个身子，海城唯一的小酒馆就喧闹起来。奔波了一天的渔夫们在这里吃烤鱼、喝小酒，谈论当天的收获，抱怨糟糕的天气。一时间，酒送入嘴的吞咽声，钱币撒在柜台的叮当声，夹杂着畅快的吹捧与怒骂，充斥了整个潮热而狭小的空间，伴着海风送来海螺的鸣声，漫无目的地飘荡着。

然而那个人总是能够奇迹般地猛然使这喧哗戛然而止——海城中唯一的评论家，唯一的新闻发布者，也是唯一不屑于在海上讨生活而仍旧居住在海城的人。

他是海岛开拓者的继承人，虽然祖先的智慧、勇敢已如小水洼逐渐干涸，但他仍旧以全知全能的大冒险家自居。

　　他身材不如撒网的渔夫高大，力量不能与划船的水手相较，但是他的能耐比他们强大。仅仅因为吃鱼时刀叉摆放的顺序不对，或者是把酒一次倒得太满了这些个小事，他都要毫不留情地教训那些平日里敢于与狂风骇浪搏斗出生入死讨生活的人们。被教训的人一个个都红着脸，只能低着头，承认自己的无知与粗鄙。

　　因为他的血统是纯正的。

　　我在酒馆里打杂时，经常听到他对古往今来的点评与各种学科茶话。

　　"那个文学家，我是认识的，不过是个会写字的疯子！"

　　"梵高对于油画颜色的处理，我有几点看法！"

　　"你们见过一人多长的蓝鳍金枪鱼吗？那才是最珍贵的！"

　　"我夜观星相，定是东南风。"

　　每当他用那不容置疑的语调与面前昏昏欲睡的渔民谈天说地时，我觉得他是世界上知识最渊博的人物——尽管风向是西北的。

　　海城中只有那个最有经验的老渔夫不屑他的言论。比起天花乱坠的说法，他更信任自己的手和渔网。老渔夫没有后人，只有一个瘦弱的小徒弟，但是他们对评论家关于如何打鱼的理论提出的小小质疑，也宛如一颗石子被扔进了大海，还未掀起波澜就已经被无声地吞噬。

　　因为声量是评论家独有的权利。

　　不出意外地，评论家开始针对这可怜的师徒，尽管他们不曾说过一句不是亲眼所见的话。众人也跟着一起嘲讽老渔夫和他的徒弟，找点乐子，从而掩盖各自心里的痛楚。

　　这一天，大雨瓢泼。老渔夫的船到傍晚还没靠岸，紧接着的夜晚里，小酒馆里传闻，老渔夫和小徒弟都不幸被卷入了海浪……同为渔民的人们都不忍说出自己想象的结局。在这少见的死寂中，那个不屑打鱼的人欣然开始了自己的演说。

　　"听说先前那个蠢渔夫被卷入水中淹死了，人竟然蠢笨到这个程度。

在我看来这风雨很温柔，甚至有点浪漫……"

酒馆的门突然被撞开，一个身影裹着凛冽之风猝不及防地涌了进来，随后又骤然缩入昏黄的灯光中化作一个普通的剪影。

评论家瞥了一眼。

"……你们知道作家荷马是如何描绘划船的吗？温柔的水，慵懒的桨。被水杀死，真是好笑……"

忽然，评论家用手指着我："哈哈！就算这个毛头小子，按我的理论划船也是不会沉的，钓鱼的技巧就更不用说了。等我有空，带你去海上长长本事，不过打鱼到最后也是没什么出息……"

住嘴！

我在心中猛然想要大声呵斥，嘴上却忍住了。

我不能再看他，拗过头将目光投向窗外海面，灯塔远远地被点亮，在无边单调的黑中显出唯一的光芒，可惜只是一点点。

"住嘴！住嘴！"

耳旁突然响起了高亢嘶哑的声音！我猛然捂住嘴。

一个身影如压抑的弹簧般蹦起，夺过评论家正要送至嘴边的酒杯，抡一个圆圈摔碎。晶莹的玻璃碎渣在灯下散射出无数的寒光，像剑。

评论家正要暴怒而起，但他看到了一双通红的眼睛。周围嘈杂了起来，我听到人们的低语，是他，在暴风雨中划船的徒弟，带着破了的帆和再也不会睁开眼睛的老渔夫回来了。小徒弟怒吼之后张着嘴，嘴唇在颤抖。评论家也张着平日里那么犀利的嘴与唇，却无言以对。

"住嘴！住嘴！住嘴！"众人都喊了起来。

评论家不知所措，像一只偷食被打的老狗一般，缓慢地倒退出众人鄙视的眼光，转身冲进了黑幕中，不见踪影。

小徒弟也跟着走入黑幕，他要为老渔夫点上海葬的蜡烛。

从此海城没了评论家，人们只记得他慌张逃窜的身影，他的下落成为众人的饭后谈资。有人说他离开了海岛，去了大城市，依然逍遥快活。有人说他咽不下这口气自杀了。可我依稀记得在某个晚上，我看到评论家笨拙地划着船桨，像断了触角的昆虫，被海浪推来推去。他的帆是黑色的，不久就融入漆黑的海面，看不见了，只有海浪不断摔在礁石上发出的啸声和远处忽明忽暗的灯塔。

爱读书的巨大魔法猫

佘尚达　陕西宝鸡第一中学八（1）班
侯渭媛　指导老师

在 4 月 23 日世界图书日这天，瑶瑶和小杰相约着来到了学校的图书馆准备借阅图书。

瑶瑶是个性格像男孩的女孩子，她今天穿着白色的衬衣和蓝色的背带裤，她刚跑到高高的、灰颜色的书架前，就急呼呼地爬到了木质移动梯子上，开始了翻找。小杰是个性格温和的小男孩，他怕瑶瑶摔着，就在梯子旁放了个坐垫，随便找了本书，靠着书架看了起来。

"现在时刻，北京时间，九点整。"墙上黄色的钟表慢条斯理地报了一下时间，就又打瞌睡去了。微风吹动窗纱，阳光洒在书架上那些厚重的书本上，让这里增添了神秘而宁静的氛围。他俩没有觉察到的是，不知什么时候，窗台上趴上来了一只像书架一样巨大的猫，它看了一会儿，就又消失了……

瑶瑶站在高高的梯子上，两条辫子不停跳跃，好奇地翻看着一本又一本书。突然，她的手指在一本古老的童话书上停下来，眼睛里闪烁着光芒，仿佛发现了什么神秘的宝藏。与此同时，一本画满奇怪图画的插图书，吸引住了小杰：这本书讲的是一只巨大猫咪的故事。书中说，这只猫咪身形巨大，它能吞噬一切知识，并将这些知识转化为神奇的魔法力量。

"我们去找这只神奇的大猫吧!"小杰满怀期待地仰头看着梯子上的瑶瑶说。瑶瑶说:"哪里才能找到呢?你看这本书里的这句奇怪的话'雕窗之侧桃花笑,微波游鳞向狸跳'是什么意思?和大猫有没有什么联系呢?"小杰认真看着书上的这十四个字说:"这句话翻译过来是说,窗户旁边的桃花开时,水中的鱼会向着猫跳。"瑶瑶听完说:"你看地上!"小杰将目光移到了地上,发现地上竟然落有很多桃花花瓣!

小杰一拍脑袋说:"我知道啦!"他急匆匆地去清洁室,拿回一个接满水的脸盆,放到了窗户旁的阳光里。脸盆里水波摇曳,脸盆底部印着的两只金鱼的影子被光线投射到了窗户上,就仿佛活了一样。

金色的光线里,一只巨大的猫咪慢慢出现在了窗台上,它的身体圆滚滚的,黄白的毛发卷曲而有光泽,像一只蓬松的毛线球。它的眼睛大而有神,闪烁着睿智的光芒。

"亲爱的孩子们,你们好!"大猫的声音低沉而富有磁性,"你们好聪明,破解了谜题。"面对突然发生的事情,瑶瑶和小杰惊讶地对视了一下,然后兴奋地跳了起来。

"我可以帮你们实现一个愿望,"大猫微笑着说,"你们想要什么?"瑶瑶和小杰不约而同地说:"我们希望图书馆中的每一本书都能变得生动有趣,让更多的人爱上阅读。"

大猫微笑着答应了他们,默念了几句,就为整个图书馆施展了神奇的魔法。书架上的书仿佛都活了过来,每一页都开始跳动起知识的火焰。大猫说:"已经完成了你们的愿望,我要走了。临走前,我有几句话要送给你们,希望你们记住。我原来是一只普通的猫,我看完了这里所有的书,这才有了魔法。我深知知识的力量,希望你们能够好好学习,不断追求知识,让智慧的光芒照亮你们的未来。阅读是获取知识的重要途径,多读好书可以帮助你们开阔视野、丰富思想,培养出优秀的思维能力和创造力,所以,请珍惜每一个学习的机会,让知识的魔法为你们的人生带来无限的可能。"瑶瑶和小杰拼命点着头,眼看着那只魔法猫,慢慢消失在了阳光中……

从那天起，瑶瑶和小杰深深地记住了魔法猫的教诲：珍惜时间，努力读书，不断追求知识。每当他们翻开一本书的时候，仿佛那只魔法猫就在他们身边，陪伴着他们一起在知识的海洋中探索。他们的心中充满了感激和欢乐，他们明白了真正的魔法，其实就是知识、勇敢和友谊的力量。

瑶瑶和小杰的故事传遍了整个学校，激励着更多的孩子爱上了阅读。在洒满阳光的图书馆里，魔法猫的故事还在继续，同学们的阅读之旅还在进行。而那只魔法猫的智慧和教诲，也将永远伴随着同学们继续成长。

粉色季节的邂逅

张晓瑜　上海师范大学附属宝山经纬实验中学九（6）班
葛　丽　指导老师

又是一年初春，清晨的第一缕阳光穿透薄雾，花瓣聆听着清脆的铃铛声飘向那充满书香的地方。

女孩蘸上颜料，涂抹出几顶粉红的花冠，一片片花瓣汇成花雨，飘向某个时空……

1

丁零零零——

铃声的深处是一双琉璃色的眸子。古老的学校钟楼里的钟被打响了九下，她随眼前那只一瘸一拐的橘白色小奶猫消失在余音中。这一次，她彻底决定不再回来上学了。那个远近闻名而严厉苛刻的兽医父亲、学校那些枯燥无用的课程……就暂且消失在她的脑海中。

"我要活出我自己!"标新立异的棕色双马尾在风中肆意甩动。

2

铃铛声在一间书屋前停止。

她打开一本大书。封面上的油画吸引了她,那是一束含苞欲放的石斛兰。叮当,隐约间又是一串铃声。

这本深奥难懂的哲学书很快使她丧失了兴趣。在房间深处,她第一次遇见了那个身穿红色毛衣的男孩,他那样静静地坐在房间一角。

"你也不去上学?"

一阵恐怖的沉默。女孩瞥见他的裤腿末梢处露出金属的光泽。

"你的梦想是什么?"男孩的目光始终没有离开手中那本白色封皮的《梦》。

"我想做一名画家。只有绘画才能使我拥有独特的价值。我渴望环游世界,用画笔描摹出动人的瞬间。我不愿像其他孩子一样被乏味的文化课遮蔽心灵。"

又是一阵沉默。

男孩的嘴唇终于微微颤动起来。

"你已是幸运者。我的梦想是成为运动员。然而,一场车祸使得我的前途一片黑暗。"

女孩的脸上露出一抹浅浅的微笑。"你的世界中还有那么多值得追求的事物,"她缓缓抚摸着身旁的小猫,它的一只爪子被绷带紧紧缠绕着,"对万物生灵柔软的心,对书籍的热爱……而我的梦想却与现实深深地割裂开来。"

"你有健全的双腿去奔赴理想,还有学校里无尽的知识去探索,梦想又何尝遥不可及?"

女孩爬上梯子,轻轻地拿下一本书递给男孩。转身的一刹那,他们看到了对方眼里的光，和那光里烂漫的花雨。

这个春天，也许他们的心灵都没有像这场无人欣赏的花雨慢慢凋零。

3

舞台上的灯光耀眼得有些虚幻。

一位小有名气的青年画家受邀参加一所名牌艺术院校的校友颁奖典礼。

女孩在掌声中走向属于她的位置，在万众瞩目中开始现场作画，闪光灯咔嚓咔嚓地照在那张洁白的画布上。

橘色、白色、红色、黄色……她将儿时那最熟悉的场景一点点描绘在纸上。也许是记忆变得有些模糊了，梯子上，书架下，那些亦真亦幻的色彩在她的脑海中渲染出一片空白。场下一阵唏嘘。台阶上，舞台下，偶然的余光中她瞥见了观众席中微笑着的他。她的记忆中突然闪过一串还曾在别处响起过的清脆的响声。

那串铃声来自家中的抽屉。在女孩很小的时候，父亲曾指着这串铃铛告诉她，他曾收养过一只橘白相间的小猫，它陪他度过双腿残疾后最黑暗的时光。女孩望向场下角落中，轮椅上的父亲。

他仍在微笑地凝望着她。双向救赎？错位时空？父亲？铃铛？猫？她终于想起，她本该早知道这一切的，只是她长大了才知道封面上的那束石斛兰是父亲的象征。

她在画作的最右端画上一只巨大的猫。"你还记得它吗？"她终于与感情破裂多年的父亲在拥抱中和解，是这场变换的时空使他们从对方身上看到了自己，友情的誓言、家人的默默支持……她终于意识到这些真情的历久弥坚。

她脱下身上耀眼的校友奖章，就如同那天她褪去标新立异的外表和一切顾虑重新回到学校那样。

4

女孩又一次回到那间儿时的书屋，书架已布满灰尘，而那本未合上的书却崭新如初，她翻过最后一页，书页上多了一串铃铛，铃铛的下方是一串字——

"我们总是在不停地获得与失去。希望我们永葆一颗最纯真的本心，永记那些真情。"

书的作者，那个几十年前她没有认出的名字，正是女孩的父亲。

她缓缓地合上书本。铃声终于不会再响起了，这是女孩人生中最漫长的一个春天。初夏的蝉开始鸣叫，凋零的花朵早已化作春泥，树木抽出绿油油的枝叶，生机盎然地等待盛夏的到来……

他，让我看到光

胡睿哲　上海子长学校七（1）班
沈　磊　指导老师

初升的太阳默默地照耀着，天边的云彩被染得金黄，阳光透过窗子洒在一本本书上，微微泛黄的封面好似被镀了一层金，跟着这眼前暖暖的光，往事仿佛流转在我的眼前。

三爷叔是个很普通的农民，虽然他连高中也没有上过，但对书却情有独钟。他不仅爱读书，更爱和别人分享读书的心得，闲暇之余，人们总能看见他在村头树下和村里人讲着书中的故事。

有一次回乡，我经过废品收购站时，远远地就看见一个细长的身影站在门口和别人商量着什么。走近一看，那位老人竟然是我的三爷叔。他正和老板攀谈着，时不时还指指身旁的袋子，又指指老板身前的那一堆旧书："老板，看在我多次来你这买书的份上，能不能便宜点？这些好书当废品卖了，不可惜了吗？"经过三爷叔多次的央求，这场买卖最终是三爷叔大获全胜，他获得了一大袋子的战利品。三爷叔那布满皱纹的脸上洋溢着幸福的笑容，我仿佛在他充满笑意的眼里看到了星星般闪亮的光。

　　三爷叔总是如此，他总是能在各个你意想不到的地方找到各种各样的书籍，那些别人眼中的旧书在他眼里可都是宝贝。他总会在晴朗的日子里，把这些淘来的旧书，一本本从书架上小心翼翼地取下，用鸡毛掸子轻轻地拂去书面的灰，再把它们一本本整齐地摆放在阳光下，让柔和的清晨的阳光洒落在泛黄的书页上。他整理书籍时动作轻柔，好像正在呵护新生的宝宝，他的眼里流露出温暖和宁静的光。

　　在过去贫穷的年代，三爷叔靠着他那双粗糙的双手，养育了自己的子女，渐渐地孩子们都离开了家乡去往更加广阔的天地打拼。村子里的年轻人也逐渐离开，村子里留下的多是老人和他们带着的孙儿孙女。三爷叔的妻子离开得早，三爷叔带着那只养了多年的老黄猫独守着孩子们为他建好的新屋。他把一楼的大厅收拾出来，把它改造成一间书屋。他在厅里明亮的窗边竖起一个足有六层高的大书架，每一层都放满了书。当春天暖风吹过，窗边的纱帘轻轻飘起，就像少女的衣袖，轻拂着那书架上一本本整齐的书。他把那些留守在村子里的孩子叫来，让他们在他的书屋里看书。他最爱做的事情就是在阳光明媚的日子里看孩子们捧着一本本书，坐在窗前细细品读，这时老猫都会趴在窗台上眯缝着眼晒日光浴。

　　三爷叔原本冷清的小屋里，因为有了孩子的到来渐渐有了生机。跑来看书的孩子们，有的盘坐在地上，有的斜靠在书架上，有的坐在一边的沙发上——他们都在认认真真地看着书。一个男孩窝在书架前细细地阅读手中的书籍，沙沙的翻书声引得老猫抖了抖耳朵扭过头来，盯着孩子们手中的书，像是在捕捉这美妙的音符。一个女孩千辛万苦地爬上高高的梯子，为了找一本心仪的书。"哇！我终于找到了！"小姑娘兴奋地叫起来。"上次来，你在第二层，今天怎么跑那么高呀？"她自言自语道，接着她又慢慢爬下梯子。"小心点！"旁边的小男孩听见她的喃喃自语，不禁走过去扶住梯子。"喵！"看到这一幕温馨的场面，老猫不由发出赞叹的声音。

  我以前总不明白为啥三爷叔退休下来不好好休息。而今天，我来到这个书屋，看到这温馨而美好的场面，仿佛明白了什么。三爷叔总是说："让孩子看看书总比玩打打杀杀的游戏要好！爱看书的孩子将来才有出息！"望着那些天真的孩童沐浴在书香中，他们每个人身上都散发出和煦而美好的光，那个瞬间我好像懂得了三爷叔。

  三爷叔总是很高兴看到孩子们来自己的图书馆，他热衷于履行馆长的责任。他很喜欢有孩子在身旁的温馨氛围，他悉心照顾着他的宝贝，用自己那颗慈爱的心。

  三爷叔让我看到了那束光，是他的坚守与耐心，让乡间孩子的童年有了书香的浸润，而孩子们也给予了三爷叔温暖的陪伴……

猫的书店

郑　好　内蒙古呼和浩特新城区实验中学启东校区八（6）班
张　哲　指导老师

  如你所见，我是一只钟。
  嘿，你好！
  我尝试着对下方的小男孩打招呼，不过他显然没有听到，只是抬头瞟了我一眼。和他一起来的另一个小女孩却爬上高高的梯子，抬头看了我一眼。正当我充满希冀地等待她回答时，她扭头对下面的小男孩说："七点了，我们该回家了。"

我不生气,只是感到些许遗憾。店主明明告诉过我,孩子们是最有想象力,最有童心的人类,他们能用心灵和自然界中的小动物们沟通。可最近来的孩子们,连抬头看我一眼的时间也没有,大部分是匆匆翻找出想要的学习资料就离开了。稍好点的,可能愿意坐下来看看,但多半看到一半就把书随意扔在一旁。我猜他们肯定没把看过的东西装进脑子!而且,最重要的是……

我忧心忡忡看向书架上那几本褪色严重的童话书。店主说过,童话是所有书里最重要的一种,大部分书都不需要经常被人翻阅。但童话书可不一样!童话是可以在世界上流传好多好多年的。如果一直无人阅读这些童话书,也没有人相信童话,它们就会渐渐消逝。最角落里的那一本金色书,封皮几乎已褪成了白色,因长期无人翻阅落上了厚厚的灰尘。我格外害怕它的消逝。这可不仅仅是出于对珍贵童话书消逝的惋惜……我低头看看自己已经有点变得透明的双脚,叹了口气。

突然,我听见了小男孩惊喜的叫声:"快看!这里有一本金色的书!"我猛地抬起头来。小女孩动作迅速地跳下梯子,扶了扶眼镜,怀里抱着刚刚在书架高处拿到的几本教辅书,冷漠地说:"不看。这次作业需要用到的书我都找到了,你又在干什么?别浪费时间了。"男孩听到这话,露出肉眼可见的失望神色,转头和女孩一起向门口走去了。眼见走在前面的女孩已推开门踏出一只脚,我不由又重重叹了口气。尽管知道他们听不到,我还是忍不住向他们喊了一句:"喂,真的不打算留下来看看这里的书吗?"

另一个声音突兀地与我的话重叠:"请等一下!"

然后,我吃惊地看见,男孩的脚步顿住了。他犹豫了两秒,最后还是回头看向店里。他的目光先是在我身上定格了一会儿,随后转向另一边正被带着花瓣的轻风吹得扬起的窗帘。窗户里透出一角粉红色的天空,既像虚幻的童时梦境,又像交织错乱的童话色彩。比这更引人注目的是蓦然出现在窗外的一只巨大的棕色的猫。它正用绿色的眼眸期待地注视着男孩。那才是这家无人营业的书店真正的店长,一只拥有魔力的猫，我的老朋友。我知道，它其实已在这家书店的窗外守候了许久，日复一日，年复一年地注视着书店，只是为了等到真正愿意用心去阅读，愿意相信童话的人——那个人要出现了吗？

"刚刚……是你在说话吗？"他犹疑不决地看了看挂在墙上的我。我大声地回答："是的！你能听到我说话真是太好了！"可突然我又怀疑起来。明明我第一次叫他的时候，他毫无反应，为什么现在又能听到我说话了？我失望地垂下目光不再看他。他似乎感受到了我的心理活动，小声地，几乎算得上自言自语地说："其实……我一直都能听见你们说话的。坐在路灯上闪闪发光的小精灵，河里戴着金色皇冠的鸭子国王，还有你们……我都能看见、听见。可是妈妈说过……童话里的人物哪能是真实存在的啊，多半又是我的幻想。"

他的同伴站在店外不耐烦地催促："你又停在那干什么呢？快点出来，我们要走了。"

"可是……算了你先走吧。"男孩没回头。希望之火重新在我的心里燃起。女孩"哦"了一声，便离开了。我看着那个冰冷的背影，心中隐约有点不安。男孩走到了猫店长面前，小声问道："请问……你也是童话中的人物吗？"

"是的！我叫橘子，是这里的店长。很抱歉一直没有热情地迎接你，你想看点什么书？"橘子激动得声音都发颤了。

"那……我想看那本《猫的书店》。"他看着角落说。我知道，那本书其实已经褪得完全变成白色了，不过在足够有想象力和童心的人眼里，它一定还是金色的。男孩坐了下来，翻开橘子用尾巴卷起来递给他的书。在那稚嫩的朗读声中，我的身躯竟一点一点清晰起来。橘子满含笑意注视着小男孩，棕色绒毛也逐渐清晰。

小男孩轻轻地读道："如你所见，我是一只钟……"

无人打扰这美好的一刻。淡粉色的阳光在飞舞的花瓣中穿过，轻柔地映照在男孩的侧脸，为展开的淡金色书皮镀上一层更为灿烂的金边。

书 架

顾皓涵　上海金山区世界外国语学校六（2）班
李慧雯　指导老师

书架，一个承载着许多书本和知识的架子，也是我和妹妹快乐的源泉。我们还有一只养了许久的大猫，在我们经常翻阅自己喜欢看的书籍时，大猫也会静卧在一旁。

国庆假期的时候，爸爸妈妈出去看电影了，我和妹妹不约而同地走到书架边坐下。我拿起了上次没看完的《数理化通俗演义》。妹妹突然兴奋地说："哥哥，我想换本书看！"她熟练地爬上梯子，拿起了《红楼梦》。与此同时，我们家的大猫静静地趴在我身旁，一如既往地、炯炯有神地盯着我的书看着，眼睛里的光有些异样。

梁衡的这本《数理化通俗演义》，正如中国科学院白春礼院长说的那样：以栩栩如生的事例，为枯燥的数理化知识包上了"一层薄薄的糖衣"。时间就这样静静地流淌着……正在我沉浸其中的时候，我们家的大猫突然长高了，变壮了，还长出了一对苍劲有力的翅膀，它温顺地看着我们，眼神仿佛在说：快爬到我背上来！

我和妹妹由一开始的害怕、震惊转为兴奋、激动，互相协助着爬上大猫软乎乎、暖和和的后背，在它腾起来，冲向窗户的一刹那，我紧张地闭上了眼睛，等我再睁开眼睛时，展现在我眼前的竟然是开阔、明亮、陌生的世界，大猫在慢慢降落，我依稀看清，那不是埃及的金字塔吗？我和妹妹激动地叫起来。大猫更靠近了些，金字塔旁边还有人。但大猫似乎有隐身功能，他们看不见我们。

那不是泰勒斯吗？他正与一群人在金字塔下议论，他们好像在说：这个世界到底是什么？有的人说是水，有的人说是气。不料更有怪者，数年后他的一个学生却说世界是"数",这个学生就是毕达哥拉斯。

这时天空传来磁性的嗓音,自我介绍说自己是梁衡,然后他接着说:"让我们继续去古希腊看看吧。"于是大猫向上垂直攀爬起来,仿佛它的脚下是陡峭的石壁山崖,穿过云层再降落,我们真的来到了古希腊。

我看见阿基米德将自己锁在海边的一间石头小屋里,正夜以继日地写作《浮体论》。而此刻国王正四处找他,后来国王让他全权指挥守卫战。阿基米德到底造出了什么武器使罗马人大败而归呢?原来他制造了一些特大的弩弓——抛石机。这么大的弓,人是根本拉不动的,他用上了杠杆原理。一个个耸入云霄的抛石机将巨大的石块投入敌人的阵列,敌人溃散而逃。我一边为激烈的战斗场景捏着一把汗,一边不禁感叹,有知识就是厉害!

一旁的妹妹在嚷着要看中国的厉害人物,天空上传来慈祥的笑声,然后说:"好的!"乖巧的大猫驾驶员马上把我们送到了古代中国,看着熟悉亲切的古代建筑,我和妹妹好激动,我们拍拍大猫:"你要带我们去哪儿呀?"

话音未落,突然,天崩地裂,山岳崩塌,河川咆哮,地面的人们惊慌乱窜,却又无处可逃,哦,可怜的人们啊!

大猫继续向前飞,终于来到一片宁静和平的土地,地面上那个像大酒桶的东西是什么呀?原来那是张衡亲手用青铜制成的"大酒樽"——地动仪,能测八个方向的地动。突然,地动仪的一个龙机开始发动,吐出了铜球,掉进了那个蟾蜍的嘴里。这个蟾蜍的所在方位竟然就是我们刚才来的方向!中国古人太厉害了!

"哥哥,我好想什么时候去参观大观园!"妹妹忽然的一句话把我从历史的长河中拉了回来。大猫的"喵喵"叫声让我们意识到已经到晚餐时间了!我猛地擦了擦眼睛,发现大猫的翅膀不见了!而我和妹妹居然一点都不饿,果然是废寝忘食。

我转过头看向书架,它似乎散发着炽热的光芒,温暖着我的脸庞。那一本本书就如同阿里巴巴发现的宝藏,璀璨夺目、熠熠生辉。书籍是人类进步的阶梯，那这个书架就是带领我遨游天际的飞行器。

夕阳透过玻璃窗，将书架染上了一层温柔的橙色，给整个房间带来了一份宁静和温馨。我好像闻到了一本本书的清香。书香扑鼻，琴韵悠扬……我缓缓低下头，轻轻翻过一页，又开始徜徉在书本的海洋里，准备着下一次的旅行……

图书馆的智慧之门

胡可言　华东理工大学附属闵行梅陇实验学校藤花校区六（3）班
田　菊　指导老师

在遥远的未来，书籍已成为稀有之物，犹如天边罕见的流星，隐藏在尘封的角落里。在这个数字纪元的时代，有一个被称为"回忆图书馆"的神秘之地。这里不仅珍藏着古老的纸质书籍，更是智慧与启迪的源泉。这里是探索者们向往的地方，他们相信，这些书籍中保留了数字世界未曾记录下来的古人智慧。

记忆图书馆的深处，居住着一位神秘的主人，一只名为莫寻的猫。它的皮毛柔软如云朵，亮丽如丝绸，那双绿宝石般的眼睛深邃而充满智慧，仿佛能洞察人心。

艾文，一位充满好奇与渴望的年轻探索者，像星际旅人一般，在瞬息万变的宇宙中翱翔，追逐着未知的世界。一天，他踏入了这个被岁月遗忘的图书馆，希望从古老的书籍中获得探索未来的智慧。

在这里，艾文与莫寻相遇。莫寻的眼睛凝视着艾文，仿佛在评估他的决心和智慧。它轻声说："孩子，你所寻求的智慧，藏于这些书页之中，但你必须经历三道试炼，才能开启智慧之门。"

第一道试炼是时间之谜。莫寻望向墙上的挂钟，问道："此刻时针与分针重合,告诉我,它们将在何时再次相遇?"艾文注视着时钟,沉浸在思索中:由于时针1分钟旋转的圆心角度数为0.5度,而分针1分钟旋转的圆心角度数为6度,当两针第一次重合后到第二次重合,分针比时针多旋转过的圆心角度数为360度,所以两针再次重合需要的时间为65+5/11分。"再过65又5/11分。"他坚定地回答。莫寻的眼睛闪烁着赞许的光芒,轻轻地点了点头,随着时钟的轻响,数字转动,最终停在了他的答案上。一扇门缓缓打开,通向下一道试炼。

第二道试炼是历史之谜。莫寻走近一步,继续问道:"艾文,告诉我,古代伟大的图书馆亚历山大图书馆被毁于哪个年代?其失传的智慧包含哪些领域?"艾文闭上眼睛,回想着历史的篇章。他深知亚历山大图书馆的毁灭不仅是一座图书馆的消失,而是无数知识与文化的丧失,涵盖了从哲学到科学的广泛领域。"三世纪末被战火全部吞没。"艾文自信地回答道。莫寻的尾巴轻轻摇动,仿佛在空气中画出知识的轨迹,又一扇门缓缓开启。

第三道试炼是选择之谜。"眼前三扇门,分别刻有'过去''现在''未来'。选择一扇,并说明理由。"莫寻注视着艾文的眼睛说道。艾文深呼吸,面对这个哲学难题,默默思索。选择"过去"代表怀旧与回忆;"现在"意味着活在当下;而"未来"则象征着未知与希望。他走向"现在"之门,说道:"我选择'现在',因为'现在'意味着把握当下,唯有此刻才是创造未来的契机。我们只能在当下影响未来。每一个决策与行动都在此刻铸就明天。"这时,书籍一页页展开,仿佛是古老的精灵在低声诉说。轻轻翻动的书页中飘出了彩色的光点,知识像水滴汇成江河,又化成了智慧的结晶流入艾文的心中。

艾文突然领悟到,图书馆中那些古老的书籍,并不仅仅是纸张和墨水的堆砌,它们是时间的容器,是智慧的宝库。每一页都承载着过去的思想和经验,每一行字都是对未来的悄然启示。真正的智慧不在于单纯地获取知识,而在于理解这些知识如何与现在的自己和未来的世界相联系。

艾文回首望向书架,他明白,这些书籍是连接过去与未来的桥梁,是他探索未知世界的罗盘。每一本书都像是一颗颗闪烁的星，指引着他在知识的宇宙中航行。

在这一刻，艾文不再是一个单纯寻找智慧的探索者，而是成了一个守护者和传承者，将书籍中的知识和智慧传递给更多的人，让它们得以继续在新的时代中生生不息。

向往的生活

唐婧涵　上海民办华曜嘉定初级中学九（2）班
李安生　指导老师

远处秋风带着凉意袭过大地，带动黄澄澄的豆荚摇曳，沙沙作响，似乎奏着农人们收获的欢歌。转到近景，我在作坊里轻快地推着石磨……画面洋溢着朴实而又清新的氛围。这是我拍的以"向往的生活"为主题的短视频。

"拍得挺好。就是不像磨豆汁。"奶奶没再抬头，继续在豆秸堆里挑拣着饱满的黄豆，一粒又一粒，放进青花瓷碗。为了一个视频，还得当真学会磨豆汁啊？我有点犹豫。

"来，瞅瞅，豆子什么样。等明天泡好了，就变样了。"奶奶把我拉到身边。青花瓷碗里，圆滚滚的黄豆，显得特别可爱。

将信将疑，第二天我又来到爷爷奶奶工作的豆腐脑作坊。泡发的黄豆体积变成原来的两倍多，颜色鲜活，有脆性，房间里弥漫着豆香味，而浸泡的水不发浑，不变味。

竟然会这样？我从来不知道豆子一夜之间可以"脱胎换骨"。忽然觉得过往拍的视频，是那么"假"，假装的清新，假装的生活。

"假的，真不了。真的，假不了。"奶奶念叨着，将泡好的黄豆舀入石磨上方的小孔中，观察着黄豆汁的情况添加水分。爷爷卖力地推转着石磨。

我忍不住上前，想体验一下大石磨的威力。爷爷喜上眉梢，用粗糙的大手握着我的手转动石磨，木棒发出嘎吱嘎吱的声音。据爷爷说，磨豆汁可是大有讲究，一定要力道均匀，浓稠恰到好处。乳白色的豆汁顺着凹槽流入盆中，积起厚厚一层泡沫，如同裹上了一层毛衣。虽然有爷爷的助力，但没过一会儿我就感到精疲力竭，吃力地一圈圈磨着，盼着白浆一点点地流出。没几分钟，已经汗流浃背。

奶奶端来一碗热腾腾的豆腐脑，叫我歇歇。我擦擦汗，毛巾搭在肩上，喝着豆腐脑。作坊门开着，路过的老年人会热情地向我们问好，甚至还会停下脚步，进来与爷爷说说闲话，从东家的鸡聊到西家的娃。爷爷的额头上还在不停地冒出大汗珠，笑容却丝毫不减。

对啊，假的，真不了。如果不是奶奶引导我学上一学，我哪里会发现小小的作坊里，有热腾腾的汗水、热腾腾的豆腐脑、热腾腾的邻里亲近？有我学磨豆汁的好奇和热情，有爷爷奶奶坚持传统工艺制作出的豆腐脑的香醇，有虚拟社交体会不到的人情味，这些才是真正的人间烟火，向往的生活啊！

我再一次看了看视频主题——向往的生活。现在就让我学着用虚拟平台的影像把这份真实广而告之吧。

真的，假不了。

我架好手机，调到录影模式，关上滤镜，把镜头对准了爷爷的作坊……

无所不能的猫

魏诗粤　上海协和双语教科学校六（3）班
王淑敏　指导老师

金秋时节，落叶纷飞，风席卷着寒意而来。

桑榆倚在公园的长椅上，望着面前的一片萧瑟，叹了口气："如果我可以无所不能该有多好！这样就不至于不敢回家，就可以不被嘲笑了……我怎么能考成这样？"她把书包放在脚边，双手颤抖着扯着已经破了洞的卷子，死死盯着那鲜红刺眼的数字，眼泪在眼眶中打转，迟迟没有落下，"如果变得无所不能，我就可以改变分数，不再挨骂了……"

"请让我变得无所不能吧！"她抬起头向天哭喊着。突然，阴暗的天空像是被捅破了似的，透出一丝亮光。桑榆似乎看到了希望，她高举双手，迎着缝隙中洒下的阳光，闭上眼睛祈求着。转眼间，桑榆吃惊地发现，她的双脚离地了，身体仿佛正在慢慢破碎。此时，天空完全放晴了，但景色和之前的公园大不一样。"你想要得到什么？"一个声音问道。"我？你问我吗？我想变得无所不能！"桑榆愣了一下，随后惊奇地发现一只大猫蜷缩在她的旁边。"无所不能很容易，但是你确定你会喜欢吗？"大猫用慵懒甚至轻蔑的眼神看着她。"你无所不能吗？我……我希望卷子上的分数变成满分，能帮助我吗……"她怯怯问着。猫懒洋洋地伸出爪子，用动画片中人物施法的动作指了下凌乱的试卷。刹那间，刺目的分数变成了"100"！揉揉眼睛，是的，分数真真切切被改成满分了！"我要让街上开满花！"瞬间，桂花开放，满街飘香。

桑榆太开心了，她觉得自己浑身充满了胜利的力量。她昂首带着猫看着旁边经过的人群，以为他们会被大猫吓一跳，可是他们却若无其事地从她身边横穿而过。"原来他们看不见我和猫。"桑榆明白了,有点小失落,"他们看不见我,怎么知道我考了满分!"

桑榆连忙向人群看去。忽然,她看到身为学霸的同桌走进了图书馆,她跟了进去。馆内安静极了,午后的阳光暖暖地铺在书架上,连空气中都弥漫着清新的书香。桑榆看到同桌爬上了摆满书籍的架子,在架子上找到了一本《少年文艺》,而在书架下面,一个瘦小的女孩正在全神贯注地读着,嘴角还不时泛起微笑。她定睛一看,那个孩子竟然是她自己,自己此时看书的样子看起来是那么平静和美好。"这样的自己不好吗?我一定要否定自己,变得无所不能吗?"她喃喃自语道,她的心开始动摇起来,"可是,凭什么要放弃自己无所不能的力量来做这个平凡普通的小丫头呢?"她对自己说。风又刮了起来,桑榆的影子在昏黄的灯光中摇晃着。

"我想知道无所不能和平凡真实哪个更重要,请给我一本书。"桑榆还在挣扎着。她不想放弃那光鲜亮丽的100分,但又想变回以前的自己。大猫又看了她一眼,一本书便从空中掉落,稳稳当当地掉在桑榆怀中。这本书只有一行字,上面写着:请遵从你内心的想法。桑榆笨拙地翻着,不知不觉间,琅琅读书声响起,桑榆好奇地看过去。

落叶随着窗口吹来的风飘了进来,两个孩子读着:"赤子之心,也就是不忘初心,永葆纯真。""路漫漫其修远兮,吾将上下而求索。""心之所向,即是阳光。"桑榆趴在窗边静静听着。同桌从梯子上下来,又说:"没有什么是完美的,关键在于能不能接纳自己……"桑榆忽然噎住,眼中泪光涌动。"是的,我真正需要的不是满分,不是无所不能,而是与自己和解。学会不把失败当作是耻辱,而是从失败中看到希望。"渐渐地,她笑了,又变回了孩童模样,而无所不能的大猫也随之消失了。

"妈妈,我考得不好。"桑榆一手拿着卷子,一手拎着书包,回到家中向母亲喊道,"但是,我这次学到了很重要的一课!"

谦逊求知论

杨岬泽　华东政法大学附属松江实验学校七（7）班
俞春婉　指导老师

邹韬奋先生的《无若有》文章中谈到了我们对待"不知道的事情"的处置态度，他的观点认为，人无完人，面对未知的事情要不以为耻，谦逊求知。

先生说得对，进步最大的障碍就是不懂装懂。敢于承认"不知道"的人，是谦恭有礼的人，是胸怀宽广的人，更是尊重自己、尊重他人，有敬畏之心的人。我不由得想起了《论语》中孔子说："知之为知之，不知为不知，是知也"，做人做事都要谦逊诚实，勇于探索求知。

我们每个人都会有自己的"盲区"，所谓的"无知"并不可怕，也更不丢人。能够正视自己，从"无知"中寻找真正的答案，打开胸襟，去观察、去学习、去成长，这才是解答"无知"的正确方式。北大数学教师"韦神"韦东奕，被冠以"数学天才"之称。采访时他腼腆地笑着说，除了上课与做题，其他的事情他都不擅长。他的专注只留给了数学，可以说数学之外都是他的盲区，他理性求真，在擅长的领域发光发热，成为最优秀的人。大文豪莎士比亚曾说过："我是一个一无所知的人。"伟大的文学家怎么可能一无所知？他不过是谦逊地认识到自己知晓世界的局限性，敢于承认这个事实，在承认中继续不断地探索、求证、捕捉、记录，用思考和智慧写出了一部又一部旷世巨作。

作为中学生，我们是否也会被"无知"绊住了脚步？每天我们都汲取着成长的营养，语文习德、数学教慧、体育强健体魄，在这样的年纪，我们有自己眼中世界的颜色，是十足的"小大人"。我们用自己的方式表达着对学习、生活的态度，但不可否认，我们仍然稚嫩，很多时候，我们骄傲地看待世界，但小小年纪的"倔强""面子"，让我们滋生了骄傲自满的情绪，我们不知自己的粗浅，哪怕是错了，也听不得一丁点不顺耳的声音，被自己的无知绊了脚步，裹足不前。记得几年前参观博物馆，作为历史小达人的我认为自己精通青铜器知识，自告奋勇讲解时，言之凿凿地讲错了青铜器纹饰的演变过程，引得一席人哄堂大笑，爱面子的我恨不得找个地缝钻进去。之后的一段时间，为了再次证明自己，我细细地研究书稿，用空杯的心态潜心学习，系统地梳理了青铜器发展演变历史，在学校竞赛中代表班级争得了荣誉，用勤奋努力探索知识，弥补不足。如今想来，邹先生的话醍醐灌顶，我为自己的傲慢行为感到惭愧，也深深折服于求知力量的魅力。

　　提笔前，我问爷爷他关于谦逊求知的看法，爷爷回答我道："知识的问题是一个科学问题，来不得半点虚伪和骄傲，绝对需要的倒是其反面——诚实和谦虚的态度。"一篇文章落笔，我也感触良多，我们的人生刚刚起步，今后要想行得稳，就要永怀谦逊之心，上下求索，像邹先生一样，用积极的心态正视问题，以不学为耻，磊落光明地做人做事，用自己的坦诚和善良，迎接一切未知的挑战。

声

谢沅锦　民办上外静安外国语中学七（3）班
孟微萍　指导老师

生而为人无罪，你不需要抱歉。

——题记

  伴着一声婴儿的啼哭，我的妹妹出生了。我满心欢喜地等妹妹稍微大一点，和她一起玩。这会是一个怎样的妹妹？我希望是一个文雅的、乖巧的，能陪我安安静静待着的妹妹。

  可我没想到，这个妹妹确实安静——有点太安静了！已经1岁了，可她怎么还不会说话？爸爸妈妈也很着急，带妹妹去看医生。

  出入医院后，妹妹待在家的时间越来越少，妹妹到底怎么了？我小学三年级的时候，妹妹总算会说话了，会喊"爸爸妈妈"，也会喊"姐姐"，其他会说的少得可怜的词都是用来表达诉求的，而这些诉求多半会伴随大喊大叫。她不是我想要的那个妹妹！我去问了爸爸妈妈，他们一开始支支吾吾不说，最后只说了句"妹妹生病了，很严重的病"。但我觉得肯定不是，有什么病一生就是好几年，而且看上去还与常人无异？直到有一天，我看到鞋柜上的确诊单——自闭症儿童。

  我不信，又看了一遍，结果还是这样。那好像是一种很严重的病，患者的世界里只有自己……只有自己？所以妹妹不在乎除自己以外的任何人？那她会在乎我和爸爸妈妈吗？会在乎这个光怪陆离的世界吗？我不知道，但心中做了一个决定——尽全力让妹妹关心他人与世界。

  据说自闭症儿童喜欢圆圆的东西，我把头剃成了之前最讨厌的西瓜头，陪妹妹玩起了幼稚鬼才玩的游戏，比如一遍又一遍地转动小花园里的健身圆盘，收集颜色大小各异，但形状同样的圆纽扣……妹妹想说话，我就拍着她的背，一遍遍教她。可是，妹妹除了喜欢玩我的头发之外，对我和这个世界仍然毫无兴趣。她还是会大吼大叫，猛地摔东西，有一次还打了我。

耳边是又一次大叫，我好像看见了一向耐心的爸爸妈妈也在摇头，外人根本无法想象，拥有一个只待在自己世界的妹妹，她的亲人要承受多么巨大的痛苦与压力。

时间不会因为任何人的悲喜而暂停脚步。妹妹的情况还是没有任何好转，我也渐渐认定——这是一个不会对世界有回应的无声的妹妹。

不过在这些年里，我倒是有些发现。妹妹只要一跟我进了书房看书，就会非常安静，看上去与正常小孩无异，甚至更乖巧。只不过别人看内容，妹妹是看封面。妹妹依然钟情于那些圆圆的东西，比如月亮，或是昆虫，还有身材胖而矮的动物。每每她发现了一本喜欢的书，都会让我给她讲。而有一本书，我都不知道讲了多少遍了——那本书上画了几个圆滚滚的猫头。

那一天，我月考考砸了，沮丧地坐在书柜下的懒人沙发上。妹妹则是爬在梯子上，寻找那本全是猫头的书。终于找到了，妹妹兴致勃勃地让我讲给她听，我扫了一眼，回绝道："拜托！这本书我都讲了好多遍了。而且今天我有好多作业，你自己玩。"

妹妹破天荒地没有哭闹，只是离开了。我看了看她的脸，读不出情感，是的，你很难从妹妹脸上读到细微的情感变化，妹妹的快乐与不安都很剧烈，一般都伴随着哭喊。我回到自己的世界里，手中在看的书是《好的故事》，好像鲁迅先生那里昏黄的光线也到了我这里，到了我心里。我和鲁迅先生在同一个难得的安静的世界。

这里很美很美，还有着一些轻微的嘈杂的声音。一棵棵在平时看不到的奇怪的树，像一把把向上翻的伞。空中闪烁着幽深的蓝光，有些地方还可以看到光像瀑布一样流下来。我正好奇这到底是哪里，就看见一只头超级大、超级圆的橘猫停在我面前。过了一会儿，它就开始不停地叫，还拉我的衣服。我明白了，这只猫想让我跟着它。

跟着猫走啊走，等过了这片伞林就到了一块草地。草地一望无边，空气中弥漫着青草的香，空气很好，奇怪的是天上只能看到北斗七星。到了这儿，那只猫就开始朝着同一个方向奔跑，但又碰到了一堵隐形的墙，最后只能无功而返。我明白它是想找一个出口，于是就把它唤到身边，指了指天上的星星，说跟着它走。那一秒，我看着那只猫的眼睛，感觉无比熟悉。

沿着北斗七星走，我们终于走到了出口。推开门，看向那熟悉的书房，妹妹不在，再看看身旁的猫，突然，那熟悉的眼神落在我的头上，巨大而松软的爪子伸上来，轻抚我的西瓜头。我明白了一切。

刚刚我去的是妹妹内心深处的世界。她的脑海中也有森罗万象，也有世界的美好，只是她不会表达出来而已。我的妹妹有声音，她发出的是一种比常人更深邃、更悠扬的——心声。

我把妹妹喊过来，拿出那本满是猫头的书，一字一句讲给她听。

"不知"错了吗

黄奕芃　上海沣溪中学九（1）班
潘樊洁　指导老师

《列子》中记载：孔子东游时，见到两个儿童辩论太阳何时距离人近，何时距离人远，两者据理力争，孔子无法判决谁对谁错，可见即使位列圣贤，享誉"至圣"的孔子对于世间万物也非无所不知。正如作家阿纳托尔·法朗士所述"无知是生命本身存在的必要条件"，我们可以肯定，芸芸众生必然有其所不知。

我们通常嗤笑那些不知的人，一问三不知更是作为贬义词流传至今，大概我们都有这样的共识：承认自己不知是可笑且愚蠢的行为；不知是耻辱，要伪装自己成为一个广知的"正常人"。然而不知错了吗？我们该如何对待自己的不知？我们又应该以何为耻？

不知是无错的，不能把无知完全归咎于不知。与我要好的亲戚家的年幼孩子，将他收藏的自认为是宝物的普通鹅卵石送给我，显然绝大多数人不会认为孩子无知，反而夸赞其天真烂漫，或许我们都潜意识地认为，人一开始就是不知且无知的，正如对待一张白纸，绝不能抱有上面存在一笔一画的希望。

对待不知，要认清不知的本质，不知的害处，如何摆脱不知。

诚如汉语词典上对不知的注解：指对于某种事物不清楚和不理解。当人对于某事某物不了解时，可自称在这方面其实是不知的。但是，人不能一直不知，不知会发展为无知。

不知确有不少害处。霍尔巴赫说"人之所以迷信，只是由于恐惧；人之所以恐惧，只是由于无知"，我们平时也常感慨没文化真可怕。所以，我们对于某一领域的不知使我们多了短处。另外，一个人若长久地不知，他就会被时代抛弃，被后浪吞没。之前，如何帮助老人使用手机成了千家的心结。老人不会用手机，就要面对支付、通信等问题，徒增了生活的困扰。除此以外，不知所发展出的无知导致人们虚荣、骄矜与傲慢，中世纪的人因不知事理而迷信天主教，拥护地心说，甚至将悖于他们观点的人视为异教徒处死，支持日心说的《天体运行论》直到哥白尼临终时才被发表。因此，无论古今，人类有一个冤家，那就是不知，尤其是彻头彻尾、贯彻到底的不知——那便是无知了。

既然知道其害，那么我们就应当去改变，改于思，践于行动。我们羞于承认不知，但是认清自己才是改变不知的良药，所谓"知之为知之，不知为不知，是知也"，知道自己不知只要展露一次不识，隐瞒自己不知却会表现无知。除认清自己外，改变不知应付诸行动。三国时东吴吕蒙曾不学无术，但是他扩充自己的知识，增长自己的见识，重逢后鲁肃不禁惊叹他并非吴下阿蒙，应刮目相看。可见学习使人踏上博学之路。

总之，不知无错，但是我们要去积极地改变不知，以此不为其引发的无知所累。其实，人不知是因不学，我们耻于不知，事实上是耻于因不学而导致的不知。这本应值得抨击，可是那些不知者即使知道是自己孤陋寡闻，还是羞于承认自己不学的行为，反而隐藏自己，将矛头指向另一个人。于是以不知为耻的认识潜移默化地扎根于心中。

邹韬奋先生说"我们当以不学为耻，不必以不知为耻"，我们对于不知道的事情就老实承认不知道，不必隐瞒，对于自己是因不学而不知则应心生警惕，毕竟"问渠那得清如许，为有源头活水来"。面对时代更新迭代，不断发展，长久在原地踏步者便如逆水行舟，不进则退。不知无错，不学有过，我们崇拜博古通今的人，但是他们也曾懵懂无知，其学识亦是一字一句地苦学而来。多年后，那些奋发图强的人成为大师，而那些不学的人只会长久地不知。聪慧者应当以学为荣，以不学为耻；以自身不知而自勉，以他人不知而宽宥。

与薛定谔猫的对话

潘濠乐　上海育鹰学校预备（1）班
林雍华　指导老师

一个风和日丽的上午，乐乐和妹妹在社区图书馆打发时间。今天图书馆人不多，乐乐悠闲地坐在书架边的坐垫上，抱着一本物理科普读物——自从他接触到物理后，对于生活中许多有趣现象都有所疑问，比如吸管为何能吸上水来，菜刀为何能轻松切开食物，等等，他发现这些都能通过物理知识来解释，所以特别乐在其中。

读着读着，一阵微风吹过，乐乐突然感觉到空气中产生了一丝异样，他抬头张望，发现时间好像静止了：墙上时钟的指针停在了

9:00:25，图书馆书梯上的妹妹正伸出右手去够一本漫画，此刻却停在那里一动不动，连被风吹起的窗帘也凝固在了空中。乐乐还来不及发出惊呼，窗口浮现出了一只猫的身影，虽然这只猫体形大得吓人，神情却憨态可掬，并不会令人觉得恐怖，反而会有些好奇。

"小家伙，你好呀！"大猫竟然开口说话了。"你好。"乐乐礼貌地回应，紧接着疑惑地问，"呃……你是谁？"大猫眉头一皱，似乎有些不满，但马上神情自豪地回答："竟然连我都不认识，我可是物理界四大神兽之首——薛定谔的猫。"乐乐又惊又喜："原来您就是那只让无数科学家魂牵梦萦、寝食难安的薛定谔猫呀。可您怎么没待在箱子里，跑到这儿来了呢？"话一出口，乐乐就觉得自己的问题很不合适，幸好大猫似乎对乐乐尊称它为"您"的态度很满意，不以为意地说："我可是四大神兽之首，天下没有我不能去的地方。倒是你，小家伙，为什么来这儿呢？"乐乐晃了晃手里的书，回答道："当然是来看书学习呀。"

大猫笑呵呵地问："你们人类中不是有一位叫笛卡儿的曾说过'愈学习，愈发现自己的无知'吗？那何必还要学习呢？"乐乐不假思索地回答："虽然学习会让我们意识到自己的不成熟和局限性，但这并不意味着学习没有价值。正相反，通过学习，我们才能不断扩充自己的知识，这些知识可以让我们更加客观地看待自己和周围事物，从而更好地理解这个世界。"

"说得好！"大猫嘴上称赞着，表情却转为严肃，"但是你有没有想过，你现在读的书、学的知识，都是前人总结的经验，就好像踩着书梯往上走，去阅读一本本更高深的书。可总有一天，你会到达梯子的顶端，那时不再会有现成的知识来指导你前进的方向，你就会像那些无法解释'薛定谔猫'的科学家一样，陷入无助和迷茫。既然如此，又何必学习呢？"乐乐低头陷入沉思，片刻后他的眼中闪过一丝光亮，乐乐抬起头，双眼直视大猫，豁然开朗地回答："老师教导过我们，学习不光是掌握现成的知识，也可以帮助我们提高解决问题的能力，通过了解不同领域的方法和技巧，培养我们的逻辑思维和创造性思维，让我们更加灵活地应对各种复杂的未知情况；更重要的是学习还可以帮助我们增强自信和勇气，通过不断学习和积累知识，我们才能从容地迎接各种挑战和困难，积极地面对生活和人生，更好地实现自己的价值。我相信，只要我们持之以恒，一定会有完美解决'薛定谔猫'问题的那一天。"

"有趣！有趣！"大猫脸上露出满意的笑容，"我等待着你们真正能够挑战我的那一天的到来。小家伙，祝你好运！"话音未落，大猫的身影渐渐隐去，消失不见。"等等！"乐乐猛地站起身想喊住大猫。一瞬间，周围的空间似乎已恢复了正常，窗外阳光明媚，微风轻轻吹拂窗帘，墙上的时钟嘀嗒嘀嗒地走着，书梯上的妹妹也拿到了她心心念念的漫画……"这是一场梦吗？"乐乐揉揉眼睛，心生疑惑，"还是真的进入了异空间？"但这都无关紧要，与薛定谔猫的对话，真是一次值得回味的有趣经历！

复 盘

李之善　上海庙行实验学校六（4）班
张园园　指导老师

幼年初学围棋时，人人都说我有围棋天赋。自十级定级开始，平步青云，逢考必过，一路晋级，三年就升到了业余四段。在启蒙老师的心中，我也算是他最为得意的弟子了。然而，到了业四升业五的时候，却起了波折，竟屡试不中。两年里，我大大小小参加了不下六次升段赛，都是铩羽而归，有两次都是以"半目"输棋被淘汰出局，令人扼腕，不免发出"榜前潜制泪，众里自嫌身"的感慨。

输棋多了，爸妈难免担心起我的心态问题。他们如心理导师一般，赛前小心翼翼地开导我"胜负乃兵家常事啊，不要紧张，大不了下次再来"，或者是"没关系,没什么大不了",又或是"失败是成功之母",等等。

其实,爸妈的担心有点过了。作为当事人,在多次失利后,我已慢慢发现了"症结"的所在——收官。收官也叫官子,是围棋比赛三个阶段中的最后一个阶段,通常是指双方经过中盘的战斗,地盘及死活已经大致确定之后,执棋双方确立竞逐边界的阶段。尤其双方势均力敌时,收官就是决定胜负的关键时刻。但是收官却是我最薄弱的环节。平时训练时好高骛远、不求甚解,比赛的时候又总是抱着侥幸的心理,千祈万祷不要遇到收官计算,但是事与愿违,怕啥来啥,原本胜券在握的一盘棋就因为自己收官不利,被对手反杀。

亡羊补牢,犹未为晚。找到了输棋的"症结",日常训练时,我就开始"对症下药",反复揣摩"官子题目"。孔圣人说过:"博学而笃志,切问而近思。"遇到不解的题目,虚心向老师或棋友请教;"三人行必有我师",和低段班的棋友对弈时,我也不再是趾高气扬。除此之外,就是和棋友一起认真复盘,分析、计算之前走过的每一步棋,思考是不是有更好的路数。滴水石穿,功夫不负有心人,最终我升到了业余五段,给自己交了一份圆满的答卷。

君子不隐其短,不知则问,不能则学。下棋是这样,人生又何尝不是如此呢?生活和学习中,我们往往因为各种好面子或者不在意,将一些似懂非懂或者是压根不懂的问题埋进了心底,随身携带,经年累月后的某一个时间点,它就成了我们前行路上的一块绊脚石。就如南郭先生滥竽充数,总有一天不得不落荒而逃。所以滥竽充数不如勤加修炼,自怨自艾不如亡羊补牢,亡羊补牢不如未雨绸缪,临渊羡鱼不如退而结网。

邹韬奋先生曾说过这样一段话:"其实世界上有哪一个是全知全能的?所以我们对于不知道的事情就老实承认不知道,这正是光明磊落的态度,有什么难为情?若遮遮掩掩,无论一旦露了马脚——而且这种马脚终有露出之一日——更觉难堪,而虚伪的心境,在精神上已感觉非常的痛苦。我们当以不学为耻,不必以不知为耻。"

谁说不是呢?知之为知之,不知为不知,是知也。人生如棋,落子无悔。所以我们需每日三省，多多复盘，正所谓：博学之，审问之，慎思之，明辨之，笃行之。

做一只特立独行的猫

朱亦萱　上海民乐学校七（3）班
杨　婧　指导老师

微风拂起窗帘，渐渐地繁星镶满了天际。窗外的金色草垛上浮动着轻柔的月光，月的清辉透过小窗，踩着轻盈的舞步，洋洋洒洒地洒在洁净朴素的书房里，洒在高高的书架上。

我趴在窗口，看着坐在地上的男孩，听着他的读书声："我渴求自由，想像鸟儿挥动翅膀，在天空自由翱翔。可惜我的翅膀折断，心中的愿望从未熄灭。我渴求自由，想像鱼儿游动双鳍，在大海自由嬉戏。可惜我的大海枯竭，我每天都生活在黑暗窒息的地方。我深知那不是我想要的世界，我必须完成我的使命，实现我的梦想……"

第一次，我听到了"自由"和"梦想"这两个词语。到底什么是自由和梦想呢？我陷入了深深的思考，我第一次对自己的生活产生了疑惑——我每天重复着同样的事，日复一日，不愁吃不愁穿，这到底是不是自由的生活呢？

以后一有机会，我就趴在男孩的窗口，聆听他的琅琅书声，在他的读书声中，我听到了庄子幻想着为鲲化鹏，想要自由地翱翔在无边的宇宙；列子向往着御风而行，自由地驰骋千里；李白"天子呼来不上船"，仗剑执酒潇洒步入江湖，挥笔写就一篇篇动人的诗作。我也听到了金丝鸟如何挣脱牢笼的束缚感受到外面世界的精彩，领略到外面天有多高，享受到自由飞行的快乐。我终于领悟到了这就是自由和梦想的力量！这自由，追得值得！

　　我想到自己日复一日地重复着同样的事，以现在的方式活着，将一生不愁吃，不愁穿，只需要吃好睡好，不时地向主人撒个娇，就能过优越的生活，但这真的是我所追求的生活吗？看着同伴们那慵懒的身姿，悠闲地踱着步，我知道我不愿再被这样的命运所控制，我不愿只做一只供人玩乐的宠物猫。因为现在的我在书中见到了自由的灵魂如何追求梦想，终于明白追求自由和梦想要比只追求享乐的生活更精彩！

　　夜幕降临，同伴们一个个都睡着了。黑沉沉的夜，无边的天际仿佛涂抹着重重的浓墨。我沐浴着窗外的微风，抬头望向苍穹，天空依然高远，夜晚的黑幕拼命吞噬着一切，我的灵魂却在躁动。我站起身号叫了一声，那声音嘶哑、暗沉，还掺杂着坚定。同伴们醒过来用诧异的眼神看着我。

　　"我不想再过这样的生活了，只能在主人的圈养之下！我要寻找我的自由！"我说。

　　"难道你现在不自由吗？有吃有喝，还可以在主人给我们准备的温暖舒适的床上，想躺着就躺着，想站着就站着，你哪不自由了？"同伴疑惑地问道。

　　"可是我们可以走出这里去看看，世界那么大，为什么我们只能在圈养的地方过着衣来伸手的生活？"我反问道。

　　同伴反驳道："世界有多大？你没出去过，这里我们不愁吃，不愁穿，闲时玩玩主人给我们买的猫爬架，聊聊天，睡睡觉，还有主人对我们的关爱，这样的生活不滋润吗？你又怎么知道外面的世界比我们这里更好呢？"

　　"你不去，又怎么知道世界上除了这里，就没有更好的地方呢？"我用他的逻辑反驳道。

　　"世界上没有绝对的自由。"同伴又说，"任何自由都是要付出代价的，你为什么就要做一只特立独行的猫呢？我们是猫，猫的自由就只能在猫窝里。"

　　"是谁规定了，我们的自由就只能在猫窝里？不能到猫窝外去？"我反问。

"自由有什么好？"同伴不满地问，"自由能当猫食吃吗？"

我知道他们不会理解我的，他们现在除了卧在暖阳里打盹，慵懒地走几圈，对周围的一切再也没了兴趣，我就是他们眼中的叛逆少年。就像巴金说的，真正酷爱自由的人并不奔赴已有自由的地方，他们要在没有自由或失去自由的地方创造自由，夺回自由。我的内心更坚定了，我要追着自由和梦想，谁都别想以爱的名义束缚我。我不想像他们那样，选择以一种被喂养的姿态活着。

此时月亮爬上了树梢，发出皎洁的光芒，给大地镀上一层银色。夜，显得幽静。我趁着夜色，冲出主人家，玩命似的往外面奔去。

我的所作所为并不是为了高于别人，我只是一只为了追求自由和梦想付诸了所有的平凡的猫，因为我的努力和追梦的勇敢而成为大家口中一只特立独行的猫！

我知道天地万物总是失之于安乐之园里，而得之于忧患之境中，当梦想和自由像明媚的阳光一样照彻我的心房时，我发现它就像一道震颤的弦音苏醒了我的精神世界。这是贯穿着千年历史的自由和梦想的力量，从古至今从未改变，无论所选的道路是坎坷还是平坦，是曲折还是笔直，守着自由的火焰，它便会永远指引着你走向梦想的远方！

永恒的生命

王思涵　北京汇文中学南校区八（9）班
陈美彤　指导老师

第一次遇见栗秋，是我读第357个小学三年级的时候，她是第582个爱梳麻花辫的不起眼的小姑娘。

我是一名永生者，在过去的372年里，我已经接受了这个事实，时间对于我只是一串无意义的数字，它永无止境地在我无限的生命中流淌。但我喜爱数字，对数字有着天生的敏感，如果我是一个普通人，也许会成为一名数学家，但我不能，我的爸爸妈妈告诫我，永远不要让自己在人群中太过惹眼，也不要跟其他人有太多的羁绊，就默默地做一个不引人注意的小孩就好。

在我真正的9岁时，我曾经交过一个好朋友，她叫夏叶，我看着她升学、毕业、结婚、生子，最后微笑地走完人生，幸福美满，可我还是9岁，还是只有132.26厘米的身高，我从此没有再交朋友。

栗秋就这么匆匆忙忙地撞进我的生活里。她粗枝大叶，跟我一样在班里人缘不好，没有什么朋友。或许因为这样，她格外喜欢缠着我玩，在一个昏昏欲睡的夏日午后，她一本正经地凑近我，压低声音，神神秘秘道："你知道吗，东晚，我有超能力。""世界上没有超能力。"我平静地说着违心的话。"不，我只告诉你，我能看见每个人心里的东西。"栗秋说这话的样子很好玩，眉毛紧紧皱着，眼睛望着我，好像想从我眼睛中望出一点什么。"那我心里有什么呢，不会是一大堆棒棒糖吧。"她突然嗤嗤地笑了起来："没想到，你心里比你表面可爱多了，那里住着一只姜饼色的大猫咪呢，软乎乎的，眼睛好大哦。""你瞎说，我心里才不会有这样的东西呢。"明知道可能是恶作剧，但我还是很喜欢和栗秋说话，毕竟我没有什么朋友。"我真的看见啦，你是不是喜欢小猫？你们家养小猫吗？"不可能的，我们家从来不养小动物，动物十几年的生命对我们来说就在弹指一挥间，可我确实喜欢一只猫，我7岁的时候，老宅后面有一只小小的橘猫，我每天都从家里拿火腿肠给它吃，小猫软乎乎的，靠着我的手喵喵叫，但是有一天它不见了，再也没有出现。"怎么样，我说得对吧。"栗秋看着我的表情，"你心里的小猫好像很孤单，我给你们建一个房子吧！""你在开玩笑吧，还能在我心里建房子？""我可有超能力哦！你想要一个什么样的房子？我看你很喜欢看书，给你建造一个图书馆吧！摆上毛茸茸的地毯、软软的坐垫、高高的书架，还有漂亮的玻璃窗！怎么样？"栗秋神采飞扬地说。说来奇怪，栗秋说着，我心里居然真的暖融融的，像照进了一缕清透的阳光。"哦对了，还得给书架配一架梯子！这样书架上的每一本书都不会被错过。"栗秋念着。

晚上，我头一次做了梦，真神奇，梦里竟然真的有一只大橘猫，一间小书房，风轻轻缓缓地拂过窗纱，光洒了进来，架子上的书熠熠发光，是数学类的书！我窝在软软的小垫子里看着书，大猫静静地趴在旁边陪伴着，我心里有种从来没有过的温暖和平静。

第二天，我迫不及待地想把我的梦告诉栗秋，可是栗秋眼神黯淡地跟我说："东晚，我得跟你道别了。"我愣住了，有点猝不及防。"其实，是因为我跟你泄露了秘密，所以我得离开这了，我确实有能控制别人内心世界的力量，这是秘密。"栗秋喃喃地说。"难道你之前从来没有同其他人说过？"我不信。"没有。"栗秋低垂着眼睛说，"东晚，他们的心里空洞洞的，黑乎乎的，我不敢多看。"旁边的同学低着脑袋弓着腰，眼睛一眨不眨地在书上纸上刻着一个一个的钢笔字，他们才是我见到最多的人，在过去的372年里。他们说我和栗秋是怪人凑堆，但谁才是那个怪人？我不知道，但我想栗秋知道。可是她要走了，我突然有些不舍。

"东晚，我舍不得你，我想在你的小书房里放一个我行吗？"我吃惊地瞪大了眼睛："这也可以吗？""当然可以，其实在你心里添砖加瓦很简单，就是保持希望与童真，去追逐你想追逐的东西就好啦！"栗秋笑得甜甜的，好像能闻到糖炒栗子与桂花的香气了。

栗秋离开了这里，在那样一个阳光明媚的午后。我不再一天天昏昏度日，开始研究我喜欢的数学问题，我拥有比别人多得多的时间，为什么不去好好利用呢？时间对我来说不再是一个个字符，而是确切跳动的生命，我没有任何一刻比现在更真切地意识到生命是多么可贵，而我正在鲜活地绽放。

我没有再见到栗秋，不过我能感受到她在我心里一直陪伴着我，我们总会再相遇的，不知那时，她还能有那样的童心吗？

我还想让她为我的图书馆加一个钟表呢。

街角的书店

张乔丰　华东师范大学第二附属中学附属初级中学预备（7）班
侯金岑　指导老师

　　小镇的街角有一家小书店，老板是个中年大叔，腿有点瘸，满脸胡茬，不苟言笑，看起来有点凶。顾客来了，他从不起身打招呼，只顾自己捧着本书坐在柜台后面看，书店的生意自然也不是太好。他还养了一只大花猫，似乎也是只懒猫，不是蜷在他的脚边就是趴在柜台打呼噜。

　　书店的对面有条小巷，白天很冷清，到了傍晚，便会有些摊贩支起架子摆夜摊。这年冬天，小巷的尽头多出了一个馄饨摊。摆摊的是一对夫妻，带着一个男孩，约莫十一二岁，额头上有道疤。男孩在附近小学读书，放学后就在母亲包馄饨的案板下支起大方凳和小方凳，就着一个小灯泡做作业，有时大人忙不过来，孩子还帮忙做生意。

　　小镇上的人夜生活并不丰富，到晚上八点多馄饨摊就没什么客人了。男孩跟着父母收摊回家的路上总会路过书店，好多次他都趴在书店的落地窗上往里张望。那一排一排的书仿佛有种魔力，男孩都舍不得移开眼睛。可每次看到胡子拉碴的老板，他都没有勇气踏进门，他知道家里没钱，买不起那些书。

　　这天小男孩又来到窗边，正张望时，忽然听到一声咳嗽，他看到书店老板起身向远处的书架走去。男孩一看机会来了，犹豫了一下，蹑手蹑脚地走进大门。那只伏在柜台上的猫突然抬起头，冲着男孩喵喵地叫了两声，然后又枕到两只前爪上打起了呼噜。

　　男孩一头扎进了书的世界，他绕着大树一样高大的书架转来转去。他摸摸这本书，又看看那本，最后悄悄地爬上墙角的梯子。从梯子上环顾四周，一排排书被灯光罩上了一层薄薄的金光，在男孩的眼里闪闪发光。听到门口老板的脚步声，他连忙爬下楼梯，躲到一个安静的角落里，拿起一本书津津有味地看了起来。不知过了多久，老板说"打烊了"，他才恋恋不舍地放下书本走出店门。

第二天，当他快走到书店门口的时候，发现店老板正从店门口离开，又是一个好机会……

此后两年时间，小男孩每天放学后都会在案板底下抓紧时间做完作业，然后帮助父母快速完成收摊和清扫工作，趁老板离开的时间偷偷溜进书店……

由于阅读量大，他成了班级里的"百科全书"，他的腼腆自卑慢慢消失了，变成了一个阳光自信的孩子。

两年后的春节，男孩在老家过年后回到小镇，他迫不及待地跑到书店。令他惊讶的是，书店的周围被木板围了起来，上面写了几个大字"阳光超市正在装修"。男孩的心如一片落叶，飘零在寒风中，突然找不到方向。他觉得什么珍贵的东西离他远去了。

一个月后的傍晚，男孩正无精打采地帮助母亲支摊子，有位老奶奶过来对男孩母亲说："你好，我儿子是街角那家书店的老板，说你们家孩子特别喜欢看书。我家有些书，待会儿请孩子爸爸跟我去拿一下吧。""叔叔为什么不开店了？"男孩急切地问道。老奶奶眼眶红了："年前，他出了车祸，加上他身体本来就不太好，没能熬过去……"奶奶抹了抹眼睛，接着说，"他说，非常抱歉，没法再让你尽情地看书了。"老奶奶说着递给男孩一个信封。里面是一张照片，照片里，那只大花猫睁着大大的眼睛趴在柜台上，远处的角落里男孩正捧着一本书认真地读着。那一刻，男孩突然明白了，为什么每次他进去的时候老板正好走开，为什么他看书的角落后来多了一张书桌和一把椅子，为什么书店关门时间越来越晚……男孩的眼睛模糊了，眼泪情不自禁地流淌了下来。

若干年后，小巷口的路边摊并入了街道统一规划的大市场。

没有太多的人注意到，小巷对面的街角，又悄悄地开了一家书店：有高大的书架，有咖啡茶点，还有一排排适合小朋友做作业的小书桌椅，坐满了市场里的小朋友。

门口的柜台前，额头上有道疤的店老板捧着一本书看得入迷，一只小猫，不是蜷在他的脚边就是趴在柜台上打呼噜。

饰不知为知，诚所谓耻也

任逸飞　上海毓秀学校七（5）班
孙加影　指导老师

"知之为知之，不知为不知。"孔哲语录发人深省。

不禁忆起一清代典故，记忆颇深：一个举人进京赶考，考试前一天出城游玩，看到两棵大槐树中间夹了一口石井，碰巧记住了此情景。

次日考试，这位举人盯着考试题目半天抓耳挠腮，无从下手。机缘巧合下灵光乍现，想起昨日游玩时看到的大槐树和石井，于是乎急中生智，奋笔疾书开题曰："自两槐夹井以来……"云云。

及众考官阅卷，其中一位见开题赫然"两槐夹井"，以为典故成语，搜寻记忆却没有发现有这个典故，顿时一头雾水。然而不敢表现出来，生怕被同僚识破自己才疏学浅，竟不知道有此典故，而被人奚落，于是假模假样询问一众同僚这份考卷何如云云，众考官亦狐疑，但亦如前一位考官一样，皆恐于遭受奚落嘲讽，于是乎经过一本正经的讨论之后，稀里糊涂让此考生金榜题名。

考官们的行为，是为了维持"学识超群""博览群书"的高帽子假象，以便受人拥戴；也是为了维护面子，免于被同僚们冷嘲热讽。好面子如斯，令人啼笑皆非，承认不知"两槐夹井"，亦有何妨？

诚如"人民的喉舌"邹韬奋先生所言，"其实世界上有哪一个是全知全能的？所以我们对于不知道的事情就老实承认不知道，这正是光明磊落的态度，有什么难为情？""我们当以不学为耻，不必以不知为耻。"

人非完人，孰能全知？不知者不足为耻，而当以不学为耻。考官以不知求问为耻，脸上那薄薄三分面皮重于泰山，为了面子不惜以谎言饰以虚伪，这岂是做学问者的行事做派？

虚伪的面子是应该抛弃的，掩饰的谎言亦是需要去除的。求真知，求真解，求真理，所需何哉？赤诚求知之心，谦谦求解之心，勇于求理之心。非此三者，岂可知真理乎？放下身段，放下犹豫，放下恐惧，然后可以得知也。

邹韬奋先生所言极是，"若遮遮掩掩，无论一旦露了马脚——而且这种马脚终有露出之一日——更觉难堪，而虚伪的心境，在精神上已感觉非常的痛苦。"其犹是也夫！恍然不由回忆自身。

我幼时读书，以观书得知为乐，我的知识广度、深度已然超过许多同龄人，同学朋友偶遇困惑，悉询我之见解，我亦以此自矜，未能意识到宇宙浩瀚，学海无涯，学问无穷也。

一日，有同学前来求教，思忖良久，非我所能答，一时间冷汗直流、惶恐不已，然而不敢展现，恐惧自己在同学中建立的"知识达人"威望岌岌可危，于是便若有其事编出了一个荒诞的答案，同学听后，心满意足地离去了。

自此之后，我的内心似有悬石，悬而不坠，亦若有利剑以分毫之发悬于头骨，惶惶不可终日。谎言终有破时，威望将何存焉？此念挥之不去，唯愿无人识破。

终有一日，有博学之士揭我谎言，同学悉数来求证。罢了罢了，我只好坦白："我不知道，那是我编的。"此言一出，心中如释重负，不再忧患。

后观孔哲事迹，才知当日之强不知以为知，何其可笑！何其虚伪！何其耻也！昔孔子拜七岁童子项橐为师，又偶遇两小儿，辩日孰时远近，不知而坦言。自此方知，做学问者，无分毫虚伪，亦无寸厘之身段。所有者，唯满腔赤诚求知之心。贤如夫子，尚能实事求是若斯，我等小辈岂敢此般造次,汗颜汗颜,不以不学为耻,而以不知为耻,岂不谬哉?耻也!

希冀观者,可以知孔哲邹生之言:欲求真知,非赤诚谦谦勇知之心不可。必先弃其虚伪,不惧嘲落,去谎言者,以不求学为耻,非以不知为耻。若可至者,则可求真知也,若可求真知之人愈多,则社会求知之欲愈盛,而真理必现也哉!

"全知"使用说明书

施存芫　上海新泾中学六(4)班

"全知"乃本公司吸收古今中外千百年来科技之精华,兼容无数味中西名贵药材研制而成。本药自上市以来,短短一年,已被数千万患者服用,虽效果惊人,但副作用显著。

[名称]全知(英文名:Omniscience)

[成分]互联网、大数据、信息、知识、智能算法等。

[功能与主治]不愿学习、懒于动脑或缺乏认知及因其而引起的所有症候。例如:自卑、躺平、摆烂、焦虑、心烦、胆小、社恐、言谈拘谨等症状。本药对此有很好的短期疗效,尤其对那些急于要答案又不愿思考,或是常常犹豫纠结、难以决断的患者,疗效更为显著。

凡是生活中坚持学习,喜欢思考,虚怀若谷者忌服本药。原因是荀子在其《劝学》中表明"君子博学而日参省乎己,则知明而行无过矣"。也就是说君子需要经过学习才能达到"知明而行无过"的效果,说明学习的重要,君子应该不停学习的观点。因为我们天然就是对知识有取舍的,舍掉的知识我们不用,慢慢就遗忘了,真正的"知"是我们反复实践，并在这个过程中培养了能力，培养了理解世界的视角，使得我们有不同的观点角度。实践证明，此药物并无此疗效。

［用法与用量］ 此药虽用途广泛但用量严格，症状轻微者一般一个疗程便可基本治愈。症状较重者，应遵循医嘱用药，切忌过量用药，以免发生意外，如自卑变为自负，包容变为偏激，不懂变为装懂，等等。

［副作用］ 此药具有极强的依赖性，一旦成瘾，难以戒掉。容易造成学习停滞，想法单一，消极偏激，无法思考和反省，丧失提问能力，不懂装懂，患得患失，轻则害人害己，重则丢掉性命。

参考个案： 患者马谡，他自以为全知视角，不听劝告以致街亭失守，就算他跟诸葛关系再好，也逃不过被斩首的结局。

［保存］ 此药品密封性与稳定性极差，药物成分（信息与算法）时刻更新迭代，无法保证每时每刻发挥最佳疗效，随时都有"变质"或"挥发"的可能，需即时查看与谨慎使用，以免患者加重病情，或造成意想不到的危害。

［注意事项1］ 由于本品的各种成分对人体来说极易吸收，而且个别成分（信息）性质十分活泼，再生能力强，易于转变。也就是说现有的信息与知识会随着我们对这个世界的认知更迭而不断翻新，上一秒我们所信仰的绝对真理到了下一秒可能就变得荒诞不经。因此，我们不仅学不完所有知识与信息，也并不拥有绝对正确的知识与信息。所以此药品切忌滥用。

参考个案： 19世纪现代热力学之父开尔文在《覆盖热量和光线的动力学理论的十九世纪的乌云》的演讲中说道："动力学理论断言热和光都是运动的方式，现在这种理论的优美性和清晰性被两朵乌云遮蔽得黯然失色了。"开尔文指的是当时经典物理学无法解释的两个实验，这两个实验结果与当时经典物理学中相关的理论和公式都不相符。但到了二十世纪，这两朵乌云不但没有转化为两场黑雨，反而拱出了两个艳阳：前者引出了相对论，后者催生了量子力学。开尔文在追求科学的过程中觉察了无知的危机，这反而成为科学家们继续学习和探索的动力。

人类的进步就在于通过所学产生批判和质疑，探索未知，最终进步。因此当以不学为耻，不必以不知为耻。

[**注意事项2**] 由于每个人对药力的承受能力有所不同，故用药后密切观察病人在24小时内的症状表现。若出现明显的症候反应，如爱说大话，语气傲慢偏激，言语间手舞足蹈、唾沫乱飞等，乃典型的药后反应，只要患者立刻停止服用此药，这些症状就会自动消除。

[**免责声明**] 此新药虽致力于为广大患者解除"无知"的折磨。但人类本身是通过学习变得"知"，又在"能"的过程中发现自己的未知之处，于是继续学习，以求变得更"能"。由此可见，"知"只是工具，只有"能"才是目的，人才是变知为能的关键，人类科技的进步也来源于此。

因此由于个人原因所导致的药效不佳或产生的不良反应与副作用，本公司不承担任何责任。望患者服药前仔细阅读此使用说明书，严谨考虑，谨慎选择，克制使用。

难 题

陆沁滢　上海吴淞实验学校九（5）班
黄　蕾　指导老师

　　靠坐于窗边，浮光跃金，光影浮掠于我的桌面，暖阳洒落，直达我的心灵，我与小徐细细碎碎的讨论声与演算纸上的淡淡的笔迹化为一道细钩，钩住了我的心弦，不由得失了神。回忆着一帧一帧的画面，如同黑色的胶片环绕在我的脑海里。一张张胶片形成一幕幕画面，曾经虚伪的心灵此时变得开阔敞亮。

　　"陆陆，这道题怎么做啊？"作为班级里数学成绩较好的同学，我时不时会被同学请教，有时总会有五六个同学围在我身边听我讲题，那一刻我被虚荣心所包围，认为自己不能被问倒，若是被问倒，那将会丢了面子。我读着题干，平常早该有些思路了，此时大脑中却一片白茫茫，处于迷雾之中，不知通关的大门在何处。同学们那期待的眼神变得异常炙热，我被紧紧盯着，心头一紧，紧张的情绪开始蔓延。此刻，在我眼中，同学的眼神好像在变质，变得轻蔑，甚至是不耐烦。我看着那图形，与三角形十分相像，便脱口而出道："这题很简单，你看这两个三角形是相似的，证明就能得到答案了。"大家看着我装作不屑的样子，似懂非懂，小徐也若有所思地点了点头，转身回到座位思考。我说完便低下头假装看书，生怕露了马脚，若是再晚些低头，我心底的虚荣心与虚伪好像就会暴露无遗。

  第二天正是每周数学考试的日子，我行云流水地写着前面的填空题，直到看到一道极为熟悉的题目，我愣了神，竟是小徐问我的那道题！漫长的演算使我越来越紧张，呼吸变得十分急促，我遮掩时的虚伪虚荣像一根根细针将我的心穿透，不由得感到有些痛苦与挣扎，最后只得放弃这道题。考完试，我如同一个木头人一般杵着，心头积攒着一片污浊，不知该如何驱散。

  "陆陆，那道题你看到了吗！"小徐激动的声音也在不断刺激着我虚伪的心境，"我昨天回去按照你给我的线索算出来了！今天考试正好考到。"我故作镇定："我当然写出来啦。""还好我不会就直接问了你，回家思考了，和朋友讨论了蛮久最后想出来了，不然我这次考试就考砸了。"我听着她的话尴尬地笑着，摆手道别准备回家，路上却也不断思考着小徐的话，她不会的题大大方方就能来问我，并且与朋友讨论思考，而我不懂装懂终究还是错过了一次思考学习的机会，又总会感到坐立不安，精神上的痛苦更为难忍。想起曾读过的孔子的文章，"知之为知之，不知为不知，是知也"，以前我不理解其中的内涵，如今我读懂了，参透了其中的意思。我并不是无懈可击的机器人，全知全能，对于不懂的题目我也应该坦然面对，光明磊落地接受并努力思考研究，这样胡乱遮掩过去，只会使自己掉进深渊，越来越深，越来越深。可我不想再坠落下去了，我想自救。

发下卷子后，小徐考得比我高了不少，她瞄到我的卷子上的那一题空着，意味深长的眼神似乎给我施了咒语，让我说不出任何话来，只得将脸遮掩在口罩下，脸早已红透，热意灼烧着我的内心。可经过昨天的思考，我更觉释怀，揭开了心头蒙着的薄纱，驱散了心中的污浊。明白当以不学为耻，而不是以不知为耻，有不懂的东西又有什么不正常的呢？不必因为虚荣又或者是觉得难为情而不说出口，那样只会令自己更加难熬。最关键的，是如何解决你所不懂的难题与问题，得以解答并理解真正的含义。

思绪万千，回旋于此刻。扫了一眼手中的题目，有些不理解："这道题好难，你有什么思路吗？我暂时还想不出。"我真挚地看着她，坦然地表达了内心的疑惑，而她似乎是笑了一下，开始给我讲她的想法，我顺着她的思路一步一步向下推算，解决了这个难题——困扰我良久的难题。

种 梦

李梓萌　同济大学附属实验中学九（5）班
黄丽玉　指导老师

已是深夜，行李箱与黄土路上凸起的石块发出咔嗒咔嗒的碰撞声。月光皎洁，洒在土路上，就像给路铺了一层盐。四周寂静，整个山林都沉浸在睡梦中，只有猫头鹰的叫声，和着秋风吹动落叶的声音。张德冀裹着件小夹克沉默地站在岔路口，心中感慨万千。

五年前，他作为山村里为数不多的，甚至可以说是一只手能数得过来的大学生走出了大山，作为公费师范生去外省读大学。也许他自己也不清楚是怎样在阴差阳错之下选择了师范这个专业，当时他一心想学习做木雕，毕竟从小就喜欢用锋利的石片儿在木头上刻着玩儿，不过也没得选。僻远的塔庙村几年都出不来一个大学生，应着奶奶的要求，他请缨回村支教。

第二天早上，从奶奶家冰冷、梆硬的石头床上起来，腰酸背痛——身体与床板之间不过只隔了一层棉垫和一层被单罢了。应付完早饭，他抱起奶奶养的老橘猫，凭着记忆寻找着自己幼时的学校，要真说起来，哪能称得上学校啊？不过是很久以前的牲畜养殖场，十多年后，木头腐烂，砖瓦掉落，张德冀和大喜在这样的环境下读了两年书。他把猫放在地上，老橘猫吃得肥，年龄又大了，懒洋洋的动都不肯动，悄悄地把脚一缩，蜷在他脚边睡觉了。

在这里，他的教师梦悄然种下，不过彼时他年幼，尚不清楚。

推开老旧的似乎随时都能掉下来的木门，他走进了学校——不管是十多年前还是现在，这儿都是塔庙村唯一的学校，老师也从来只有一个，要教拼音、写字、算术、体育、画画。严格说来画画也不能算教，毕竟纯粹善良的孩子们的画要比公式化的成人的好得多。今天是星期六，学校里没有人，学校后面的水塘传来悦耳的欢笑声。

张德冀又推门进入一个房间，这是一个图书馆，他小时候也曾在这里猫着，读大半天书，直到田老师找到他，把他带了回去。说来也有趣，那时候他还叫张铁蛋呢，奶奶没什么文化，觉得这样叫着顺口就一直叫，他去上大学前，村里当时唯一一个有文化的人田老师给他改了名字，德冀，希望他德行好又能实现梦想。

地上散落着的书将他拉回了八九年前的那个下午。他趁着课间悄悄地跑出教室来到图书馆，因为下节课又是他不擅长的算术了，而藏在图书馆无疑是最好的选择——杂物多还有很高的柜子遮挡，根本不怕被发现。于是他就藏在最后一排柜子前，坐在地上，怀里抱着《三国演义》，聚精会神地看着。

地板发出吱呀声——是伙伴大喜，她来找他回去上课。铁蛋抬头看了她一眼，又继续低下头读书。阳光斜射入窗子，墙上开着方形的大洞，洞外的树枝随风不时探入脑袋，墙脚的野草生出了萌芽。灵活小巧的橘猫跳上窗台，趴在那里静静地看铁蛋读书，它为他遮住阳光，他使它有了依靠。大喜也加入了他，她爬上木楼梯，一级、三级、五级，去够书架上想看的书。一切都是那么温馨，两个小朋友倚靠在一起，不顾时间的流逝，这世间仿佛只有他们和书籍，他们共同遨游于属于他俩的精神世界里，别提多快活了！

橘猫的叫声吸引来了田老师，田老师走进来，看到的是这样的景象：两人一猫相互依偎着，沐浴在阳光下，睡着了。铁蛋先醒了过来，他看见田老师在自己面前慌得不得了，刚想出声，被田老师用一根手指抵住嘴唇阻止了。田老师让他抱着橘猫，自己则背着大喜，回到了教室。

后来，张德冀回想起来，田老师并没有严厉地批评他们，而是抽空收拾了图书馆，将教室搬进图书馆里，可以说，他们两个在图书馆里度过了童年最快意的时光。

眼前与原本没什么不同，不过是堆积了更多的灰，张德冀将图书馆打扫好，把桌椅搬了过来，等待着周一的到来。

图书馆奇妙游记

黄靖淳　上海中国中学六（6）班
沈文春　指导老师

一个阳光明媚的早晨，小鸟在枝头婉转地鸣叫，像是在叽叽喳喳地讨论着什么。我和好朋友芳芳像往常一样来到图书馆看书。

一进门，我们就直奔一楼的杂志区。芳芳爬上梯子在找书，我则拿起了一本杂志看了起来。杂志里的故事情节一波三折,可真吸引人啊!我看得津津有味,时而开怀大笑,时而潸然泪下。

突然,我的耳边响起了几声声响:"小心!小心!你头顶上的梯子要倒了!"我抬头一看,芳芳在梯子上摇摇晃晃的,马上就要掉下来了。我马上冲过去,一把接住了她。她捂着心口说:"谢谢你!不过,你是怎么发现我快要掉下来的呢?""……我听到有人在提醒我,但我也不知道是谁。"

这时,风突然大了,吹开了窗户神秘的面纱,一只白色与橘色相间的大猫浮现在我们眼前。我和芳芳被它吓了一大跳,连忙后退。"你们不用害怕,我叫大橘,自1953年以来,我每天都来图书馆寻找像你们这样热爱阅读的小朋友,只有这样的小朋友才能看见我哦。"大橘竟然开口了,温柔的声音像一位慈祥的老奶奶。"你的身体为什么这么大呀?"芳芳鼓起勇气问。"哈哈,'腹有诗书气自华'嘛,70年来,我饱读诗书,知识都装进了我的肚子里,我的身体就变得这么大啦。"看着大橘亲切的样子,我们也放下了防备。

"你们这么爱学习,我带你们游阅一下图书馆的典籍吧。""好!"我和芳芳异口同声地答应了。我们爬上大橘毛茸茸的后背,大橘双脚一蹬,我们竟然飞了起来。

穿过奇幻的时空隧道,我们看到伏羲仰观俯察天地,以大自然为师,思索、总结出周易最早的符号体系,为每个符号的诞生而振奋;周文王姬昌被商纣王囚于羑里7年,随时可能被杀掉,但他将生死置之度外,潜心推演伏羲的天地大道,完成了《易经》,他的勇气和智慧令我们万分敬仰;孔子喜读《易经》,他完全沉醉在《易经》中,废寝忘食,读了一遍又一遍,装书简的绳子都多次被磨断,这就是韦编三绝的故事。他感叹说:"假我数年,五十以学易,可以无大过矣。"看着孔子痴迷学习的样子,我和芳芳也被打动了,恨不得跳下去,向孔子求教,和他一起学习。

很快,大橘又带我们来到了西汉,看到司马迁受宫刑之辱后,把著史书看得比自己生命更重要。他呕心沥血完成《史记》，在给好朋友任安的信里写下：亦欲以究天人之际，通古今之变，成一家之言。我们仿佛看到《史记》中四千多位历史人物栩栩如生：陈胜高呼"王侯将相宁有种乎"的豪气、廉颇和蔺相如的宽阔胸襟、张骞出使西域的异域风情，我们既为英雄气感动，又为中华文化自豪，更为司马迁的文笔折服。鲁迅先生曾赞誉《史记》为"史家之绝唱，无韵之《离骚》"，看来可真是名不虚传啊！

大橘最后带我们飞去大唐盛世看唐诗的世界：32岁的李白怀才不遇，在长安四处碰壁时仍写下"长风破浪会有时，直挂云帆济沧海"，我们心中也多了几分浪漫和自信；休官后漂泊无依的杜甫，不改"星垂平野阔，月涌大江流"的胸怀，仍带着"荡胸生层云，决眦入归鸟"的豪放；白居易为刘十九写下"绿蚁新醅酒，红泥小火炉"的悠然与潇洒，让我们心驰神往……

大橘回过头，笑眯眯地说："孩子们，中华文化博大精深，今天你们只是看到了一小部分。'少年辛苦终身事，莫向光阴惰寸功'，你们要好好珍惜少年时光，努力学习，不仅要学深学透我们的文化宝藏，还要践行中华文化。再见！"说完，大橘放下我们，便飞出了窗外，眨眼间便消失在了云雾之中。

我和芳芳你看看我，我看看你，还沉浸在这场奇遇里，久久没有回过神。芳芳不禁感叹："我们中华文化源远流长，今天可真是大开眼界呀！"我点点头，握着芳芳的手说："我们立志做中华文化的传承者，'学而时习之，不亦乐乎'，让我们继续到书海里遨游吧，相信未来，我们一定还会再见到大橘，和它分享我们学习的成果。"

最后一座纸质书屋

刘任轩　上海中医药大学附属闵行晶城中学七（5）班
朱阳旭　指导老师

博克和书香最近很烦恼。

事情不大，却很难。原来学校布置了一项作业，寻找一本有着黄猫故事的纸质书。然而，现在已经是2200年，全息投影、沉浸式多媒体视觉体验、裸眼3D互动和ChatGPT，资料浩瀚如海，呼之即来，挥之即去，不占空间，不费资源。就像不管洪荒千载曾绘制过怎样的宏伟图景，终究漫天星辰也会坠落一样，纸质书走在了作古的路上。

去哪里找这本纸质书呢？这周末博克和书香决定去街上找一找。大街上，无人驾驶飞机穿梭于楼层间交错的通道里，服务型机器人飞驰在大街小巷，高耸的摩天大楼在阳光下熠熠发光，整个城市宛如巨大的宝石在闪烁。走着走着，他们看到前面飘浮着一辆巴士。透过玻璃看到车厢里摆满了书。靠窗的地方，还有沙发和茶几。茶几上放置着一个咖啡杯，隐隐约约还能看到冒着热气。

博克一把抓住书香的手，拉着她快速追了上去。

"等一等！"飘浮的巴士仿佛听到了他们的呼叫，慢慢地停了下来。博克和书香毫不迟疑地跳了上车。看着一排排竖立的书柜里满满当当的书刊，博克和书香惊讶地张大了嘴巴！巴士里除了书，还是书，并无人迹。简单地商议后，他们决定先行寻找起来。

书柜下面几层的书已经看了个遍，也没有找到他们想要的那本书。"'黄猫'会在哪呢？"

忽然，一个声音在背后响起："你们是在找我吗？"

听到声音，博克和书香吓了一跳，急忙转过身来，寻找声音的来源。这时，书柜后传来窸窸窣窣的声音，一堆书的下面慢慢露出了一只猫头："我叫大橘。你们可以叫我大橘先生，欢迎你们！"

书香大着胆子说："你好，大橘先生，我是妹妹书香，他是哥哥博克。我们想要找一本有黄猫的故事书。""你们要找的那本70周年刊在书柜的第二层从右边数第十的位置。喏，右边有个梯子。"兄妹俩努力地把梯子移过来，书香小心翼翼地爬上了梯子。博克一边扶着梯子一边听大猫讲着故事。"2023年也就是这本杂志创刊70周年时，小主人带上我一起参加了庆典，一位插画师将我和小主人的故事画在了封面上。"书香很快找到了那本刊物。"这两个小朋友好像我们俩呢。""这个小女孩也和我一样扎着小辫子呢！他们穿的衣服和我们也一样。画里的小男孩穿红色上衣和黑色裤子，小女孩穿的是蓝色背带裤白色上衣。感觉我们也进到画里来了呢！"博克和书香翻着手里的书你一言我一语地交流起来。大橘窝在沙发里，慵懒地打了个滚，伸了伸懒腰，安静地看着他们，时而惊奇，时而叹息时而欢笑……

"大橘先生，你是从哪里来的？"找书之余，书香好奇地问道。"呼噜！我来自太空中最后一座纸质的书屋。""最后一座纸质书屋，听起来很酷！"书香瞪大了眼睛，"大橘先生，请问您是怎么来到这个书屋的呢？"

大橘走到茶几旁，跳到沙发上，喝了一口咖啡，慢慢讲起了自己的故事。"喵呜！第一次跟着小主人来到这家书屋是1953年10月，我还是个小猫咪，小主人抱着我走了很远的路来到这里。因为那天是《少年文艺》第一次发刊的日子。听说'少年文艺'这四个字是宋庆龄奶奶题写的呢。"

大橘脸上带着笑，仿佛还在回味那天的快乐："后来，他常常悄悄和我讲那里面的故事，有《英吉沙刀》，也有《其实你不懂我的心》，有《落英》，也有《假如深海鱼流泪》……那是他的童年，是梦想开始的地方，直到成为一位有名的作家。"讲到这里，大橘叹了口气，"随着科技的发展，纸质书日渐减少。小主人为了保留这70多年收藏的书籍，申请自建了这个纸质书屋，希望能够保留这些珍贵的记忆，让后代再看到这些纸质书，知道纸质书是怎样的一种存在。"

"大橘先生,你说纸质书有一天真的会消失吗?"书香问道。"呼噜!也许它会消失吧。"大橘换了个姿势继续躺回沙发,"但我想,它给世界带来的价值是不会消失,知来路,方能行长远,也许它只是以另外一种'纸质书'形式存在呢!"

"当!当!当……"墙上的挂钟响了九下。"喵呜!时间很晚了,现在送你们回家!"说着大橘跳起来按了左手边的一个红色按钮,巴士稳稳地停在了地面上。

"纸质书也许会永远消失,但纸质书带来的文明和价值会永久延续和传承下去!"博克和书香躺在床上想起这句话,不由得沉思起来。

《少年文艺》静静地躺在书桌上,封皮上的黄猫睁着大大的眼睛看着他们,仿佛洞悉一切!

目 光

陆柏涵　福建漳州实验中学八(10)班
刘　淼　指导老师

或许我是个虚伪的家伙。

早些年的时候,我渐渐把自己伪装成无所不知的样子,戴上了一副看起来光鲜亮丽,其实早已残破不堪的面具。只需稍稍点破,便可以窥见我内心的空洞与无知。但我抱着侥幸的心理,一直如此,想着只要蒙混过关,再在家人、友人面前耀武扬威几番,展现一下自己的过人之处,便也能赢得一片掌声。

但我永远无法在脑海中消去那抹目光。

五六月的夏天充盈着聒噪的蝉鸣和繁密的夏花,彼时的北方地区,小麦在热烈的日光下抽出麦穗,小麦草绿而又微微泛黄的躯干孕育着麦粒。偶然间,母亲用和蔼而缓慢的语气询问道:"你,见过小麦花吗?"

小麦花?小麦真的能孕育出花朵吗?在我的印象中,小麦的一生恐怕都不甚张扬,不绽放一朵花,就犹如一名朴素的农民在属于自己的季节里耕耘、收获。但是为了自己强烈的虚荣心,我依然回答:"小麦花这种花朵应该不存在吧,小麦怎能绽放出花朵呢?"

母亲笑而不语,刹那间,她看向我的那饱含质疑的视线,使我不由得转过身来,那不经意的一瞥使我脊背发凉。

母亲提议带我去北方的田野看看,聆听自然万物的交响乐,闻闻清风带过的植物的清香,我接受了提议,愿去那儿的麦田里看看。

到时正值上午,小麦抽穗约莫已过了三五天了,天气依然燥热,远望麦田,久久凝视——小麦淡绿色的朴素外衣上并没有出现类似花朵的形状,我心中先是一紧,随后轻松坦然地说着:"瞧,小麦也没有花哪,我对植物还是相当了解的。"母亲依然淡然自若,只是悠闲地看着天上的鸟雀来来回回地巡游。

母亲突然提醒我,让我多看看那草绿的麦身,我不耐烦地望着,令我惊异的是,那尖挺的麦穗正孕育着花朵,恰似数根拧作一线的剔透的蚕丝悬挂着。朵朵倒悬的、淡黄又带着几分白色的小小的花,有序地排列在麦身上,小麦花的盛放让我的自尊心覆上一层凝霜。

星星点点的麦花,打破了晴夏天空的宁静,而又仅在片刻间,那原本盛放的花就尽数衰残、凋落了!我感到惊愕和无地自容,羞愧和遗憾的情感溢于言表。

母亲笑着,凝视着我,无需多言,无须再言,一缕目光,一个眼神,撕碎了我那徒有其表的虚伪面纱,曝光了我那无知却仍要加以掩饰的真面目,我……又能够辩驳什么呢?

欺骗者,说谎者,背道而驰。

回到故土,五六月的傍晚已然闷热,所谓夏季光景也不过如此,不但不见繁花锦簇,苍叶满树,只能见几只归巢的鸟雀疲惫地栖息巢中。我只言空寂寥,直至我抬眸望见了那轮夕阳。

淡淡的一点薄阳将环绕在其身的云霞烧得炽热，那点赤红似乎要喷薄而出了，多么使人沉醉其中。当我从虚幻中苏醒时，夕阳早染红了半边天。

火红的霞光像那缕目光，穿透了我内心的壁垒，洗涤了心中的尘垢，使我回想起了一则寓言。相传太阳神阿波罗在神庙前赐予苏格拉底一道神谕——你是世界上最有智慧的人。或许，苏格拉底的智慧使他能够认识到自己的一无所知。不弄虚作假，承认自己的无知，何尝不是一种对自己的救赎呢？苏格拉底用他的思想，他深沉的目光警醒世人认清自己的无知，这样的目光使人拥抱自我，追求真理。

夕阳缓缓地落下山去，天空将会如墨般漆黑，但少年正要重新出发，他的脚步和信念愈加坚定。他将卸下自己的伪装，不掩饰他的缺陷，迈开坚定的步伐离开曲巷。

天空缓缓褪去色彩，少年抬头仰望被夜色绞碎的天空。

顷刻间，夜已经来了。

心中的精灵

王添颐　上海控江初级中学七（7）班
江　帆　指导老师

人，只有知道自己无知后，才能从骨子里谦和起来；不再恃才傲物，不再咄咄逼人，所以说人总是越活越平和。心中的精灵舞姿旖旎，诉说成长的道理。

——题记

心灵的深处，住着两只精灵，名曰小智和小豪。小智聪明好学，炯炯有神的双眸里满是对知识的渴望；而小豪好面子，喜欢在人前展示自己的优点和才华，不愿让别人看到他的无知和失败。他们常在心中跳跃着，每当我犹豫不决时，心中的精灵便摇身一变为军师，唇枪舌剑，各抒己见，以三寸之舌为我出谋划策。

第一回　信息课小豪出丑

信息课上，老师正在教大家如何编写一个自动扫地机的程序——代码逻辑、漏洞分析……跳跃的思维迸出灵感的火花，缜密的思考令人崇拜。"大家都听懂了吗？如果还有不清楚的同学请举手。"作为编程小白的我听得云里雾里，我刚想举手，精灵小豪赶紧阻止我，趴在我的耳边生气地说道："别举手！你看看周围的同学，人家都在点头，就你一个人还不懂，那多没有面子啊！"我偷偷环顾四周，大家胸有成竹，问题卡在了我的嗓子眼儿，我把手缩了回去。"既然大家都懂了，那下面就自己操练吧，完成的同学拿到讲台上来给我检查。"而我，仅仅凭借着模糊的理解，眉头紧锁，装模作样写着一知半解的代码程序。

信息老师竟然用我的程序来做演示，真是屋漏偏逢连夜雨！殊不知这个程序里藏着许多漏洞。只见那个扫地机"嗖"一声冲了出去，像是离了弦的箭一般飞到了天花板上。彼时，教室里的哄笑声一浪高过一浪，我的脸已红成了熟透的苹果，恨不得找个地缝钻进去。

第二回　编程大赛小智取胜

自第一回小豪当众出丑后，小智便占据了上风。

不久后，我参加的编程大赛如期而至，这次我铆足了劲儿，无数个日夜游弋书海查阅资料，在机房里埋头苦干，只闻键盘的敲击声阵阵。我捡拾起零星的代码，把它们串成逻辑的链条，我创造的作品日渐成形。就在马上大功告成之际，一个程序漏洞宛若藏匿的陷阱，看似风平浪静，测试时便能发现端倪。我心急如焚，夜深人静之时，还在为如何修改程序而绞尽脑汁，想着想着，眼前模糊了起来，团团迷雾把我萦绕包围，此时，耳畔又响起小精灵们的争辩声。

"算了吧，这个缺陷也不是很明显，说不定就能侥幸过关呢。"

"不能因为这个缺陷而和奖项失之交臂呀，抓紧去请教请教老师吧。"

"老师也许会说这个问题已经讲过了，这不是承认自己无知了嘛。"

"古希腊哲学家芝诺曾说：'人的知识就像一个圆，圆内是已知，圆外是未知。你知道的东西越多，不知道的东西也会越多。'爱因斯坦都有勇气承认自己的无知，你有什么好顾虑的呢？"

天空似被打翻的墨水染黑，挂着几颗寂寥的星星，云雾渐渐散去，银色的月光倾泻一地，小智为我拨开云雾见月明。

翌日，我拿着程序去找老师请教，老师二话不说，耐心讲解，漏洞问题迎刃而解。聚光灯下，我站在领奖台上，嘴角嵌满了笑意。

想知道小豪为此如何应对？且听下回分解。

第三回　小智小豪携手并进

小豪自知理亏，从此收起了蒙混过关的想法。

成长亦如编程，我们每个人都有对知识独特解读的代码，每一个突触，都刻录着一段对成长独到见解的字节。字节舞动，逻辑开合，一张一合之间，成就了我们独特的人生算法。

古人曾挥笔泼墨写下："非学无以致疑，非问无以广识；好学而不勤问，非真能好学者。"也许探索世界并不在朝夕时刻，只有毕生躬身探求，锐意进取，以好问之心求索，以赤诚之心前行，终会寻得真理的微光。

小智拉起小豪的手，心中的精灵向着成长的阡陌端走去……

猫生图书馆

陶佳栎　上海江湾初级中学八（2）班
赵海倩　指导老师

沈青怎么也不会想到，他的人生中会有这么一段奇幻的经历。

他不知道怎么来到这个图书馆，怀着忐忑的心情走了进去。虽说是图书馆，但金碧辉煌的装修还是令人惊异。棕木的纹理分布乱中有序，给深棕色的书架增添了一种低调奢华的气息；书架上，一本本书籍紧紧排列着，清新淡雅的香味沁人心脾。

"来了？"

一道沙哑低沉的声音在幽静的环境中显得格外响亮。一只巨大的波斯猫从书架后走出来，金色和白色的柔顺皮毛下似乎掩盖着伤口，棕眼圆溜溜但没有神，背后的尾巴也过于短，就像被故意截断了一样。它走到他面前审视他，高大的身影覆盖住他。

沈青鼓足勇气，问道："猫先生，请问一下，这是哪里？怎么才能离开？"

猫回答道："这里是猫生图书馆，与世隔绝。明白这里的意义就能离开了，答案就在那些书里。"它的手挥向那一望无际的书架，然后转过身去，在一处空地趴着闭目养神。

沈青游走在各个书架中，随便拿出一本书，叫作《冻死的猫》。他又随便拿出一本书，叫作《被残害的猫》。他扫过整个书架上的书，书名都多多少少关于猫，而且都是悲剧性的故事。

余光瞥见那只猫的白色尾巴，他似乎是想到了什么，快速在书架间穿梭，终于在一个很不起眼的地方发现一本薄薄的小书，表面浮着一层灰。这本书与其他书不一样，其他书的封面只有名字，而这本书的封面却有一条被切断的白色尾巴，上方的书名叫作《流浪猫的视角》。

沈青怀着疑惑的心情翻开它——

我是一只流浪猫。

我不知道自己走过了多少地方。我穿过高楼林立的都市，华灯初上，车水马龙，如同万星闪耀的银河。人们的喧闹声与汽车的喇叭声交织在一起。我看到一个身穿西装的年轻男人，恭敬地弯腰在一个大腹便便的富豪身旁，谄媚地说着天马行空的夸赞。把富豪送走后，他马上变换成凶恶的神情，恶狠狠地踢打着我的身体："都怪你，死猫！"

我穿过最混乱肮脏的巷子。从未修整过的地面刺伤了我的脚，腥臭的气味环绕在我的鼻尖。几个放荡不羁的社会青年提着各种各样的武器从角落中出来，身上都是打伤，他们喘着粗气骂着，看到我，就狠狠踢打着我，但还觉得不够，就拿刀硬生生地割断我的尾巴，然后把我踢到沟里骂骂咧咧地离开了。

他正准备继续看下去，突然发现猫一直趴在他的身旁盯着他。还未等沈青开口，它抢先一步说道："图书馆是因人类而惨死的猫的冤魂所形成的。这里的每一本书，都书写了一个冤死的猫的故事。这里只有猫，可就已经无穷无尽了。"

沈青沉默了。

猫继续说了下去："世界不只有人类，大到虎鲸，小到蚂蚁。猫生图书馆只是一角，如果所有冤死的生灵都算进去的话，已经不能用庞大来形容了。人和动物都是大地之子，动物均有其权利，如同人类均有人权一样。

"本是同根生，相煎何太急？你们从来到这里开始，就一直有一个疑惑，就是为什么偏偏是你们来到这里。"猫用水灵的棕色眼睛看着沈青，面不改色的神情终于有所变化，露出第一个微笑，用手指了指后面一页还未看的内容，一字一顿地复述那段文字，"'不过我最喜欢的，还是那群稚气青涩的少年。他们像纯白的羽毛，飘落到世间，未尝沾染俗世的阴暗，对天地万物都心存一份柔软。他们不会趋炎附势，不会粗鲁咒骂。他们只希望，世间只有纯洁无邪的美好和希望。"

随着猫一字一顿的话语，图书馆的四周开始升起白色的泡沫，堂皇富丽的装修逐渐被白光淹没。而猫还是卧在地上，朝沈青温柔地说了最后一句话："坚守明净的心灵，善待生灵，敬畏生命……"

话音刚落，猫闭上眼睛，整个图书馆彻底化为虚无。沈青被白光刺得睁不开眼。他感受到身上各个地方传来的撕扯感，随后昏迷了过去。

待他再次醒来，是校园里那熟悉的清淡花香。而他看到，草丛中探出几只毛茸茸的脑袋，在熹微晨光中眯缝着眼睛，一张一翕间都闪烁着对未来的期望。

阳光恬淡，清风缱绻。

求知贵乎诚

孙苇杭　上海延安初级中学七（8）班
王晨璐　指导老师

人生在世，首要的任务是做个大写的"人"，也就是古人说的"君子"。君子的养成，非一日之功，需要持续不断地学习、实践和自省。所以有人说，人生是一场漫长的修行。

这修行的第一步，便是求知。天地万物，社会自然，我们都要去探索，去发现，进而去把握，去改变。从古至今，尽管知识的领域宽窄不同，学习的途径各不相同，但人类求知的热情和努力从未停息。可是，知识是难以穷尽的，即使是古之圣贤，今之大师，也不可能真的达到

"其学无所不窥"的全知全能的境界。

然而，人类似乎又有"求全"之癖，尽管庄子很早以前就发出过"吾生也有涯，而知也无涯，以有涯随无涯，殆已！"的告诫，但历代读书人大多还是信奉"一事不知，儒者之耻"的古训，恨不能上知天文地理，下知鸡毛蒜皮，做个通天彻地的博学硕儒。按理说，这样的野心也并没什么不好，即便不能提升个人修养或促进文明进步，至少于己于人都无妨碍。

问题是，人是有虚荣心和功利心的动物。有虚荣心，就不愿承认自己的浅陋无知；有功利心，就想通过显示博学来获取功名财富。于是，初心顿失，开始在本该老老实实的"求知"一事上自我掩饰、自我炫耀、弄虚作假。于是乎，不懂的也要装懂了。郢书燕说，穿凿附会，未学过的也要自称精通了——外国的发明，我们总是"古已有之"的！

然而鱼目终究不能混珠，假博学终究挡不住真浅薄。君不见，高文凭的明星竟不知"知网"为何物；君不见，广见闻的干部愣是把"四郎探母"读成了"四母探郎"！假作真时真亦假，当一个人企图用博学遮掩无知，用高雅装扮粗俗，那结果，一定是捉襟见肘，贻笑大方！不仅更"响亮"地暴露了无知和粗俗，而且还自证了人格的虚伪和卑劣。更何况，欺人易，自欺难，如果自知不"诚"，则内心时时备受煎熬，其滋味又当如何呢？

孔子教导弟子说：知之为知之，不知为不知，是知也。宇宙奥秘无穷，社会复杂多变，人心幽暗难明，面对无边无际的知识之海，我们既不必望洋兴叹，也无需惶恐不安。我们阅读、实践、探索、反思，最终的目的是清晰地认识世界，也理性地认识自我。求知的目的不是为了满足虚荣心，向人夸耀；也不是为了攫取财富，欺世盗名，而是为了完善自我，实现自身的价值。

荀子说：古之学者为己，今之学者为人。"为人"而学，终究会迷失自我，苦恼不堪；"为己"而学，才能做到《大学》中所说的"止于至善"，欢喜无量。如今是信息时代，知识爆炸，我们更加不必以"不知"为耻,只要心明眼亮,知道自己的兴趣和方向,以"诚"为舟,以"勤"为桨,相信终能如达摩祖师那样"一苇渡江"。

一堂课的感悟

余佳淇　上海南汇第五中学七(1)班
刘双凤　指导老师

外面的阳光很好,懒散地洒在大地上,一派祥和。我的教室在三楼,课桌在窗边,一缕阳光偷偷地跳上我的数学练习册。空气中若有若无的甜香,应该是桂花的味道。

老师在讲台上批着练习册的订正,后面排了一条长队。

我在座位上写着当天的回家作业,写着写着便开始在草稿纸上涂涂画画——反正还没到我呢。

忽然听得讲台上传来一声巨响,地板都在怯怯地颤着。我猛地抬头,手立刻遮住了草稿纸。原来老师没看我……我还是被吓得不轻,在刚才那一刻,我的心脏真的要被吓破了,真的有"肝肠寸断"之感。

一波未平,一波又起。

数学老师突然平静地问面前的女生:"题目是自己做的吗?"

我知道,这是欲扬先抑。

女生答:"是……"

"好好好!"老师拿起粉笔在黑板上写了一道练习册上的题,"做吧。"

教室里很安静,窗外的太阳被一片云遮住了。

女生捏着粉笔,迟疑着,只写下了一个"="号,这是一道很基础的题目。她练习册上做对了,而现在又不会。很明显,这题不是她自己做的。见此情形,我的手心出了很多冷汗。

她终于下笔了，我看见她的耳朵很红。

现在整个教室里只有粉笔声，没有一个人敢低下头继续写作业，大家都紧张而又担忧地看着黑板。我的手还是被吓得直抖。

教室里突然有了一阵小骚动，我紧张地看了看老师，怕他再次发火，发现老师没有理会，就继续看那个女生做题，一看就看到了一个错误，我的心瞬间凉了一半——要完了。

这算得上是一个很低级的错误，这道题即使叫小学生做也是会的，好像是二三年级就学了。

果然，老师让她把练习册拿来，一看就更生气了，连方法用得都不一样。教室里，除了老师的咆哮，只剩下了练习册的尖叫，每一声都惊心动魄，每一声都像叫在了心上。在这安静的环境中，这声音显得尤为刺耳。

课后老师好像给了她一本新的练习册，让她自己从头补。

老师扫视了教室一圈，大声说："如果有不会的题目，可以过来问我。但是，你不能抄！老师喜欢坦诚的人，诚实地承认自己不知道或者不会，老师不会怪你的。可如果你遮遮掩掩，欺骗老师！那么，即使你这次混过去了，题目还是不会做！最后损失的是谁？是我吗？还是你自己？你们自己好好反思反思！"

那个女生的眼泪慢慢地滑落，我也大受震撼，想着：说一句实话也许就没那么多事了，题目不会做是很正常的，但可以去问啊。

继这件事之后，没人抄作业了。看着我那天课上被吓得写得哆哆嗦嗦的字，感触很大。这也让我想起了邹韬奋先生的一段话：

其实世界上有哪一个是全知全能的？所以我们对于不知道的事情就老实承认不知道，这正是光明磊落的态度，有什么难为情？若遮遮掩掩，无论一旦露了马脚——而且这种马脚终有露出之一日——更觉难堪，而虚伪的心境，在精神上已感觉非常痛苦。我们当以不学为耻，不必以不知为耻。

这话听得浅显，却意味深长。

陈毅也曾说过,学问学问,多学多问。

我想我会一直记着这堂课,感谢这位数学老师教给我如此真切的人生道理。

开在记忆里的花

曾子涵　上海民办德英乐实验学校八(4)班
刘佩宁　指导老师

盛夏的阳光透过树叶的缝隙洒在池塘里,池水随风荡漾,荷花也开得娇艳。我好像又看到了那日的小女孩,蓦地,忆起了故乡开出的花。

那也是一个盛夏,荷花在池塘中盛开,暑假我回到老家,想要领略一下乡村的美景。

我回到老家,与邻家小妹一起吃饭,我一下子就盯上了桌子上的生藕片,我最爱吃藕了,夹起来就塞到嘴里,生脆的藕片入口,爽脆可口,在热得身体内外都觉得要炸裂的时候,带来一丝清凉。邻家妹妹问我:"姐姐,你们城里人知道藕是生长在哪里的吗?"我想起城里菜市场那些带土的藕,想着城里人怎么可能比乡下人知道的还少,神情里带着骄傲,自豪地回答道:"我肯定是知道的呀,长在菜地里啊。"邻家小妹笑了笑,不说话,拉着我的手跑了出去。

小妹拉着我来到后院,拿起一双雨靴,穿过田园,麦子在阳光的照射下显得更加鲜艳。妹妹带着我来到池塘边,我愣愣地看着她,还不知道她要干什么,她穿上雨靴,跨入池塘中,池水刚刚没到小腿,我站在远处的岸边,看着她将手伸入池塘,在下面摸索了一番,用力一拔,好似拔出来一个长长的黑乎乎的东西。妹妹向我走来,我才看清,是裹着淤泥的藕,我霎时脸色通红,想起刚刚说的话,觉得十分难堪,恨不得钻到水里去。而小妹却拎着藕，笑容灿烂地向我跑来，好似一朵盛开的荷花，活泼，充满着稚气。她天真地对我说："姐姐你看，这是藕，长在水里的，在城市里菜市场的那个，是晾干的，所以看着像从土里长出来的一样。"

她向我解释着，好像一位小老师，而我是认真听讲的学生。天空暗成淡蓝，远处群山如黛，透过绿色的田园，看到灯光依次亮起来，炊烟袅袅，熏红了晚霞。我和小妹回到家，坐在后院的摇椅上，萤火虫围绕在身旁，星星点点，她跟我讲着农村里的事情："辣椒和茄子长在那种矮矮的树上，南瓜的叶子是往上长的，你知道葱和韭菜的区别吗，葱是……"我听得认真，这些菜地里的事情从来没有人跟我讲过。她说完，脸上绽开一个鲜花般明媚的笑容，笑意迅速在脸上荡漾开来，唇角的酒窝里盛着久久不散的自豪之情。

思绪拉回到现在，看着眼前池塘里的荷花，远没有记忆中的那朵花繁盛。其实世界上有哪一个是全知全能的？所以我们对于不知道的事情就老实承认不知道，这正是光明磊落的态度。

"当以不学为耻，不以不知为耻。"那朵开在记忆里的花，是灿烂的，是明媚的，更是耀眼的。

求知者当要光明磊落

杜海岳　上海金山区世界外国语学校八（2）班
刘　丹　指导老师

　　韬奋先生说过，对于不知道的事情就老实承认不知道，这正是光明磊落的态度。但在我们的身边有这样一些人，他们说话做事好面子，会为了所谓"面子"而不顾诚信、遮遮掩掩，也会因为"没面子"而心情低落、难为情。作为学生，最主要的任务就是学习求知，学习需要踏踏实实的精神，切勿因为"面子"而陷入虚伪的心境，求知者当要光明磊落。

其实要面子并没什么不好。没错，适当地看重面子可以让人知廉耻、晓利害，明白什么事情能干，什么事情不能干。当一个人想要做不好的事情时，廉耻之心会让你脸上"挂不住"，从而打消越界的念头。但在求知这件事情上，太要面子是要不得的。

俗话说："死要面子活受罪。"这句话看似粗俗，但是也蕴含着真理。当一个人为了面子编出一套谎话的那一刻起，只要有人还记得这件事，就得一直将这个谎言延续下去，用又一套谎言来圆谎，好似一个无底洞一般不得休止。久而久之形成恶性循环，你也将永远陷入其中，而真相总有一天还是会显示在大家面前……那个时刻，你还会觉得有面子吗？

我也曾有过这样不愉快的经历。记得有一次数学课，老师正在讲解一道难题，而我则被窗外叽叽喳喳的小鸟儿所吸引，仿佛自己也是它们其中的一员，共同讨论着今天中午的吃食。突然，一颗粉笔头落在我的桌上，老师板着脸让我站起来，问道："你有没有听懂？"我当时心里有点慌，但又不好意思承认自己不会，于是硬着头皮说："会的。"有些同学开始窃窃私语。老师微微一笑，教鞭往桌上一敲，让我给大家重新讲解一遍。这怎么得了，我哪知道怎么解？要露馅儿了！支支吾吾了半天，我终于啥也没有说出来。当时全班哄堂大笑……顿时，我脸上红一阵白一阵，恨不得用校服把自己脑袋包起来，以后再也不敢上课开小差了。事后我也想到，即便自己侥幸糊弄过去，老师误以为你理解了，当时确实保住了面子，但丧失了及时改正的机会，知识仍然没有掌握，转眼到了考试的时候，题目仍然做不出来，那时候还有什么面子！

世界上没有人是全知全能的，你我都一样。孔子也说过："知之为知之，不知为不知，是知也！"坦然面对自己的无知，进而焕发出强烈的求知欲望和动力，这是一种智慧的表现。对不知道的事情，就应该诚实地承认。不知者不罪，人们不会去责怪一个人不知道什么，这是可以理解的。但是，如果为了遮掩自己的不知，生怕别人质疑你的学识、贬低了自己的形象,便故作玄虚,或欺瞒掩盖,或顾左右而言他,过后又不亡羊补牢把事情弄个明白,这样即便一时过了关,也对自己没有任何益处。因为一旦扯谎欺瞒,"事实问题"就变成了"态度问题","不知"就变成了"无知",毕竟没人喜欢欺骗和虚伪。光明磊落立于天地间,不必为不知而难为情。

"万师之祖"孔子都能够"不耻下问",而作为学生的我们为何不能坦然面对自己的无知呢?少年正是求学时,这个年纪不正是"不知道""想知道""能知道"的时候嘛,难道要等到长大成人了再难堪地回答"哎呀,我不知道呀",那才是真的没面子的事情。一个人要是连面子都无法放下,那就可能难成大器了。因为薄脸皮的人惦记的只是个人的颜面,面对不懂的事情他只会躲避,不会老老实实地承认、认认真真地求索,自然也不可能用荒芜的大脑做出创新的大事来。

韬奋先生教导我们:"当以不学为耻,不必以不知为耻。"我会永远记着先生的教诲——做一个光明磊落的求知者。

浅谈"知之为知之,不知为不知"

徐漫翎　上海民办杨浦实验学校八(4)班
赵　琼　指导老师

在这个信息爆炸的时代,我们似乎总是被要求要"懂得一切",这样才能在社会中立足。然而,作为普通人,我们有哪一个会是全知全能的呢?这个世界上存在着无数我们不知道的事情,对于那些我们不了解的领域,我们应该勇敢地承认自己的无知,这是一种光明磊落的态度。

人类的知识是有限的,每个人都有自己的专长和兴趣所在。我的爸爸有位好朋友,他是一名高级工程师,对于技术方面的问题,他总是能自信满满地给别人答疑解惑。但当大家谈到一些关于历史和艺术的问题时，他常常会坦率地承认自己在这些方面了解得并不多。这位叔叔总说："对于我不熟悉的领域，我愿意说'我不知道'，这不丢人。我更愿意在我擅长的领域中有所建树。"

这位叔叔的行为让我敬佩和深思。为什么人们会为了面子而遮遮掩掩，不愿意承认自己的无知？难道这样做能够在他人眼中显得更有能力吗？

事实上，只有当我们勇于承认自己的无知，才能更加真实地与他人交流。认识到自己的不足，并不是一种耻辱，而是一种进步的动力。我们应该明白，每个人都有自己的优势和劣势，每个人都不可能成为全能的人。只有当我们接受自己的不足，承认自己的无知，才能真正实现个人的成长和进步。

正如孔子所说：知之为知之，不知为不知。孔子本人也是一个谦虚诚实的人。他从不认为自己的知识够用，一辈子都在不知疲倦地学习，每当遇到自己不能解答的问题，他总是老老实实地承认自己的不足。正是因为他谦虚好学，他的知识非常渊博。他曾说："三人行，必有我师焉。"意思是，几个人同行，那其中就一定有人可以当你的老师。所以，他要求自己的学生对待学习也绝不能不懂装懂，自欺欺人。

虚伪的心态会使我们感到痛苦。当我们遮遮掩掩地回避问题时，我们的内心会充满着焦虑和不安。这种虚假的态度会适时地暴露出来，最终让我们感到更加尴尬和难堪。相反，坦诚地面对自己的无知，不仅能够获得他人的理解与支持，还能够与他们一起学习和成长。

我曾经的邻居是一位大学老师，他是一位非常有学问、有涵养的人，但他从来没把自己的才华当成夸夸其谈的资本，相反，他为人既谦虚又低调。孩童时期的我常会天马行空地问一些"十万个为什么"之类的问题把他难倒，每每这时，他都会坦率地面对我这个小孩子真诚地说："这个我还真不知道，不过我们可以一起去书中找找答案！"这种态度让我很尊重他，他从没有不懂装懂地把自己置于高高在上的位置，而是愿意坦诚地与我们一起面对难题，共同寻求答案。

不学习是可耻的，不懂并不可耻。让我们以积极的态度面对自己不懂的地方，努力去学习，充实自己。每一个不懂，都是我们成长的机会，通过学习，我们才能开启通向知识的大门，不断进步，走向成功的道路。

当我们勇于面对，并敢于承认和接受自己的无知，我们将会不断地追求知识和真理。正如爱因斯坦所说："学问越多，我越发觉自己的无知。"只有当我们明白自己有许多不懂的地方时，我们才会努力地去学习新知，积极地提高自己的认知，不断地去探索未知。

在这个广袤的世界上，我们永远不会孤单。因为不单单只有你是不完美的，其他人也是，世上没有完美全知的人。当我们勇于寻求他人的理解与帮助，在这个过程中，我们不仅会获得帮助，更能收获友谊。

风的思念

孔子悦　上海外国语大学附属奉贤实验中学九（3）班
李　娟　指导老师

刺耳的唢呐声响彻高山，我被淹没在来来往往的人群中，袖口的白布被风吹起，我望着那密不透风的"床"。太外婆在里面会闷吗？我想，嘴角一抿，尝到了咸。

我是太外婆养大的孩子，父母离婚后，他们的孩子就不止我一个了，是太外婆把没人要的我带上了山。

"我工作忙，孩子你带。""我家的刚满月，忙不过来。"父母当着我的面，相互推脱着，我用力关上房门，想要隔绝这一切。坐在书桌前，看着窗外似火的枫叶，被风吹落，在空中飘摇，无依无靠，我伸手想托住这片叶子,可最终却无力地垂下。太外婆,如果可以,请像风带走落叶般,带走我吧,我不想一个人,我的声音氤氲在泪水中。"喵",突然一只棕白色的猫轻巧地跳上窗台,又转身离开。我一手撑着窗台,翻了下去,飞扬的衣角带起了风,一抹红落在了桌上。

猫的速度极快,我顾不上观察四周,全力追逐着残影,周围的一切在飞速倒退,终于在一面有个小洞的白墙前它停下了,催促我钻进去。理智告诉我,这太过荒唐,现在我应该调头回家。然而好奇心却促使我爬进了那个潘多拉魔盒般的洞。

洞后竟是一个陌生的图书馆,随处可见的书架,任你挑选的书籍和一扇巨大的落地窗,阳光照射在地板上,空气中的尘埃都闪着金光。"你是谁?"一道稚嫩的女声从书架背后传来,浅蓝的背带裤,白色的上衣,两个麻花辫在耳后,女孩正一脸警惕地看着我。"喵",还没等我开口,猫叫着,走到了女孩的脚边,用脑袋亲昵地蹭着女孩的裤脚。女孩恍然大悟:"原来你是咪咪带来的客人啊。我是心愿图书馆的管理员,可以帮你实现愿望,解决烦恼。"

"任何愿望?"

"任何!"

"我要水。"我并不相信。女孩一个响指,一杯水凭空出现在我手中。

"我要风。"我试探。女孩微笑一下,一阵秋风袭来,掀起了窗帘。

我故意刁难:"把咪咪变大。"女孩手一抬,原本躺在窗台上的猫,一下变大好几倍,堵住了整个窗户。我看着眼前的庞然大物,相信了女孩的话。女孩看着我错愕的表情自得地仰起了头。

"我想……见太外婆。"也许是心中想念太甚,又或是被秋风吹昏了头,我提出了最后的愿望。女孩思索片刻:"等着。"她闭上眼默念,一秒,两秒过去了,没有变化。她尴尬一笑,又尝试了几次,可结果还是一样。我说:"算了。"苦笑道,"一定是太外婆也不想要我了。"她忽然神色严肃,看着我的眼睛,认真地说:"不是的,她也许只是想告诉你,人生就像眼前的群山，而她只是其中的一棵老树，你应该迎着强风继续登顶，而不是永远在半山腰守着一棵树。她从未离开，她在回忆里，在风中，在心底。"像是呼应，又一阵风来，轻柔地爱抚着我的脸颊。我想，如果太外婆能看见，她不会想看见这样的我。

临走时女孩爬上书架，抽出一本书递给我，她说那是她以前喜欢的书，或许对现在的我会有所帮助。我拿着那本《飞鸟集》回了家，说："明天见。"

那天以后，我整理好心情，也许我也该向前攀登了，心中的思念化为前进的动力。一切似乎都在慢慢变好。这天我一如既往地去找她，可当我爬到白墙那头后，却发现什么也没有了，没有图书馆，没有咪咪，也没有女孩了，我在那儿等到天黑。

我浑浑噩噩地走回了家，想着也许明天就好了。家门口妈妈一脸着急："你去哪儿了，今天可是你太外婆的头七。"我随口糊弄过去。夜晚，我来到了太外婆的房间，这么多天我第一次有勇气踏入这里，还是一样的朴素，整洁得就好像她从未离开。

黑暗中似乎有什么东西在反光，我凑近一看，是书桌上的玻璃，借着月光我看见了一张照片，我从未见过——画面中一个双麻花辫的女孩抱着一只棕白色的猫，背后写着"心愿图书馆"几个大字。我颤抖着拿起，背面是清秀的字迹：当你因为错过太阳而哭泣，你也要错过群星了。这句话我在那本书中读到过。这些天的种种带着雾气在脑中倒带，眼眶发热，我抬头看向星空，夜幕之下，一颗星显得格外亮，我笑了。

一阵风过，"喵"……

这个世界上独为你下的一场雨

吴佩莹　上海茸一中学八（3）班
董　楠　指导老师

很少有人知道，这个世界上有猫雨。

猫雨其实每天都在下，只是有时候它没吃饱，重量还比不过一团水雾，在天上看就是云了；当然，如果它太调皮，非要下来看看过路行人新买的毛线帽，那我们看见的就是大雾。因为好奇心让它变得有了实体，可以被我们人眼看到，不过还不太实，所以是一大片一大片的水汽，罩在人的眼睛上凉凉的、潮潮的；但等它的身体变得越来越重，越来越大时，它就从天空上端直直落下来。它仍旧是有颜色的，虽然不太明显，但是因为世界上的颜色太多了，它得时时变化，所以在我们看来，它的耳朵、尾巴和一切都是透明的，是世界的颜色和形状。滴落在人的头上、围巾上或脸上——它不会选择落在伞上，在每一个它看来，好不容易下来一次，落在没有温度的伞上多没意思。所以，它会尽情地在夏天被烫过的马路上跳跃，在足够温暖的房子里悄悄地玩耍。

每个人都会下猫雨，从把属于自己的毛茸茸的小家伙接进家的那一刻起，猫雨就形成了。一开始它还不完全知道发生了什么，它还太小，懵懂无知。等到它慢慢长大，已经不会见到主人就拥抱时，就是猫雨长大的标志。那时的它已经陪伴了你它三分之一的生命，甚至比你还大些。你全然不知，乐观地想它还是那么小，那么活泼，那么可爱。但它已经能看到天上的同伴，只是和它们距离太远，偶尔好奇地盯着它们。你会笑话它呆呆的模样，没有注意到它在一点点变得透明。

当你已经不用爸妈帮忙拿书架上的书时，它已经度过了自己二分之一的生命。这时候你变得比它聪明得多，但它还是知道一件你永远也不知道的事情。就算是一个青年，也不会猜出这件事，或许只有暮年老人才能与它相比。你会坐在窗前的小梯子上安安静静地看一本你最近爱上的作家的书，幻想自己的未来。而它就窝在窗台边上，看看天上看看你。它不知不觉吃了太多，可以给你当单人沙发躺。它从不去看未来，在你还未有智时，它就已经知道自己的未来。它无法看见你的，所以就在现在这个时刻好好陪你。你的朋友太多，它也就不再多说，如果记住你的名字，它就可以多陪你久一点。所以它已经很少开口，只有当你要扯开它的嘴巴，妨碍它呼噜呼噜地默念你的名字时，它才会委屈地叫一声，用尾巴扫扫你的脸，窝在你的对面，闭上眼睛去记住你在世界上的名字。

它一点点地变大，你却习惯一般毫无察觉。它会咬你踩在地上啪啪响的鞋子，看你爱看所以总开着的电视和你带回家来的另一个对于你来说特别的朋友。它只想静静陪着你，吵闹让它不能集中精神。但你很固执，所以它不再勉强，窝满你的书房寻求安逸。

终于它太重太大了，你再也扛不动它，于是你的猫雨要下了。这是独为你下的一场特别的雨，一生只有一次，所以你不要厌烦。你会慌张地找它，它也终于能说出陪伴你时不能说出口的话。它就是雨，是属于你的猫雨。你会闻到那落下的每一滴，每一滴雨，都有它的味道。是你的洗发水吗？它可能是撞翻了你的瓶瓶罐罐才走的。是你早上手剥的橘子吗？它也许是又偷吃了你留给他的早餐。是你的泪水般咸涩的味道吗？别哭啊，这是它为你下的猫雨，一生只有一次，是独属于你们的雨。

它总是舍不得你，所以总是延后它要走的日期。它想给你下一场最大最美的雨，所以走时吃了太多。你那天不会带伞，所以每一滴雨你都感受得到。雨下得大而缓慢，是它慢放了这场雨，因为它要确保你能看到它最后的样子。等到下完这场猫雨，它就回到天的顶端上去，仍旧静静地，呆呆地看你。

这是世界上一场独为你下的雨。

当苏格拉底遇上孔子

吴晨涵　上海市北初级中学北校七（2）班
刘　菁　指导老师

　　蔚蓝色的天空，清新的海风。爱琴海上浮着一艘帆船，甲板上站着一位少年，长发被海风轻轻吹起。他的目光投向远方，头顶上盘旋着一只只海鸥，他要前往那遥远的东方……

　　三年过去了，离希腊千里之外的蔡国，孔夫子带着他的弟子们周游至此，一个少年暗暗跟踪着他们。来到周口城外时，有两个孩童在争辩什么，将道路堵住了。孔子的弟子子路多次驱赶，这俩小孩却不肯让路。

　　"你可知这车上坐着的是谁吗？是孔夫子！"子路持着剑，冲他们吼道。

　　"那又何妨？我们在讨论问题。"两小儿噘着嘴说。子路听后非常恼怒，正要拔剑。

　　"子路，休得无礼！"孔子斥责道，然后和善地问两小儿，"可否让个道，让我这马车通过？"

　　"行，但是都说你是圣人，那你来评评理，我们俩谁说的观点是对的。"

　　原来这两个孩子在讨论太阳的远近问题，孔子不能做决断，于是被两个孩子嘲笑了。此时，弟子颜回从一旁走来，道："夫子，有一位西洋人想见您，我便把他带来了。"

　　"在下苏格拉底，久仰您孔夫子的大名。特地到此来拜访您。"说话的正是刚刚跟踪他们的少年苏格拉底。

　　"有朋自远方来，不亦乐乎！虽然汝自异域来，吾也将汝视为友人。"

"夫子明明是一位圣人，两个孩童问您不知道的事情，为何不随便编造一些东西把孩童打发走呢？还白白让那两个小毛孩嘲笑您一番。"孔子的弟子们问道。

苏格拉底笑着说："孔老曾说过'知之为知之，不知为不知，是知也'。这便是最好的答案了。"孔子听后笑而不语，决定将苏格拉底留在自己身边。苏格拉底也欣然接受。

此后苏格拉底便每天时不时地问孔子："夫子，我要问你一个问题。"有时孔夫子被问得有些不耐烦了，便抽了抽袖子走了。苏格拉底赶紧追上去，白色的长袍在他瘦小的身体上显得很不协调。他就这样一直追着孔子问。孔子逐渐习惯了这样的生活。清晨睁眼就可以看见一双大眼睛透过窗户对他眨巴，洗漱后便一起走在街上，讨论问题。

一天，夫子和他走在路上，一名官员和一名商人在争吵姜是从哪里生长出来的，那名官员执意说姜从树生，还说邻家的姜便是长在树上的。

苏格拉底见后摇了摇头，向孔子说道："不懂装懂的人这么多，他们真是虚伪呀！"孔子有意考他的耐性，于是反问："你又不是不懂装懂的人，你哪里知道他们这么虚伪呢？"苏格拉底笑道："夫子，您又不是我，您怎么知道我不知道这些人虚伪呢？"孔子答曰："吾非你，故不知你是否知道不懂装懂之人非常虚伪。可你本身就不是那种人，所以你不知道不懂装懂的人是虚伪的。"

"夫子，请循其本。你说我哪里知道不懂装懂的人虚伪，可见你已经知道我知道他们的虚伪而问我。我是在刚才我们走过的街上知道的。"苏格拉底从容地说道。

孔子被绕进去了，而苏格拉底却逻辑清晰，暗示孔子社会上、生活中处处都有不懂装懂的人。

十年后，苏格拉底要回国了，孔子问道："真的要走了吗？"

"嗯！谢谢您这几年来对我的照顾。"

"你要走了，我也没有什么东西能送给你作为纪念，那就给你留个问题：不懂装懂会出现在哪儿？"孔子显得非常惋惜。

　　苏格拉底回到希腊后，总在广场上找别人辩论奇怪的问题，还收了不少学生。但在其七十岁时，被以"不敬神明""信仰新神""蛊惑青年"的罪名接受审判。

　　他躺在监狱的床上。他的学生们围簇在他的身边，眼里噙满泪水。他们多么希望老师能回心转意，和他们一起逃出此地。苏格拉底注视着眼前的这杯毒酒，抬起头环顾四周，摇了摇头。随后举杯一饮而尽。他感觉到头有一点晕，但仍依稀听见周围人们的哭喊。他觉得这声音很像那年海浪拍打沙滩的声音。他微笑着，想起当年自己在东方时，在路边告诉孔子的真理。

　　"孔子，我知道答案了。"他知道，孔子给他送别的纪念物便是他暗示孔子的那个真理。

学问学问　不懂就问

丁琦轩　上海长岛中学七（1）班
高志英　指导老师

　　邹韬奋先生在《无若有》中说过这段话：其实世界上有哪一个是全知全能的？所以我们对于不知道的事情就老实承认不知道，这正是光明磊落的态度，有什么难为情？若遮遮掩掩，无论一旦露了马脚——而且这种马脚终有露出之一日——更觉难堪，而虚伪的心境，在精神上已感觉非常的痛苦。我们当以不学为耻，不必以不知为耻。

　　孙中山不怕挨打，勇敢提问，最终成为中国伟大的革命先驱；孔子拜师多人，成为人人景仰的圣贤。这些都是万人景仰的人，都尚且有问题，而我们这些小辈，又怎敢说全知全能呢？

反之，就像《滥竽充数》中的南郭先生，自己明明不会吹竽，不仅不学，还装模作样地吹奏，到了齐湣王时，终露出马脚，成了天下人的笑柄。

不管怎样，人都是必须向他人提问的，这便是愚人与圣贤的一道分水岭。有许多人给自己的孩子找教师、家教，这正是爱他们的表现，可自己却以提问为耻，羞于提问，这就是糊涂。

其实，勇敢提问有助于我们汲取知识。我们有不懂的地方是再正常不过的事，并不代表我们智力不足。当我们说出问题时，就走上了获取新知识的道路。通过提问，我们不仅可以解开疑惑，更会获得启发。

纵观历史，没有一个人因为问问题而被人耻笑的，反倒是那些不懂装懂的人被大众所不齿。

我曾看过这样一篇文章。有一只住在图书馆的老鼠，自诩学富五车；有一只住在粮仓的老鼠觉得自己没文化。所以住在图书馆的老鼠傲气十足，对粮仓的老鼠说："我住在图书馆中，我比你有修养得多！"粮仓的老鼠很高兴，拿出一个瓶子问："这上面写的是香麻油还是老鼠药啊？"图书馆的老鼠一闻，有股香味，便说："是香油呀，你真是孤陋寡闻。"说完为了证明，把里面的东西一喝，不一会儿就死去了。粮仓的老鼠这才知道，这是老鼠药。

所以，人不要怕提问。如果总是不懂装懂，自己的那一块遮羞布终有被扯下的一日，甚至可能带来难以预计的后果。

"敏而好学，不耻下问"，是古代人的信条，而现在，"不懂不问"似乎成了当代人的追求。因为总有人为了所谓的面子，不肯问问题。不肯提问会埋下潜在的危机，终究会爆发出来，让人陷入无尽的悔恨中。

但是，勇于提问并不等于我们可以随意提问，我们也要珍惜其他人的时间和精力，而不是随意提出各种无用的问题。同时，我们也应该尊重他人的答案或建议——即使你不认同。

另外值得注意的一点是，提问时也要注意他人的感受，而不是大大咧咧，无所顾忌。我们应保持尊重、理解的态度，尽力理解他人的感受和观点，而不是只追求自己的答案。

总之，勇敢提问是我们获取知识，解决问题，提升自我的重要途径。我们应摒弃对提问的恐惧和顾虑，勇敢面对自己的困惑。我们应珍惜每一次提问，通过提问增长见识，找到答案。同时，我们也要注意提问的方法，珍惜他人的时间、精力，提出有质量的问题。只有这样，我们才能冲破问题的束缚，实现自我价值。

拯救皮影将军

艾添忆　四川师范大学附属中学锦华分校八（8）班

夜幕降临，街边的古玩店招牌灯熄灭，老板从门外挂上了锁转身离去。街道的灯光斜照进店里，肥猫菲菲伸了个大懒腰，准备进入梦乡。窗外的灯光投射在一块旧幕布上，皮影戏偶的影子出现在幕布上动了起来，他做了一个生气的动作，对着菲菲不满地喊道："菲菲，你这只懒猫，你的任务还没有着落，又打算睡觉了吗？"

"哎呀，皮影将军，都这么晚了，找不到学习皮影戏的人了，我舒服地睡一觉，明天继续帮你找。"菲菲眯着眼，不情愿地回答。

皮影将军叹着气说："看来我所托非人，我用法术让你可以说人类的语言，是为了让你找到皮影戏的传承人。没想到你贪图享乐，只会卖萌取巧，讨要投喂，吃得肥头大耳，完全把你的任务抛在脑后。今晚我就要把你变成只会招手的招财猫！"说完，他摆了个姿势，就要开始作法。

菲菲赶忙说："别、别，皮影将军，我一直在想办法帮你。但是我第一次开口说话，就吓到了顾客，把我摔得好惨。老板知道后还要把我卖个大价钱，幸亏我嫁祸给了鹦鹉，不然我早就被卖掉了，我不能再轻易开口说话了。"

"那我的传承怎么办？今晚是最后的机会了，明天就会有人来把我买走了，再这样下去即使进了博物馆，我也只是一个工艺品。难道我永远不能回到皮影戏的舞台上了吗？"皮影将军垂头丧气的动作显得非常不甘。

菲菲说："皮影将军，你别急，我已经找到合适的人了。就是每天来投喂我的小姐弟美嘉和瑞嘉。我让他们学了你教我的皮影唱腔，当然我用的是喵喵语，他们非常感兴趣，肯定愿意传承皮影戏的。"

"看来只有最后一搏了，我现在教你穿墙术，你可以穿越所有的障碍物。对面亮着灯的四楼，就是小姐弟美嘉、瑞嘉的家。"皮影将军指着窗外说，"不过，你能穿墙却不能上楼，但你是一只猫，可以从那棵树爬上去，就能到他们的书房了。"

菲菲疑惑地问："然后呢？"

皮影将军说："你就把我教你的皮影戏唱给他们听，看他们是不是有缘人吧，如果不是，听天由命。"

菲菲学会了穿墙术，拖着肥胖的身躯来到小姐弟楼下，纵身跃上那棵树，却笨拙地掉了下来。她从来没有练习过爬树，几次尝试失败后，菲菲沮丧地回到了古玩店。

这一切都被皮影将军看在眼里，他做了一个定格的动作，对菲菲说："这是我最后一个法术，让你可以无限变大。施展了这个法术后，我就是一个普通的皮影戏偶了。一切成败，就看你的造化了！"说完，还没等菲菲做出反应，皮影将军就不再动，不再说话了。

菲菲来到小姐弟楼下，身体不断变大，直到能轻松看到窗内的瑞嘉和美嘉。她轻轻向前，把整个脑袋探进了书房内。瑞嘉和美嘉正讨论书本里的故事。菲菲轻轻叫一声，开始用戏腔唱出："剑光如霜马如飞，单骑冲开长坂围。保定怀中一幼主，将军今日显神威……"

菲菲巨大的身体在人类看来是透明的，小姐弟并不能看到她，但她的声音却清晰地在他们耳边响起。两姐弟听到后惊呆了,美嘉思考了一下,突然想起来,惊讶地说:"这是古玩店猫咪的叫声!"

瑞嘉急忙回应她说:"对,她唱的是《三国演义》,是常山赵子龙!"

菲菲不知道什么是《三国演义》,更不知道什么是赵子龙,一时不知道说什么好,她只能把唱词再唱了一遍。

美嘉想起书架上面的全套《三国演义》,转身爬上了梯子去寻找。瑞嘉翻开美嘉找来的书,找到了《单骑救主》的回目。

菲菲看到这一切,心中惊叹:难怪人类无所不能,他们最强大的技能,原来是能找到书本里的知识。她感觉自己的身体开始变小,法力马上要消失了。她急忙说:"我要走了,你们明天一早来古玩店找我……"

菲菲变成一只普通猫,不能变大,也讲不出话。她回到古玩店门口,也不能穿墙进入店里了。隔着窗户,她看到旧幕布上一个威武、挺拔的将军,他的身影格外矫健。

第二天,小姐弟来到古玩店,没有找到那只可爱的肥猫,却看到老板在和顾客商量着出售一套皮影戏偶。他们发现,那个皮影人物,正是常山赵子龙。

"再便宜一点,五百块好不好?"顾客试探着说。

"昨天就说好了,六百块不能再少了。"老板坚持着不肯让步。

美嘉走过去说:"老板,六百块我买了。"

老板回头疑惑地问:"小朋友,你有钱吗?"

瑞嘉挺起身子说:"我们有压岁钱,我马上回家去取。"

交过钱后,美嘉和瑞嘉把皮影玩偶、旧幕布和锣鼓乐器,还有几本发黄的戏谱唱本装进箱子里,高兴地离开了古玩店。

走到楼下的时候,他们没有注意到,一只肥猫正在树下努力地上下跳跃,练习着爬树的技巧。

无字书

黎嘉颖　广东东莞东华初级中学245班
白　京　指导老师

春光明媚，树枝上冒着翠绿的小芽，泛着生命的光芒。阳光穿过纱窗落在书桌上的课本旁。少年烦躁地甩着笔，一把推开椅子走到书柜前，他无所事事地从上看到下，从左望到右。突然，少年的目光定在一处。

杨煜有些困惑地碰向最上层的书，那些书很奇怪，有不同材质：像羊皮纸、竹片等，但书脊上没有字。他伸手拿了一本用线缝合的书，惊讶地发现封面都是空白的。杨汐察觉了哥哥的惊讶，凑上前来，快速地把其他书一翻，放在那一层的书都没有字！

正当杨煜惊讶于爷爷居然会收集无字书时，咔的一声响起，杨汐吓得往后一跳。书柜从中间分开成了两半，展现在兄妹俩眼前的居然是个地道。哥哥饶有兴趣地盯着："哎，杨汐，反正书读起来没什么意思，不如去玩玩吧！"杨汐望向黑黝黝的地道，有些沉醉："行吧，回来记得把作业做完。"杨汐拿着书桌上的手电筒，先照了照路，然后抬脚进去了。杨煜低声说了句"好学生"，也拿起手电跟上。

在漆黑的地道中，兄妹俩沉默地走着，走着。直到尽头出现了一堵墙，墙的两边各有一团火发出了光芒。他们合力推开了门，极灿烂的、夺目的光照进眼中，他们眯着眼跨进了新的世界。

这里很奇怪，像是拼接积木一般，一个个场景被拼接在了一起。一只猫滚到脚边，它摇摇脑袋，开口竟是人话："你们是怎么进来的喵？算了，好不容易来了人，和我一起走吧喵！"说完它不断变大、变大，兄妹俩连连后退。巨猫俯下身，一条阶梯出现在它身上。杨汐和杨煜对视一眼走了上去。

　　风从耳边刮过，两边的景色不断变化，有伦敦的雨夜，有孤寂的大漠，还有辽阔的大海。最后他们停在山峡之中，身上的衣服也变成了长袖长裙。

　　河流两侧是高峻的山峰，一转眼就到了木船上，一眼望去，清澈的水流仿佛没有尽头，两岸的山绵延相连也不见尽头，山石相叠，层层递进。光不知从何处来，如精灵般跳跃在山涧之中。杨煜疑惑道："太阳呢？为什么看不见太阳？"像是触发了什么关键词，阳光开始倾泻，原本的凉意慢慢消失，反而有些温暖。太阳像是玩捉迷藏被找到了般，一点点从山的背后爬出到了天空的正中央。

　　杨汐看着这场景愣住了，感到一丝熟悉。旁边的猫又变小，笑嘻嘻地说："去感知这个世界吧。"杨煜有些好奇，又说了"月亮"，不一会儿，太阳下了山。光点点挪动，将黑夜引出，随着夜逐渐填满世界，月亮终于显现在他们眼中。月光淡淡洒下，轻柔地披在身上，使人的心平静下来。

　　杨煜一看，悬着的心放了下来，他随意地再次说道："轮船。"变故发生了，月亮开始摇摇欲坠，天空似乎要塌陷，狂风肆虐，江水被风卷起，形成巨大的波涛，小船在巨浪间剧烈地颠簸。两人被吓得趴在船上，可是猛烈的摇晃不断考验着他们，手臂逐渐没了力气，水不断地拍打在脸上，头发紧贴着额头，衣服黏在身上。杨汐大喊："快想想办法！"杨煜咬紧牙关，大脑不断地思考着月亮、太阳、山溪和轮船间的不同，他们在船上还有身上的服饰——有了！他将自己能想到的都说了出来："这是古代，是在某一处山峡中，所以不应该有轮船。"一瞬间黑夜被阳光撕开，风雨立刻消失了，水面缓缓平静下来。杨汐松了口气，站起来拉起了哥哥。小猫蹭到他们身边甩干身上的水。兄妹俩没有了刚刚的狼狈，反而干爽无比。

　　二人缓了缓，杨煜望着水面，清澈的水流像春风般缓慢温柔。杨汐说："我们应该根据这个场景和这个时代来……"二人思索间，清水流淌，清波回旋，柏树丛生，可谓清荣峻茂。他们领悟着山溪之美，享受着这份宁静，他们的思想发散到每一处，尽情于山川。

在兄妹俩你一句我一句谈论时，一束光从水中绽放，一本书从水中升起，由竹简串成的书上写着"三峡"。杨汐惊得一跳："我说怎么这么熟悉，原来是《三峡》！"杨煜一把捞过书看起来："这字竟然是古文，我还看得懂。如果是《三峡》，那为什么都没想起来？啊，这书怎么只有一半？"

猫开口："因为你们真正领略到了三峡的美和文字的美，所以书才会认可你，无字书才会变成有字书。至于后半段，还需要你们亲自感受。"

回去的途中两兄妹互相嘲笑，"看吧，天天死读书有什么用。""读书不用心犹如读无字书！"

智慧地无知

许德昊　上海复旦初级中学七（6）班
陈茗莹　指导老师

两千多年前，先贤孔子教诲我们："知之为知之，不知为不知，是知也。"在遥远的希腊，德尔菲神庙上镌刻着"认识你自己"的神谕。文艺复兴时，莎士比亚启迪世人："傻瓜认为自己是聪明人，而聪明人自认为是傻瓜。"所以，我们在无知的同时，也要学会智慧地无知。

正如邹韬奋先生所说："其实世界上有哪一个人是全知全能的？"无知是常态的，面对无垠的宇宙，我们会有许多不明白的东西。可是，有一些人不懂装懂，羞于去提问，也羞于去从师。韩愈在《师说》中，就尖锐地批判了当时社会上耻于从师的陋习："惑而不从师，其为惑也，终不解矣。"有疑而不从师，其结果要么是迷惑无知，要么是不懂装懂，而这种心理会大大抑制我们的发展，最后，便没有了求知欲与无知感，以至于有的人以"不知为知"，这可比无知不知可怕了不知道多少倍。我们虽无知，但也应当自知。

仔细想，这其实是一种"不知道自己不知道"的状态。一百多年前，晚清政府就陷入了这种无知而不自知的状态，他们坐井观天并自诩为天朝上国，自认为天下第一且闭关锁国，以至于在鸦片战争中一败涂地，从此再也站不起来。梁思成曾说："一个民族的自大自卑都源于对本民族历史文化的无知。"这样来看，无知恰恰是因为不自知啊。

相传，宋朝有位叫钟弱翁的县令，写得一手烂书法却偏偏自命不凡，无论走到哪里总要对一些名牌匾额上的题字进行肆意批评并自己重写。一天，他看到一个寺庙阁楼的题匾上有"定惠之阁"四字，但落款处的人名被灰尘掩盖，看不太清，便又是一顿批驳，叫人把匾额摘下来，自己重新题字。等摘下之后擦去灰尘大家才发现，落款处赫然写着一代大书法家颜真卿的名字。

真真是露了马脚！

如果我们看1459年欧洲人画的世界地图，会发现上面满满当当挤着亚非欧大陆，因为当时他们认为自己已掌握所有地理知识，这就是全世界了，他们对地球的认知就禁锢在那张小小的亚非欧大陆的地图上。直到1492年，哥伦布发现了美洲大陆，欧洲人这才意识到自己是一叶障目，不见泰山，地球上除了亚洲、非洲和欧洲还有很多未知的区域。所以从1525年起，欧洲人绘制的世界地图上从此留下大量的空白，留白什么意思？就是承认自己不知道。而恰恰是这些空白，像一块强磁磁铁，让欧洲人前仆后继争相去填补这些空白。这一举措让欧洲各国迅速成长起来，成为后来一段时间里，在世界上有话语权的强国。

苏格拉底有句名言："我唯一知道的就是我一无所知。"知之源于了解无知，我们唯有保持一颗谦逊的心，才能接触更广阔的世界。这种谦虚好学的姿态，是承认自己无知，把当下作为认知起点的状态。我们身边有一些同学，貌似聪明伶俐，无所不知，老师在上面讲课，他们在下面接话，好像很了解这一块知识。可一旦老师请他来讲，他却又支支吾吾，无识可讲，更难"临绝顶"。真正学习的人敢于直面自己的无知，懂得学无止境。孔子有一句话："盖有不知而作之者，我无是也。多闻，择其善者而从之，多见而识之，知之次也。"他认为自己的所有成绩都来自于他每一点一滴的积累、虚心向学和不耻下问，这才是我们正确的学习姿态。把自己当作一个空杯，才能去接好人生之茶。空杯以对，方有喝不尽的香茗、品不完的感动。

"其实世界上有哪一个人是全知全能的？所以我们对于不知道的事情就老实承认不知道，这正是光明磊落的态度，有什么难为情？"邹先生如是说，正是因为他自己时时刻刻虚怀若谷、谦虚谨慎，一生韬光养晦，一生奋斗不止。

人类历史只是漫漫宇宙长河中微不足道的一小段而已，对于过去、现在和未来，谁都无法窥探全貌，唯有承认自己的无知和有限才能不断地追寻智慧；也唯有发现无知，审视无知，才能奋力解决无知，最终获得智慧。

盼那秋风起

张思施　上海师范大学附属崇明正大中学九（1）班
倪　益　指导老师

秋风又起了。

团团隐约记得，上个年头的这个时候，自己还是一只流浪的小猫，刚被女主人带回家。团团总想着，女主人是那么富有爱心，什么时候自己能再回到主人温暖的臂弯中——那里是团团最坚实的避风港。

团团不明白，在那个窗外银杏叶飘飞的日子，女主人提上行李是要去哪？但是团团知道，女主人离开后，只剩下两位小主人和老奶奶，家里显得冷冷清清。七岁的妹妹欣欣脸上时不时挂起小小的泪滴，泪滴会落在屋后的小院里，会落在团团的饭碗里，还会落在欣欣的床铺上。每当泪水从欣欣的脸颊上滑落，团团就会抬头望向欣欣，细细长长的胡须一颤一颤的，团团也更想女主人了。

这个镇子不大，镇子的中心却有一栋很漂亮的建筑，那是镇里的图书馆。妈妈常说，书是人类智慧的结晶，一有空，她就会带上年年、欣欣兄妹俩泡在图书馆，教他们识字，给他们读书上的故事，传授他们做人的道理。久而久之，那里好像就有了妈妈的味道，这也成了兄妹俩对那里更加向往的原因。

现在妈妈出了远门，但每逢周末，一大清早，兄妹俩仍和往常一样，踏上旅程。团团也会跟随着兄妹俩的脚步，去陪伴他们。她趴在窗沿上，合上眼，有一搭没一搭地听着。她听着微风轻轻掀起窗畔纱帘的沙沙声，听着落叶季节窗外下起树叶雨的哗哗声，听着欣欣与年年的对话，悄悄打起瞌睡。

哥哥年年今年上初中了，他觉得，重重叠叠的书架之间，有着妈妈熟悉的身影，还回荡着兄妹俩的欢声笑语。在书海中席地而坐，捧起一本故事书，就好像妈妈还留在他们身边……

翻动着手中的书，妈妈临走前的情形又浮现在眼前。

"妈妈要去云南的大山里教更多小朋友，给他们读故事。等到明年秋天，等到树上有黄叶落下的时候，妈妈就会回来。"妈妈叮嘱年年。

"可以让那些小朋友的爸爸妈妈教他们啊！"年年有些委屈，"你走了，我们会多么孤单啊！"

"云南的山区很美，但很贫困。绝大部分孩子的爸爸妈妈到城市里打工去了，孩子们很渴望知识。"妈妈有些动情，"年年，你是家里的小男子汉，一定要照顾好奶奶和妹妹。有空，你就带着妹妹去镇上的图书馆学习，不要落下功课，那就是对妈妈最大的支持了。可以吗？"

年年眼中噙着泪花，郑重地点了点头……

妈妈背着行囊，朝远方而去，那不舍而又坚定的背影似乎又在年年眼前闪过。不知不觉间，泪水模糊了年年的眼睛。他抬起头，努力不让满腔思念从眼眶中流下。

再次回神时，只见欣欣好奇地望着他："哥哥，故事的最后发生了什么？"

"故事的最后啊……孩子的父母从远方回来了，一家人幸福地生活在了一起。"合上手中的故事书，年年笑着摸了摸欣欣的脑袋，"还记得妈妈临走时说了什么吗？"

"妈妈说，等到树上有……啊！落在团团旁边的——是黄叶！"欣欣从书中抬起头，余光撇过窗台上的团团，眼睛倏然一亮，似乎发现了什么不得的事，兴奋得要跳起来。兄妹俩急忙奔向窗口。

是的，图书馆后窗那棵老银杏，又开始飘下金黄的叶片来了，正像谁家儿女准备为远行将归的亲人铺下金黄的地毯相迎。几片调皮的叶子轻轻地在兄妹俩的身侧驻足，仿佛向他们报告秋日已至，亲人将归的喜讯一般。

团团伸着懒腰，从窗沿上起身。现在她终于听懂了，再过不久，女主人就会回来了。她带着心中被秋风点起的，快乐的小火苗，从窗边跃入了欣欣的怀抱。

年年的视线中，浮现出这样一幅画面：此时此刻，彩云之南苍茫的群山中，一座飘扬着五星红旗的希望小学里，有一位女教师正向同学们讲述着书中的童话故事。她的声音温柔婉转："……故事的最后，孩子的父母从远方回来了，一家人幸福地生活在了一起……""爸爸妈妈要回来了！"教室里的孩子们都欢快地叫了起来……

窗外，秋风携来阵阵凉意，又一片银杏悄然落在了窗边。

秋风又起了，诉说着人世间最美的情话，有爱，有念，有盼……

山里的桃花

吕　行　上海行知外国语学校七（3）班
高　铭　指导老师

1

小声，留心点——跑，跑，跑，跳！注意前方落叶堆——三级警戒，落上去的声音还是大了些——快跃一下！好，抓稳，翻身——完美着陆！这就叫那什么……它蹙着眉头，眼睛在夜色的掩映中眨巴眨巴："对，谨慎！"尽管已有了许多次成功的经验，小小的得意还是不免在心头漾开。

猫总是在这时记忆起它的第一次行动。还是那样的夜色，它轻软的脚垫踩在洒满月光的冰凉的窗台上，像踏在雪上。心跳声在静谧的空气中回荡。

猫跳进窗内，抖落掉身上写满小字的花瓣与草叶，在掌中拢起一沓，背着书保持平衡已经是基本功课。接着攀上书架，在插入新书的同时迅速整理被借阅者弄乱的其他书。

对于猫而言，不修边幅地团在墙脚的确是有碍它的优雅，但今天实在是太乏了。"马上九点了，就睡一分钟……"它嘀咕着，困意逐渐爬上心头。

2

十多年前，有一只模样奇特的小猫，降临在一个乍暖还寒的春天。最初在教室被发现时，它的两条尾巴引起了大家的惊呼，而它留给人们的只有仓皇逃离的背影。孩子们相视一笑，没再多谈论这个意外，却不约而同地在学校和院子各处放下些剩饭剩菜，又或留下些旧衣物。大山里的日子安逸，但这儿荒凉贫穷，人口稀少，在日复一日的农耕生活里，学校成了这里最与众不同、最蕴含生机的地方。

山里的桃花开得比山下晚，孩子们总是呼朋引伴，跑到林子中张望，花呢？要开了吗？啥时候开啊。渐渐地没劲了，乏了，说"散了散了吧，城里的书和山里的花一样，没个准数"。孩子们手中的狗尾巴草在小猫的眼前晃啊晃，惹得它喷嚏不停。

来自城里的书每年一次出现在老师们的袋子里。书不多，山里人却兴师动众起来。不知谁家砌墙搭屋剩下的砖瓦都被拿来拼凑起来，在粗糙的大手中变成了简陋的图书馆——那儿成了孩子们的乐园，也是猫的新家。书很快变脏，一页页卷起来，但还是被当成珍宝一般地在一个个孩子的手中传递。也是这时，猫第一次听到一旁两个老人用含糊的声音说着："要是他们将来能走出去，我们也算得偿所愿了。"

3

猫自己先走出了大山。耳畔还回荡着孩子们的笑声和沙沙的翻书声。它曾不懂老人之言，现在它穿过溪流，跃过灌木，奔向城市。它轻轻地哼着歌，好像自己就是那些孩子心中正绽放着的桃花骨朵。

城里的日子拥挤热闹，以至于没有人注意到这个不知该被称为妖精还是精灵的物种。它轻而易举地躲过人们的视线，找到不同的图书馆。猫用它与生俱来的记忆力背诵着一册册精美的书籍。写在花上、树叶上、布头上、纸板上；背书、编书、抄书、整理书……然后用爪子一拢，一册册干净精美的书堆在了它的临时住所。在一次次跌跌撞撞的整理中，这份工作也终于熟稔于心。城里的桃花开得早，它却想到山里的孩子还在桃树林边张望呢。它总觉得城里的花开得过于绚烂，没有山上桃花那股野蛮生长的劲儿。

4

　　猫睡去有一会儿了，梦里，在一个与往常别无二致的清晨，九点刚到，图书馆里传来了第一声惊叫，孩子们从不可置信到欣喜若狂。猫远远地看着第一个孩子走出了大山，紧接着是第二个……新书变旧，见证着他们的蜕变。美好就像等待中的桃花，虽然会晚，却终将绽放。

　　梦境还在延续，开锁声清晰起来。猫霎时惊醒，九点已过五分。听见门口大声的叫嚷声："快看，有两条尾巴的猫！"猫顿时从窗口一跃而出，闪避人群跑开。它这才想起山里的桃花季已到。它放慢步伐沉溺在美景之中，不时听到远处传来孩子们的欢笑声。就像是心里某处终于得偿所愿了一般，它眯着眼，胡须展开，幸福和满足像桃花一样绽放。

5

　　这位姑娘——最早走出大山的孩子之一，学业有成后回到了这里教书——正被她的学生拉住衣角，"老师，老师，您来得还是太晚了。"孩子不满地小声抱怨着，"差一点您就能看到一只两条尾巴的猫了，现在您肯定不会相信我说的了。"

　　"我信的。"她拉起孩子的手迈进图书室，眼睛却穿过窗户望向远处的桃树林，脸上露出一抹浅浅的笑，"我相信有仙子存在。"

幸福的使者

赖宇轩　四川成都实验外国语学校西区初2022级
罗　铖　指导老师

在一个安静祥和的小镇上，有一家古色古香的图书馆，这里只有一名年迈的图书管理员——董爷爷，他饱读诗书，生活优哉游哉，他养了一只小猫，叫作"小布"。小布是一只棕色且全身浑圆的加菲猫，它丰腴的脸颊上有一对杏圆大眼，如琥珀般熠熠生辉，毛发柔软宛若棉花糖。

小布不喜欢像其他猫一样追逐小鸟和老鼠，它喜欢安静地待在图书馆里，观察着图书馆里的角角落落；更喜欢窝在董爷爷的腿上，听董爷爷给孩子们念书，讲故事。

图书馆的儿童区有一个巨大的窗台，四周是通顶的书架，书架旁立着一个古老的梯子，墙头挂着一只巨大的挂钟。梯子是木制的，有些地方磨损得发亮，挂钟的钟摆则随着时间嘀嗒作响。

阳光毫不吝啬地照耀着这座图书馆，微风偶尔将桃花的花瓣吹进屋里，洒落在地板上。

一天，图书馆来了两个特殊的客人，他们希望把这个古镇打造成旅游景点，他们想买下图书馆，把它打造成豪华酒店。董爷爷拒绝了他们，这两位商人显然不甘心，走前撂下了狠话："不知好歹，选中你这破旧的图书馆，是你的福气！"董爷爷只摇摇头："年轻人，太肤浅了。"

下午，孩子们放学，蜂拥进图书馆，有的拿着书寻一处地方坐着读，有些嚷嚷着让董爷爷讲故事给他们听，董爷爷看着这群孩子，爽朗地笑着："你们这群淘气鬼，图书馆可不能吵闹，到儿童区去吧。"小布跳到窗台上，阳光下浑身的毛发金灿灿的，它也托着下巴，听着董爷爷悠扬的语调……

"在很久很久以前，有一个挂钟拥有魔力，它能预测未来的命运。还有一个梯子，可以通往幸福之路，只要爬到梯子的顶端，就能到达幸福之地，并得到想要的东西。

"然而，挂钟和梯子的魔力吸引了贪婪的人们。他们想要得到魔力，用来谋取自己的私利。为了保护挂钟和梯子，一位智者将它们藏在了这个小镇上，只有那些真正懂得珍惜的善良的人，才能发现挂钟和梯子的真正用途……"阳光将小布身上照得暖洋洋的，它靠着书架，耳边是窸窸窣窣的响动，苍老和稚嫩的声音还有窃窃私语，无人注意的高处，挂钟散发出一团柔和的白光，化作蝴蝶，停在了小布的鼻尖，小布也进入了梦乡。

梦中，小布好奇地爬上了梯子，随着一阵强光，小布发现自己来到了一个奇妙的世界——这个世界充满了幸福和美好，人们和睦相处，互相帮助。这就是幸福之地吗？小布跳下梯子。"那老头讲的，你真信？""那挂钟一看就价值不菲！"一个人扶着梯子，一个人吃力地爬上去，直冲挂钟而去。

小布猛地惊醒，有人要偷挂钟吗？挂钟和梯子决不能被带走！它想着，又不安地爬上书架，俯视着周遭的一切——董爷爷在送孩子们回家，而正巧有两个人蹑手蹑脚摸到了梯子旁，他们也注意到了小布，"臭猫，滚开！""小点声！"说罢，一个人就扶着梯子，小心翼翼地爬上来，梯子突然莫名抖动起来，小布心中一惊，从书架上跳下梯子，使劲将梯子一踢——砰！梯子倒在地上，那人也昏迷过去，另一人正要逃，被惊动的董爷爷已经跑来："不要跑！我报警了！"那人见无处可去，只好颓然地坐在地上。

董爷爷抱起小布，神奇的是，梯子自己又架好了，钟摆嘀嗒嘀嗒地响着，小布隐约听到"谢谢"这几个音节，董爷爷神秘地笑："小布，这是我们的秘密。"小布蹭蹭董爷爷的手臂，心里还想着梦中的奇遇。"魔力并不是为了满足人的贪婪和私利，而是为了引导人们走向幸福。"而那两个商人也被警察送往了派出所。

又是一阵春风拂面，几片花瓣落在小布头顶，一只蝴蝶缠绵地绕着它飞。

董爷爷把这件事讲给孩子们听，孩子们又讲给大人听。小布成为了小镇的传奇，它的故事被人们传颂着。尤其是小布梦中的奇遇，很多人也想拥有。无一例外地，在梦中，他们爬上了梯子，伴着挂钟的嘀嗒声，看到了那幸福之地。

小布继续观察着图书馆的角角落落，它知道，挂钟和梯子的魔力永远都在，它们静静地守护着这个小镇，引导着人们走向幸福。而小布，也成了幸福使者，用自己的故事，传递着幸福的正能量，激励着人们追求幸福。

小猫的烦恼

孔济桐　上海淞谊中学六（7）班
谢　穹　指导老师

忘了是哪一天，总之，是小林从山上回来的那一天。在熟悉的小路上，他本和从前一样，漫无目的地想着自己的心思。有点迷迷糊糊地走在有点微风的阳光里，这个状态是最适宜发发呆的。

拐了一个弯，眼看就要回到熟悉的街道，突然，天空变得耀眼起来，就像是被擦亮的玻璃，就连地面都染上了淡淡的蓝色。

小林其实一开始也没有注意到，但是一声叹息传来，让他不得不将思绪拉扯回来，有点后知后觉地发现熟悉的道路竟变得有些陌生起来。

疑惑中，那声叹息居然还萦绕在小林的耳边。

"唉……"

屏住呼吸，眼前忽然一闪，有橘色的温暖的光圈似乎一闪而过，一排桔梗花唰唰地摇动起来，那橘色的光圈犹犹豫豫地钻进了花丛不深处。

哦，原来是一只猫咪呀。怎么，小猫咪也会有烦恼吗？

念头只是一转，小猫居然点点头："是呀，我也是有烦恼的。"

小林目瞪口呆地站住，像是在白天看到了明月："我以为只有小孩子才会有烦恼的。""才不是呢，"小猫原地转了个圈，慢慢地坐下来，"只要是生命，都会有烦恼啊。"

"你也会担心晚上妈妈又做了不爱吃的芹菜吗？还是害怕睡觉时总有影子照在窗户上？或者生怕擎天柱再也回不到赛博坦了？"

小猫有点无奈地蜷了蜷身子："当然不是，我的烦恼要比这些大上许多许多倍呢。"小小一只猫，居然煞有介事地又叹了口气，为了它那个很大很大的烦恼。

"到底是什么呢？"

"我想知道怎么才能拥有一双人类的手。"

这倒真是新奇，小林从没想过小猫居然会有这种烦恼。似乎又听到了他心底的疑惑，小猫咪叹了口气，说："你看，真的是很大很大的烦恼呢。""可是，你要人类的手做什么呢？"

天空似乎变得暗淡了一些。"婆婆太辛苦了。"小猫垂下了头，"每天很早很早就要起来，做出一大堆的馒头，然后辛辛苦苦地叫卖一整天，经常到了傍晚才能回家，那么重的推车，她推起来实在太吃力。我要是有一双人类的手，至少可以帮着推车，她的手，就不会再那么痛了。"原来，是馒头婆婆家的小猫。

小林坐到桔梗花丛边，和小猫一起苦恼地捧着脑袋："你们遇到解决不了的烦恼，都怎么办呢？"小猫蹭了蹭小林。小林想起了山脚下的万般书屋。万般书屋里有那么多那么多的书，仿佛都闪着光，像是有一个又一个的好主意排着队地想要蹦出来。爸爸在那里查到过洗碗机怎么修；妈妈在那里翻到过特别好吃的菜谱；梅梅在那里发现了最漂亮的画册，就连小林自己，也在那里找到过木手枪的制作方法。那小猫，也一定能找到怎么拥有人类的手的好方法。

也只是一瞬,小林已经坐在了书屋中间,小猫趴在窗沿,期待地看着小林一本一本地翻过去。秋日和煦的阳光洒进窗户,微风轻轻扬起,书页翻得飞快,定格在了一处文字——"如果你真的想帮他,就请向他伸出你的手吧。"

果然在万般书屋,一定能找到解决烦恼的方法呀。

小林似乎突然明白了什么。奔出书屋,跟着小猫轻盈的步伐,他很快到了馒头婆婆的摊位前。婆婆正打算推车回去,小猫跳到婆婆脚边,喵呜喵呜地蹭着婆婆。小林知道他要做什么了。

让小猫拥有一双人类的小手,其实,这也不算一个很大很大的烦恼。因为像小林这样愿意借给它小手的孩子,真的有很多很多呀。

那一次,我明白了

严舜航　上海崇明中学附属东门中学七(3)班
张莉佩　指导老师

思忖,笃行。只愿一往无前,去追寻属于我的那片星空。

——题记

蓦然间,窗外飘来几朵流云,沉醉了整个大地。微风轻拂而来,不知不觉将我的思绪牵向那个午后。

怎么搞的,为什么出现这么多低级错误?"以后多加训练吧!"老师的话语再一次点醒了我。低头,路过教室。余光里,瞥见旁边的同学似乎看我的样子也异样起来。我愈想愈难受,真想在地上划开一条缝隙钻进去。

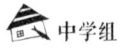

那晚，我闭目沉思，一个个抢答题仿若一个个深渊，主持人那炯炯的目光直视着我，而我怎么也答不上来。拥有"诗人"称号的我，却连这么简单的文学常识都不知道。那尴尬的场景，一直挥之不去。为什么……为什么我面对这么重要的比赛，却一败涂地……

夜深人静，我郁闷地拨弄着这厚厚一本古诗词。我自诩阅览了无数古文书，可这次竟连几道基础常识题都答不上来，让这么珍贵的晋级机会溜走了。倏忽间泪水模糊了我的双眼，心中的难受汩汩流淌。

"孩子，阳台上的花开了，快来看看吧，"妈妈轻声地说道，"这不是你最爱的昙花吗？"我依旧未开门，心中的苦味翻涌开来。

我不吭声，头低低的，听不进任何人的言语。"昙花积聚了无数的能量，悄然绽放，又默默地闭合，快来看一眼。"妈妈轻轻推开我的房门细声说道。我揉了揉惺忪的双眼，一声不吭，慢悠悠地转身走向阳台。弯下腰，摸了摸这朵纯白的昙花——那一片片花瓣挺身绽放，开得那样美丽，那样认真。瞬间，我仿佛明白了，在它的成长历程中，一定经历了无数次的失落、迷茫。如果让它和其他花比赛谁开花速度快，它肯定输。可是，它依旧认真地绽放，每天努力着。"看看你，你看了这么多古诗文，却并不代表你全部掌握了它们。失败了并不可怕，承认自己的不足，虚心学习，踏实努力。你喜欢古诗文，就应该继续下去，不是吗？"妈妈摸了摸我的头。

墙上的时钟，踏着一丝不苟的步伐，嘀嘀嗒嗒地走着。昏黄的灯光下，妈妈笑着拿了本书——《论语》。那书角，微微起了褶皱。她边打开，边在我面前说："孔夫子留下了很多宝贵的精神财富。来，你看看。'当以不学为耻，不必以不知为耻'，不是吗？古诗文的世界是浩瀚的，你要到知识的海洋里捞宝贝。不懂的时候就要去问，问同学、问师长、问古籍。明白了吗？"

窗外，梧桐树叶在夜风中摇曳着，好似在鼓舞我。正视自己的不足，努力！那一次，我明白了：以不学为耻，不必以不知为耻。

木映识浅

郑　露　福建漳州实验中学八（1）班
马　娟　指导老师

> 我们的眼睛就是我们的监狱，而目光所及之处就是监狱的围墙。
> ——尼采

故乡不为人知的角落里，有着很多老物件，它们在时光的沉淀中，历久弥新，光华依旧。

缺了角的青砖、布满碎纹的窗棂、起了细碎漆皮的绿漆墙，都在日复一日里，隐忍而孤寂地承受着岁月风霜。一棵不知长了几圈年轮的老树，撑起一片围城中的生机。夕阳缓缓西落，当金色余晖铺满这条巷子时，一切都包裹在了古铜色的光影里，时间显得更加亘古绵长。

我漫无目的地走到巷口，那里有一家古老的店。我并不知道这是一间什么样的小铺。店里有些许破败，许多木条叠在锅炉旁，堂前陈列着许多工艺品，多为器皿、发饰，有的镶嵌着玉石。想必是间木艺工坊。店内中庭的玻璃展示柜里头是一尊彩雕持莲大佛，不同于其余粗糙制品，它的表面如水磨般光滑。

我有些诧异，因为先前网络专家的科普，我笃定地认为古法木雕是决然不可能像这般光滑多彩，我也从没见过有斑斓颜色的木制品。我暗自不屑，这小铺果真不足为奇。

"小友可知，这尊佛是仿制的什么时期的制品？"我循声望去，只见一个戴着厚厚老视镜的老翁从屏风后出来，时不时用黑围裙擦拭双手，浑浊的眼睛看到我后透露着欣喜。

事实告诉我，他是木匠。

我有些心虚，其实自己并不知道答案，却看似胸有成竹地搪塞道："明清？"

他笑了，摇摇头："比这更早，是宋，应该不难判断。"

我脸上发烫。从前一知半解，连这点小细节都没能注意，我竟也能自诩博学多识，真是羞愧。此时的我不敢直视他的眼睛，落荒而逃。

回去之后，幼稚的我仍然忘不了答不上来的耻辱感，便想要扳回一城，于是再次步入这家小作坊。

店内十分安静。我慢慢走近，木匠就坐在锅炉旁边，脑袋向前凑，手一点点动着，仿佛每次刻画都要尽善尽美才罢休。

我不敢打扰他，只是呆呆地看着，时间仿佛凝固了。最后，我还是鬼使神差地惊扰了他，向他展示当下时兴的多巴胺风格发饰："您可知此等发饰？"

我笃定他不知，心底窃喜。

"不知。"木匠只是摇头，没有当日初见的热情，又继续干活了。

我被他这般诚恳噎住话头，才恍然察觉自己的可笑、无知与虚伪。自知浅薄，便更加羞愧了。

后来一连几天，我没敢再去木匠那里，而是静下心来，学着他的样子钻研，但其中门道弯绕，门外汉很难琢磨清楚。终于，在研究无果后，我决定向店铺迈去。

未曾想，木匠师傅听见我的脚步声，竟主动迎接，手里是一只准备给我的木簪。这支木簪呈祥云状，连接处由几朵雕花点缀。它与堂中佛塑相似，很光滑，同样具有颜色。可簪上并没有佛像那般的斑斓颜色，而是流光溢彩的多巴胺风格般的色彩。

他用仍旧光亮的眼睛看着我，好像看出我所思所想，轻声解释。原来二者工艺、用料都不同……我的思绪跟随着他的耐心解释，从表面皮毛渗入进木的大千世界里去。他深入浅出，我也摒弃我的故作姿态，对于自己不理解的地方，老实提问。

一岁一枯荣的新生，一撇一捺间的舒展，一锤一斧的敲打，一刨一凿的光阴，传递千年，承载希冀。在岁岁年年中，木头，是他最亲密的朋友。旋转的纹路，于此刻在心头凝固。

"当以不学为耻，不必以不知为耻"，我沉下心，决定同他学习。

老师傅总是手把手教，将一位木匠身上所有的耐心展现得淋漓尽致，木匠的一言一行在我心中荡开涟漪。纵使我幡然醒悟，迷途知返，可现如今，仍有许多像木雕这样的手艺被渐渐埋没，隐匿于山中。在这信息爆炸的时代，我们不断地接收信息却来不及消化，所以出现了一种不懂装懂的普遍现象，知识面虽然广但了解并不精深，而这种虚假的博学维持不了多久，就会现出原形。不知道从什么时候起，承认自己的无知，向他人请教似乎变成了一件可耻的事。

正如尼采所说："我们的眼睛就是我们的监狱，而目光所及之处就是监狱的围墙。"自以为掌握了真理，其实不然，我们只是活在一个狭小的牢笼里，受困其中。而这个牢笼围墙之外的广阔世界和无限天地，我们无法目睹，所知的东西如同沧海里的一粒米，所不知的东西如同头顶上的浩瀚星空。

天地广阔，宇宙无垠。所以啊，须先正视、承认自己的无知，才能在追求真理的道路上求索。

知否？知否？应是自知为重。

胖橘书海漫游记

周 全 上海西南位育中学八（6）班
王巧娴 指导老师

"喵"，一只圆滚滚的橘猫从书本后面探出头。

故事要从十天前说起。那天，小明和小红正在看书，突然，一只毛茸茸的小脑袋从《俗世奇人》后面探了出来，是一只瘦弱的小橘猫。它歪着头，朝小红眨了眨眼。小红觉得它很可爱，但又心疼它瘦瘦的模样，就给它取名"胖橘"。胖橘告诉小红，它迷路了，一路风餐露宿，披星戴月，日行十里。那天，随着夜幕悄无声息地降临，胖橘知道，它又将度过一个饥寒交迫的晚上。这时，远处亮起一束温馨的灯光，像黑暗中闪亮的珍珠，把胖橘面前原本暗淡的小路照耀得明亮又温暖。这束光像极了家，暖暖的，温馨、幸福。胖橘再也不孤独了，它努力向着光的方向前行。哦，这是一间书房，可惜没有一丁点儿食物，胖橘有点失望。但是它太累了，枕着一本不厚不薄的书沉沉睡去。

次日，胖橘醒了，揉揉肚子，一点儿也不饿。它的余光瞥到"枕头"——《今天也要好好吃饭》。胖橘睁大眼睛，再睁大，又使劲眨了眨。这些字它居然都认得？会不会是这些精神食粮让它得以果腹又安眠？胖橘情不自禁翻开它，每个字都认得！它心花怒放，高兴得抑制不住地心跳，像发现新大陆般一蹦三尺高，还不小心撞到了橱顶，然而它已经完全顾不上疼痛，从书橱这头跑到那头，它感受到了久违的轻盈和喜悦。

胖橘再次翻开"枕头"，书中的美食虽然遥不可及，但它对美食的向往一直很强烈，而此时此刻，它对知识的向往甚至超越了对美食的。蔡澜笔下那些关于酒、米粉、蟹、咖喱的文字在胖橘脑海里以一幅幅画面的形式不断呈现。它陶醉了，满足极了，仿佛享用了一顿前所未有的饕餐盛宴。又一本美食书跃入眼帘——《于谦小酒馆》。胖橘可是个不折不扣的吃货，这些书，它怎能错过一本？民以食为天，食以安为先。现在，胖橘栖身温馨的书房，又有精神食粮为伴，简直到达猫生巅峰。于先生不仅会吃，还会生活，他笑对生活的态度屡次让胖橘捧腹大笑，多么风趣又有文化的人啊，即使买不起下酒菜，也可以把鹅卵石泡于酱油和醋里，拿出来吸溜了再放回去。哈哈，看来于先生比我胖橘还要拮据。

这天，当胖橘正津津有味地阅读《俗世奇人》时，被小主人小明和小红发现了，于是便有了故事开头的那一幕。胖橘完成自我介绍后，就自顾自地扮起《俗世奇人》中的"刷子李"来。它先扯过沙发上的黑色绒毯把自己裹了个密不透风，再纵身一跃，娴熟地飞檐走壁，优雅又潇洒。落地后，那块黑色绒毯上居然没有蹭到一丁点儿墙灰。胖橘觉得身上这块黑色绒毯就是"刷子李"同款黑衣，有神圣不可侵犯的威严。

这几日，胖橘被《撒哈拉的故事》吸引，三毛流浪远方，像极了胖橘背井离乡来到这间书房的经历。看看大才女三毛的勇敢、浪漫、诗意，再看看现在的自己，简直跟三毛有一样的文艺气质。不同的是，撒哈拉经常有白眼狼邻居，时常存在偏见和愚昧，而陪伴在胖橘身边的却是可亲的小主人和无边际的书海。在撒哈拉沙漠的引领下，它又从书橱里翻出更多有关自由和冒险的故事，有《鲁滨逊漂流记》《堂吉诃德》《夏洛的网》《羊道三部曲》等。

随着阅读量的增加，胖橘的体重也日益增长，逐渐变成真正的"胖"橘了。一天，小明和小红放学回来，胖橘一本正经地说道："欢迎回到缘缘堂！"原来，今天胖橘又被丰子恺的《缘缘堂随笔》成功吸粉。"缘缘堂是丰子恺的书斋，这里是我们的书斋。丰子恺在缘缘堂感受四季更迭和邻居的喜怒哀乐，处处充满烟火气，我们这儿也充满生趣啊。"胖橘像个大文豪似的摇头晃脑，娓娓道来，"像孩子一样生活，我们要一直做快乐的小孩。""哈哈，看看胖橘都胖成什么样了，比我爸还胖上三倍呢。""唉，都是书房惹的祸啊……"

胖橘，歇歇吧。毕竟书海无涯，阅读来日方长！

寻找神秘药水

詹贺欣　广东东莞可园中学105班
祝成明　指导老师

这件事，发生在一个奇妙的夜晚……

小琪是生长在魔法森林的一个小女孩，他们家专门生产一种特制的饼干。这饼干可不普通，要是有人吃了就可以变大，走出魔法森林，去外面的世界玩，不过这种饼干是有副作用的，只有人类能吃，而且一次也只能吃指甲盖大小，其他动物就不能吃，因为吃上一口它们就会立刻变得巨大无比，一小时内找不到解药就会膨胀死亡，再高明的医生都救不了它们。

小琪的妈妈是做这种饼干的高手，做出来的饼干色香味俱全，所以所有想去人类世界玩的小人们都会来这里买上一块。

这天，小琪他们家的小猫蕊蕊一不小心就吃了一整块饼干，只见它以肉眼可见的速度，快速膨胀，直接变成三个小琪大，直把小琪和她的弟弟吓得够呛，姐弟俩赶忙把这事告诉他们的妈妈。

妈妈对他们说："啊！这……你们赶紧去书屋找一本书，叫《魔女笔记》，我记得这本书里面有记载这种饼干的解药的制作方法。"

小琪听后松了口气，应该是为有办法救回自己的爱宠而感到兴奋，可是一波未平，一波又起，妈妈说："发什么呆呢？快点去找啊！你们看蕊蕊的身体又变大了！"的确，蕊蕊这时已经快把整间屋子占满了。小琪更着急了，一想到蕊蕊过一个小时就会死去！眼睛里忍不住泛起了泪水。这时候妈妈一声"赶快去找，发什么呆啊"，把小琪拉到了现实。

小琪一听，浑身一激灵，拉着弟弟小熹，扯过梯子，一股脑儿冲上书屋。

打开书屋的门，满屋子的书，屋里还有淡淡的木头的香，夹杂着纸张的气味。可能因为很久没有人看这里的书，书页都发黄了，书柜上落了一层浅浅的灰，窗边的帘子被微风轻轻吹动，整个魔法书屋充满了神秘的气息。

小琪把梯子架在贴着"M"标签的书架上，可这书架上有二十多册叫作《魔女笔记》的书，这可怎么找？只能让小熹在下面看内容，自己在上面找。

时间一分一秒地过去了，离一个小时只剩下最后二十分钟了，这可把小琪急得满头大汗，她不停地转来转去，像热锅上的蚂蚁。

这时，小熹说："姐姐，时间快到了，赶紧找！"

"我知道，别烦我。"

"哎？不如去时钟大楼拨动时钟，再调回一个小时前吧！"小熹说。

"好啊！快，咱们走！"说完，他们飞奔下楼，奔向时钟大楼。

时钟大楼下，小琪大喊："真奶奶！"真奶奶说："哎，小琪来啦！找我有什么事啊？""我想调一下时间，调到九点！"真奶奶说："为什么要调时间？是发生什么事了吗？""我家猫吃了太多变大饼干了，我需要找到救它的解药，不过快没时间了，需要多一点时间，请问您是否愿意出手相救？"真奶奶说："没问题！还有，你不用找了，我这里正好有那个秘方，你按照这上面说的去买东西，回家把它们舂碎，然后冲水，喂给猫喝就行了！"小琪说："谢谢您，真奶奶再见！"说完两姐弟风一样跑去了市场。

他们采购的速度很快，大概几分钟就完成了。

回到家，他们把药材磨成了粉，用温水冲好，喂给了蕊蕊，蕊蕊刚一喝完，肚子里咕噜咕噜的声响就响彻小屋，紧接着身体金光四射，当亮光散尽，蕊蕊重新变回了原来的大小，小琪和小熹拥抱在一起，高兴得跳了起来……

时光书屋

郭子涵　上海尚同中学七（2）班
蒋婷婷　指导老师

　　车水马龙，人声喧闹。城市中的一个偏僻小胡同里，一家老书屋静静地伫立着，书屋上方悬着一个牌匾，上面是红漆涂的四个大字"时光书屋"。这座书屋已经有些年头了，却干净得看不出岁月侵蚀的痕迹。书屋周围没多少人，天空也很慈祥，温暖的阳光倾泻在胡同里，一只橘猫正趴在台阶上打着呼噜。

　　这天，一个身着夹克的年轻小伙火急火燎地跑到书屋门口，因为奔波而面色煞白。他一股脑儿就冲了进去，引得周围行人纷纷侧目。年轻人奔进书屋，左右摆动着头，似是在寻找什么。一个女孩凑到他面前："您好，请问您需要什么？""我有要事，找你们店长，小孩儿不要插手！"他很着急同时又十分气愤，煞白的脸涨得绯红。"我就是店长！"女孩叉腰气鼓鼓地说，"我叫希子。这家书屋是一代代传下来的。哦对了，你找我有什么事？"年轻人先是一顿，然后从口袋中夹出一张折叠整齐的白纸。展开后是几个难以辨认的字迹，像是一团乱麻搅和在一起，但这背后却是一位老人临终前留下的最后的讯息。只见信上歪歪扭扭地写着一行小字："小言，去时光书屋吧，奶奶有一封信留在那儿。"希子看了信，嘟起小嘴，有些疑惑道："时光书屋的作用仅仅是把人的记忆编成一本书，放在书架上供他人浏览，并没有存信的功能。而且这几天我也并没有收到来信。"年轻人听了这话更是困惑，他握紧拳头跺着脚，像热锅上的蚂蚁一般，却无可奈何，无计可施。希子则架起梯子，在茫茫书海中寻找着那一封可能不存在的信。

　　一番搜寻之后，果然无果，两人失望地坐了下来，低声叹气。这时，一阵凉爽的秋风灌了进来，不知道从书屋的哪个角落，飘落下来了一个不起眼的信封。年轻人的目光霎时稳稳地钉在了信封上，他眉头紧蹙，激动得整个人都在颤抖，仿佛如获至宝，用带着哭腔的语调说道："对……就是这个……"他小心翼翼地打开信封，呼的一声，一个淡淡的灰色身影从信中显现了出来。"这是书屋的魔法！"希子惊呼出声，"书屋里有一种特殊的AI装置，可以利用人工智能还原人物影像，记录她生前所留遗言。"画面中那位慈眉善目的老人正是小言的奶奶，她微笑着说道："小言，奶奶走了，你不要太过伤心。推开自己喜欢的东西，何尝不是一种成长？你年纪还小，还有无数的机遇和挑战等着你，不畏难便不知难。山高水长，奶奶会一直陪伴在你身边，遇到不顺心的事就来书屋看看吧，看看奶奶生前的记忆书，希望能给予你一些勇敢的力量。再见了，我的乖孙子……"说完，那灰色的身影和那封信都化为了尘埃，飘飘洒洒地隐在秋风中，在闪烁的阳光下熠熠生辉。而那个年轻人小言，却跪坐在地上泣不成声。

  片刻之后他抬起了头，眼神却越发坚定了，他转头向希子道谢后，便迈着坚挺的步伐，向着那洒满阳光的未来走去。

  日子平淡如水，生活又成了往常那样。希子坐在沙发上，却变得更加忙碌起来。她的身边多了一个人，小言。他成为一名记者，用他的专业能力将书屋的故事传播出去，引得许多人前来参观。那些参观者或是从他人的往事中，反省人生；或是从岁月的积淀里，汲取生命的力量。无论何种，小言总能看到他们离去时那种从容而坚定的微笑，这种微笑也鼓舞着小言一直勇敢地走下去。

  毕竟，这也是书屋的宗旨啊。

那双纽扣眼睛

王　菁　上海外国语大学附属奉贤实验中学六（2）班
张思宇　指导老师

　　窗外乌云密布，轰隆、轰隆的雷声从天边传来，雨点像断了线的珠子争先恐后地从天上倾泻而下。突然，一道闪电划过天空，照亮了我的窗台，窗台上放着一个蓝头发，苍白皮肤，身穿黄色雨衣的玩偶娃娃。此时，在光线的照射下，那双不完美的纽扣眼睛显得格外刺眼。

　　我和小林都是玩偶爱好者，那天，我和她一起从电影院出来，边走边激动地讨论着怎样把电影中的主角玩偶做出来。一回到家，我赶忙去房间拿出线、棉布和针等材料，小林则把电影主角卡洛琳的样子画出来。"这个定格动画的布偶和棉线布偶是不同的，我们要先把钢丝拼接在一起，才能将定格动画玩偶的样子做出来……"小林头头是道地说着。

　　我愣了一下，定格动画？我没听说过。看着小林熟悉的样子，我隐隐感觉到定格动画的玩偶会使我有些无从下手。"小王，小王！怎么在发呆？对了，你懂定格动画吗？"小林打断了我的思绪。我要强的心理一下就上来了："懂，当然懂，我还做过几次呢！"我嘴上撒着谎，心里却有些虚，担心小林再追问下去。"幸好你懂，不然玩偶可不好做。"小林如释重负，我的心瞬间提到了嗓子眼，难道不懂就做不了了吗？"我家里有专门制作定格玩偶的材料，等着，很快就回来。"

　　我立马拿起手机，搜索着定格玩偶做法，页面快要弹出来时，小林回来了，我吓了一跳，赶紧把手机扔到一边。小林大口喘着气，说："好了，材料已到位，我们开始吧！""好，好的。"竟然这么快就要开始做了，我心里没底，偷偷观察小林的做法，然后依葫芦画瓢拼起来……从余光中能发现，小林果然是老手，已经开始把人物的下巴安装上去了，我只好也加快速度，此时只有一个想法，不能让小林察觉我不会拼接定格玩偶。

等我安装玩偶的皮肤时，小林欢呼道："大功告成，这个定格玩偶比我之前做的都要好，简直是卡洛琳2.0版本！"我凑过去看，只见一个身穿星星毛衣的卡洛琳立在蓝板上，是那么逼真，细致到脸上的雀斑都能看到。这时，她看向了我的玩偶，有些纳闷："小王，你的玩偶，眼部的钢圈拼反了，到时候眼球会装不进去，这最基础的拼接怎么都会出错呢？"我的脸瞬间红了，心里说不上来什么滋味，羞恼、慌乱，也许……一时间还有一丝对她的责怪。"你到底有没有学过定格动画玩偶的制作啊？"小林的话犹如一把利箭，直直穿过我的耳膜，不等我反驳，她就接着说，"我看你根本就不会吧！"我恼羞成怒，一气之下把小林赶走了。

在小林离开后，我赌气得一点一点把定格玩偶拼接起来，果然拼接到最后，眼球怎么也安装不上去。最终，我只得费九牛二虎之力将纽扣眼睛强行安装上去。看着不算完美的玩偶，尤其是玩偶的这双纽扣眼睛，我心中有股无处发泄的怒火，又有种无法言说的烦躁。"唉……唉！"顽皮的弟弟模仿着我的样子也连连叹气！爸妈看着我们姐弟俩笑了起来："啥事为难住了我家的两个小家伙？能让我家的小人儿长吁短叹？"爸妈打趣地说。

我极其难为情，可是最终爸妈还是知道了事情的始末，爸爸沉默了一会儿，语重心长地说道："小菁，不会不要紧，想办法学会就可以了，这不丢脸。但没有勇气承认自己的不足之处，且不思进取才是可怕的。我们有了不足之处，应该正视自己的短处，不断学习，才能进步啊！"爸爸的话让我茅塞顿开，烦躁情绪瞬间有了突破口，我拿起了我的玩偶，向小林家跑去……

天上的乌云散了，我心中的那片雾霾也慢慢消散了。几朵懒洋洋的白云从头顶飘过，一道靓丽的彩虹显现出来，温暖地照在玩偶的纽扣眼睛上。此时的纽扣眼睛闪着五彩的光，格外耀眼。我轻笑一声，衷心感谢那双纽扣眼睛给我上的这重要的一课。

以不知为耻，更当以不学为耻

王棠磊　上海上汇实验学校八（2）班
许佳家　指导老师

没跨越山河大海，就无法知其深渊。在当学之年，把不懂装懂当成了人生唯一的资本。

——题记

孔子言："知之为知之，不知为不知，是知也。"这是智者在面临知识困境时的自知之明和坦然态度。时代变迁，社会发展，邹韬奋先生为我们赋予了新的启示："我们当以不学为耻，不必以不知为耻。"这是对知识的探索欲望，对未知的挑战勇气，更是一种积极进取的人生态度。

自古以来，承认自己的无知并不是一件丢人的事情。科学家伽利略在研究物理学的过程中遇到了很多难题和质疑。但是，他并没有选择避开或者掩饰自己的无知，而是勇敢地承认自己的不足，并通过实验和观察来寻求答案。最终，他不仅证明了自己的理论是正确的，还为现代物理学的发展奠定了基础。如果他当初选择掩饰自己的无知或者避开问题，那么人类对于物理学的认识也许会停滞不前。况且，世界上有哪一个是全知全能的。在庞大的知识海洋中，每个人都只是渺小的探索者。我们或许无法掌握所有的知识，但我们可以保持着对知识的渴望和尊重。苏格拉底曾说："我知道我一无所知。"这位古希腊的智者以他的自知之明和谦逊态度，彰显了知识的无穷无尽和人性的伟大。

相较于承认无知，我们更应感到羞耻的是不愿学习，满足于现状，停滞不前。萧伯纳曾言："你有一个苹果，我有一个苹果，我们交换后还是一个苹果；你有一种思想，我有一种思想，我们交换后就有了两种思想。"这就是学习的魅力，通过不断地学习和交流，我们可以拓宽视野，丰富思想，提升自我。在这个过程中，我们可能会遇到困难，可能会犯错，但是只要我们保持着对知识的热情和对真理的追求，我们就能从错误中学习，从困难中成长。

　　面对未知的世界，我们应该以开放的心态去接纳它，以好奇的眼光去探索它。我们不必因为自己的无知而感到羞耻，因为知识是无边的海洋，没有人能够掌握所有的知识。但是，如果我们对于未知的事物没有好奇心，对于不懂的知识没有学习欲望，那么我们就真的失去了作为人的尊严和价值。如孔子所言："学而时习之，不亦说乎？"学习的过程本身就是一种享受、一种提升自我价值的过程。

　　人生在世，就是在不断地学习和探索中度过的。我们从无知中走来，在知识的海洋中探索方向。每一次的探索，每一次的尝试都会让我们更加了解这个世界，更加了解自己。所以我们当以不学为耻，不必以不知为耻。这既是对知识的尊重，也是对自我价值的提升。

　　回望历史长河，我们可以看到无数伟人的身影，他们在知识的海洋中航行，在未知的领域中探索。他们的精神、他们的故事告诉我们：承认无知不可耻，不愿学习才可耻。因为他们知道只有通过不断地学习才能拓宽自己的视野，才能提升自己的价值。正是这个道理，成就了时间长河中无数的伟人。

　　再看今朝，我们生活在一个信息爆炸的时代，知识的更新速度前所未有地快。如果我们停滞不前，如果我们满足于现状，那么我们就会被这个时代所抛弃。所以我们要像那些伟人一样保持对知识的渴望，保持对未知的敬畏，在学习的道路上永不停歇。

　　"若是摒弃故作姿态，人生之路似乎是意外得平坦通顺。"人这一生，没必要为了让他人认为自己优秀而去不懂装懂，而是应当实实在在、脚踏实地地做事，勇于探索知识。学海无涯，让我们在知识的海洋中航行，在未知的领域中探索，以不学为耻，以探索未知为荣。

知有涯，而学无涯

罗杰译　四川成都大弯中学初中学校2022级13班
李建兵　指导老师

人非生而知之，而是学而知之。正如邹韬奋先生所言："其实世界上有哪一个是全知全能的？所以我们对于不知道的事情就老实承认不知道，这正是光明磊落的态度，有什么难为情？"这段话如一盏明灯，照亮了我对知识的探索之路，让我明白了"知之为知之，不知为不知"的深刻含义。

孔子是我们公认的圣人，他学富五车，但仍保持谦虚好学的态度。他教导学生时，没有高高在上，而是平等交流，互相学习。即使在小孩子面前，也平和低调。小学学过的一篇文言文《两小儿辩日》，孔老先生被两个能言善辩、思维敏捷的孩子折服，居然"不能决也"。遭两个小屁孩嘲笑："孰为汝多知乎？"他都没有恼羞成怒。孔子，真的是万世师表，人之楷模。

在这个信息爆炸的时代，我们每天都面临着海量的知识和信息。所以，我们有时候会感到迷茫和焦虑，担心自己无法掌握所有的知识，认为自己非常渺小无能。然而，正如邹韬奋先生所说，没有人是全知全能的。我们不必为自己的无知感到羞愧，而应该坦然面对自己的不足，勇于承认自己的无知。

承认自己的无知并不意味着放弃学习，相反，它是我们开启学习之旅的第一步。只有当我们意识到自己的无知时，我们才会有动力去寻求知识，去弥补自己的不足。这种勇于面对自己无知的态度，正是我们在知识探索中所需的光明磊落的精神。

同时，邹韬奋先生的这段话也提醒我们，面对未知的事物，我们应该保持敬畏之心。不要因为自己的无知而盲目自信，也不要因为别人的有知而自卑。我们应该以谦逊的态度去对待知识，去欣赏别人的成就，同时也要勇于挑战自己的极限。

在知识的海洋中，我们都是渺小的探索者。我们需要用"知之为知之，不知为不知"的态度去指引我们的探索之路。只有这样，我们才能在知识的海洋中畅游无阻，不断拓宽自己的视野，丰富自己的内涵。

最后，我想说，让我们以邹韬奋先生的这段话为灯塔，照亮我们的探索之路。让我们在知识的海洋中保持谦逊和敬畏之心，勇于面对自己的无知，勇于寻求知识。在这个过程中，我们不仅会收获知识，更会收获成长和进步。因为，只有当我们真正敢于面对自己的无知时，我们才能真正成为知识的主人，才能真正领略到知识的魅力和力量。

与其云端跳舞，不如实事求是

赵沈添　上海罗星中学八（4）班
闻　霞　指导老师

哲学家维特根斯坦说："我贴在地面步行，不在云端跳舞。"如他所言，为人处事，勇于"贴在地面步行"，实事求是，乃人生的大智慧也。

实事求是，有利于我们正确地认识自我。

人无完人，在生活、学习中，我们难免会遇到一些不懂的问题或迷惑的事情，若能做到实事求是，无疑是明智的，有利于我们正确地认识自我。在《两小儿辩日》的故事中，孔子见两小儿争辩太阳距离人远近的问题，诚实地告诉他们自己无法判断，因为自己也不知道。有人问孔子为什么不随便说其中一个对，这样可以避免让自己如此难堪。孔子却认为，知道就说知道，不知道的就说不知道，不能不懂装懂，自欺欺人。

孔子的"知之为知之，不知为不知"，就是一种实事求是的态度。即使是像孔子那样知识渊博的一代儒学大家，也会有知识的短板，更何况我们呢？俗话说：术业有专攻。每个人所拥有的知识是有限的，再权威的人也会有知识短板，所以对于知识我们要心存敬畏，虚心学习，刻苦追求。

实事求是，有利于我们客观地完善自我。

《礼记》中曾说道："是故学然后知不足，教然后知困。知不足，然后能自反也；知困，然后能自强也。"学习本身就是一个求疑解惑的过程，我们只有坚持实事求是的学习态度，才能破除求学路上的重重障碍，不断地完善自我。我国著名文学家、思想家、革命家鲁迅先生，在翻译俄国19世纪著名作家果戈理的小说《死魂灵》时，书中有一句话："近乎刚刚出浴的眉提希的威奴斯的雕刻。"他不知道威奴斯出浴的姿势，翻查了许多资料都无果，经过不懈努力，他终于把那个塑像找到，在仔细研究塑像造型一番后，才写下了注释：眉提希的威奴斯的姿势是——一手挡胸，一手置胸腹之间。

鲁迅先生，他能坦诚地认识到自己的不足，并且付诸行动，想办法弥补不足，这其实就是一个不断完善自我的过程。我们要知道，掩饰自己的"不知"，只会遮蔽住我们的双眼，使我们失去对事物的准确判断。但倘若，我们能在学习和生活中多一份勇气，坦然认识到自己的不足，努力完善自我，那么我们必将开启不一样的人生。

实事求是，有利于我们智慧地成就自我。

成就自我，意味着更上一层楼。司马迁在撰写《史记》时，始终坚持忠实的原则，绝不感情用事。他在《李广列传》里描述李广射虎、退敌、脱险，生动逼真，虎虎有生气。字里行间，充满敬佩之情。但同时也写他心胸狭隘、官报私仇、妄杀部下的缺点。他对项羽充满同情，却详细记叙了他必然失败的命运。他厌恶刘邦，却如实写出了刘邦的长处、才干以及他必然成功的条件。

司马迁坚持以务实求真的态度写成《史记》。东汉史学家班固称赞这部书："不虚美，不稳恶。"鲁迅誉之为"史家之绝唱"，它在史学和文学方面有着重要价值，也使司马迁成为中国历史上最伟大的史学家、文学家之一。

实事求是不仅能成就自我，还能促使国家发展壮大。

在国民大革命失败后，毛泽东实事求是地提出工农武装割据的理论，走农村包围城市的道路，开创出一条崭新的大道。邓小平根据国内、国际形势，毅然做出改革开放的决策，让中国走上和平崛起和繁荣昌盛的道路。

纵观中华上下五千年的历史长河，许多大家、有志之士一直都遵循着"实事求是"的大智慧，不仅取得了巨大成就，也使国家重新屹立于世界民族之林。作为新一代青少年，我们也应该坚持实事求是，并将其作为自己的行动指南，在生活中，有疑就问，有胆量去问，去开创我们的美好未来！

不知为不知

张诗晗　北京中学八（4）班

学海无涯苦作舟，知识之海无穷无尽，穷尽此生只能揭开冰山一角。圣贤亦有不知，神佛并非全能，我们短短几十年苦读，又怎么可能窥其全貌？

但知识盲区并不可怕，只要敢于承认，勇于提问，就能收获更多的知识，获得超然的心性，不负恣意的青春。

　　《论语》中记载了孔子的一句话：知之为知之，不知为不知，是知也。学富五车的大家也好，大字不识的垂髫小儿也罢，无论怎样的学识程度，都有知道的事情，也有不知道的东西。不能因为所谓的自尊心和羞耻心耻于提问，这样并不会保住面子，肚子里的学识反而会像是流沙，日日缺失不曾长进，日日夜夜无穷尽，何时才能够有真正的进步？

　　孔子的话质朴，却是人间真理。"知之为知之"这句话不难实现，但"不知为不知"呢？孔子这句话的精髓便在此处。真正的自我提升是内在的、长期的，而并非只是一时不懂装懂的博大精深。真正的学者从来都敢于承认自己的不足。

　　美国有一位知名教授，在著名大学开办讲座，讲授小白鼠的实验。当时座无虚席，宾客满堂。但正当教授结束演讲时，突然有个学生举手提问，他将实验换了一种方法，并询问教授这样做出来的结果是否会有不同。本以为教授会面露难色，没想到他竟然大大方方地说："这个我没有做过，我不知道。"话毕，台下响起轰鸣掌声。不知道并不是有失颜面的，而是受人尊敬的，这位教授严谨对待科学的态度令人肃然起敬。

　　成就不能代表什么，知识的多少更不取决于年龄或资历。能够承认自己的不足，承认自己不知道，舍弃不必要的自尊心，才能战胜自己的内心，突破自我瓶颈。用谦虚的态度认真学习，这才是真正的大智慧。

　　华佗医术高超，冠绝天下，无人不知，无人不晓，却有一天遇到了棘手的病人。他打算用风险极大的手术来治疗，却不料一位年轻农夫用草帽治好了病人。之后，华佗并不端着神医的架子，竟然亲自请教农夫，从此成就一番佳话。

　　成功的人往往都具有"不知为不知"的品质。的确，敢于且及时地说出不知道，可以问题日日清，从此学路通畅，愈战愈勇。而问题积累得久了，就会堵塞进步的道路，从此一日不如一日。

　　敏而好学，不耻下问，活到老学到老，千万不能被一时的骄傲迷失了双眼。承认自己的不懂，也是内心坦荡、自信的表现！勇于提问并解决，才能更好地提升自己，让问题变为动力，才能更有信心探索未知！身为学生，要牢记孔子的一句话，不知为不知，是知也！

不耻下问

罗雅珊　上海求真中学北校九（3）班
魏鸿颖　指导老师

在文化街上，有两位国画大师。东院是张先生的书房，西院是李先生的书房。

在这条街上，人们都爱找他们画画，或看他们画。每天街上静悄悄的，只有当两位大师开始画国画了，这才人声鼎沸，车水马龙，两院挤满了人观赏，整条街上都飘满了书香之气。

这两位大师，画画水平旗鼓相当。但两人性格完全不同。张先生傲慢不逊，常常认为自己是全世界画国画最厉害的大师，都超得过齐白石了。而李先生却截然相反，他谦虚谨慎，有疑问便会虚心请教。有一次，两人想要比一比到底是谁画国画更出类拔萃，于是他们准备比画狼。

在文化街上，很少有人见过狼，都不知道长什么样，只是听说过狼很凶狠。张先生也是根本不知道狼长什么样，但他因为被称为"大师"，腹中有墨而自满，不问有经验的普通人，只随便画了一幅脑中想象的狼，头大身长，有着尖尖的牙、胖胖的身躯，却又像老虎。他几笔一挥这便画好了，只花了一个小时。当有人劝他问问狼真正的样子是怎样的时候，他骄傲地说这幅画画的就是狼的样子，绝不会错，他是大师绝不会错。那人也不再说什么。

西院的李先生心中也存有疑惑，黄色的桂花在暖阳的照耀下，金光闪闪，李先生在桂花树下，低着头静静沉思着。他来回围绕着桂花树走来走去。他想，这狼到底是什么样的？不行，我要问问。可是问谁呢？有了！问在山上放羊的人，他们有可能看到过狼。

于是，他挨家挨户去问，可是没有人看到过狼。李先生有些气馁了，脚步变得越来越慢。但他还是执意要解决这个问题，哪怕只有一点点可能。在他走完整条街时，遇到一个放羊的小孩。李先生走上前，向小孩问道："小朋友，你知道狼长什么样吗？""当然知道，我放羊时有一次见过。"小孩回答他。"那能告诉我它长什么样吗？"李先生问道。"当然可以。"于是小孩子把狼的长相一五一十地告诉他，李先生终于有了头绪。

第二天，两位大师各拿着自己的画来比赛。张先生拿出他画的画，众人看过个个夸好。张先生想，这次我赢定了。等到李先生拿出他的画，空气突然安静了，只剩众人目瞪口呆。众人拍着手说："李先生的画太引人入胜了，张先生的画根本比不过。""是呀，听说李先生为了画这狼，整条街都询问过了。"

听到这，张先生终于明白了无论是多优秀的大师，都应该虚心请教，不耻下问。他后悔为什么不问问别人来解决心中的问题呢。他有些不好意思，乘着混乱之际灰溜溜走向东院。

随着夕阳慢慢颓落，张先生的影子越拉越长，他下定决心一定要向李先生一样不耻下问。

翻 盘

车荣哲　上海曲阳第二中学六（2）班
陈嫣语　指导老师

"教室在二楼，去吧。"

这学期，我的国际象棋课换了新的教练和课程，妈妈把我送到楼下就轻松地去逛街了。说起国际象棋，过去五年的学习时光对我而言，都很开心很顺利。听说这次新的教练是前国家女队的助理教练，我充满期待，一定要好好表现，让教练对我刮目相看。

"这步你们觉得应该怎么走？"

"马A5。"

"我觉得这步该走象B6。"

"后D7最好。"

……

一节课还没上完，我已经被课堂热烈的气氛镇住了。教练每抛出一个问题，同学们就争先恐后地回答。我全程静默，不是因为我低调或者嘴慢，而是其中很多棋子的走法我不理解，跟不上教练和同学们的节奏。课间休息的时候，我想去问问教练，可看着同学们围着教练分析其他棋谱兴奋的样子，我又不忍打断。而带着疑问继续下节课，我更是进入不了状况。

"赶紧举手提问吧，不搞清楚走法，这课上了也白上。"

"那可不行，都是基础走法的问题，这都不知道肯定会被其他同学笑话的！"

"被笑也没关系，把棋弄懂最重要。"

"绝对不行，那在教练和同学们眼里，你就是个小菜鸟，以后讨论棋谱、研究战术都不带你,太丢人了!"

我脑袋里好像有两个小人,对于是否要提问,他们吵个不停,最终我还是没有提问,毕竟"不知"太让人羞耻了。

好不容易熬完了课,我正低头收拾东西,感觉有人拍了拍我的肩膀,我抬头一看,居然是教练:"第一节课感觉怎么样?我的课节奏比较快,有不懂的地方你随时提问。"一股热浪冲上我的脑袋,心里的狼狈仿佛被教练识破了。尽管耳朵滚烫,但我还是立刻压住内心的慌张,点了点头说:"挺好的,是有点快,但我都能跟上。""那很好,以后继续加油。"

就这样,每周一次的国际象棋课,变成我的压力。虽然每次课后我都会找教练要来棋谱回家研究,但总有些地方弄不懂。上课的时候也能答上来一些问题,但更多的时候还是跟不上节奏。

一个月以后,迎来了全国国际象棋大师赛,这可是我苦等了一年多的冲击"候补大师"的机会。

前八局磕磕绊绊地拿下五分,第九局必须赢下,才能以六分成功拿下"候补大师"称号。

我深吸一口气,带着满心的忐忑进了赛场。虽然有着必赢的信心,但看着身旁那些空空的座位和合拢的棋盘,难免慌张,怕自己会像那些缺席的、遗憾离场的、有着必胜的信心却仍然输掉比赛的人一样没有晋级。

随着棋钟开始倒数,棋盘上的棋阵狼烟四起。我的对手似乎是个老手,他微微翘起嘴角,下了一步我没见过的棋。不!我见过,似乎藏在记忆深处的某个角落。曾经的上课片段在我眼前放映,每一个我没有弄懂的知识点都模糊成了一团。我似乎看见了两个小人,他们仍然在吵架,突然一场大雨落下,又马上结束争吵。那两个人再次出现,一个拿着证书,和妈妈走在江边谈笑风生;另一个缩在被子里大哭,留下一脸无奈的妈妈。突然那两个人同时看向我,又似一缕烟飘走。我猛然回到现实,强装镇定。

我缓缓喝了一口水,一步棋一步棋地强撑着对打到残局。对手又下出一招猛棋,又是一步教练说过,我却羞于提问的棋。

我突然又看见了那两个小人。拿着证书散步的小人慢慢离开了我的视线。而哭泣的小人突然停止了哭泣，看着我叹了口气，走进了一个长廊。长廊里满是房间，他打开了一扇门，房间里满是问号，落满了厚厚的灰，问号旁是一叠纸，上面写满了棋谱和知识点，他却一张张放进了碎纸机里。那个小人就是我，在课上不懂装懂的我，在以不知为耻的压力下苦苦遮掩的我。

我迈着沉重的步子往外走，而对手拿着晋级单从我身边飞一样跑了出去。我在出口看见了一直等着我的教练和妈妈，突然觉得很踏实。虽然浪费了些许的时光，但我终究明白了，"不知"是迈向进步的必经之路。遮掩它、忽视它，是不可能走向远方的。

我踏着大步走上前，抢先大声地说："教练，以后的课我能提早一些到，迟一些走吗？我有好多好多不懂的问题要问、要学！"

记忆相册

刘航语心　四川峨眉山第一中学七（1）班
张　利　　指导老师

又是一年春天，女孩艾米丽和男孩艾德嘉肩并肩坐在樱花树下，艾米丽的腿上放了一本书，花瓣随风飘扬，像是一只只粉红的蝴蝶在空中飞舞着，远方的钟楼传出洪亮的钟声，一只肥猫懒散地依偎在花瓣丛中，艾米丽喃喃道："又是一年春天……"他们的思绪渐渐飘回到了一年前……

那天也是樱花随风飞舞，田野旁的小路上铺满了鲜花，可是就连这样唯美的场景，也无法安抚艾米丽受伤的心。这时花瓣丛中钻出来一只可爱的小猫，身上是亚麻色的，脚和脸是白色的，眼神干净清澈，小耳朵旁边还有几片小小的樱花花瓣。这时一片花瓣落在它的鼻子上，它打了个喷嚏。艾米丽被逗笑了。小猫走过来，趴下身去。艾米丽轻轻抚摸着小猫："你跟米米长得真的很像，很像……"话还未说完，艾米丽又轻轻抽泣起来。

小猫站起身，蹭了蹭艾米丽，示意女孩和男孩跟它走，艾德嘉和艾米丽跟着小猫走着走着，他们走过了铺满花瓣的小路，走过了村子里那棵巨大的樱花树，走过了种满樱花树的河岸，出了村子。艾米丽感到害怕："我们真的要继续走下去吗？"艾德嘉坚定地点点头。

小猫继续带着他们往前走，来到森林的中心，小猫喵喵叫了几声，森林中的空地上突然出现一棵巨大的樱花树，樱花树的树干上有一个不大不小的洞，小猫跳了进去。艾德嘉拉着艾米丽的手也跳了进去，他们不断向下坠，女孩想：米米，要是你还在我身边就好了。并没有想象中的疼痛感，他们睁开眼睛。一位和蔼的老婆婆指着一个门说："去那里面看看吧，那里面或许会有你们要的东西。"

艾德嘉拉着妹妹的手推开了门，一只巨大的猫咪趴在窗户边上，见有人进来，睁开了眼睛。"这不是那只小猫吗？"艾米丽惊异地说。小猫的眼睛望了望那边的书架。艾米丽径直走过去，随意翻看一本书，书的扉页写着："记忆相册……忘记的和无法释怀的，或者说你的人生在这里。"合上书，艾米丽小心翼翼地爬上了梯子。

"我的在这里。"艾德嘉首先发现了自己的记忆相册，兴奋地坐在毯子上翻看着。艾米丽很快也找到了她的记忆相册，她情不自禁双手抚摸着相册，喃喃道："这是米米！米米，我好想你……"

这时，照片中的景物动了起来，米米从照片中跳了出来，依偎在女孩脚下。相册开始翻动，女孩的眼前出现了一幅幅画面，是她与米米的相识、相知、相认，到最后米米离去……

女孩不知什么时候已是泪流满面，相册又回到她手中，而在米米的照片旁边出现了一行字："亲爱的主人，我已成功到达喵星，不要再伤心了。这件事也该过去了，再见！"

女孩看完了这行字，心情似乎也没有那么悲痛了，是的，她该释怀了，这件事既然已经过去了，为何还要揪着不放呢？世界万物都有生老病死，只不过是时间早晚罢了。女孩轻轻合上这本相册，她摸了摸小猫的脑袋："谢谢你……"

春风吹了进来，纱帘被吹得飞了起来，樱花的花瓣吹进了屋里。"当——当——"远处传来的钟声将艾米丽的思绪拉了回来，她睁开眼睛，腿上依旧放着那本相册，与之前不同的是，书上写着：米米赠给艾米丽。不知她看到这七个字没有……

又是一年春来到，樱花花瓣依旧飞舞。小猫依旧在花瓣丛中玩耍，不知道下一次开启这场奇妙旅行的又是谁呢？

人恒过，然后能改

林彦佑　福建漳州实验中学八（1）班
马　娟　指导老师

伴随着轻盈的歌声，台上的戏曲演员步步生花。眼前弥漫着层层薄雾，戏腔婉转，古韵悠悠，天青色的记忆如梦似幻。

外公在年轻时迷上了戏曲，从此一发不可收。他常说："那时，下了班，泡杯茶，骑上自行车，就往镇上赶。"外公日日守着他的戏曲，可时光如梭，戏曲渐渐没落，淡出了车水马龙的城市，淡出了人们的视线，曾经那些婉转悠扬的曲调很多都消失殆尽了。外公自此整日待在小院，与夕阳相顾无言。

自小时有记忆起，外公便常常伴随在我的身边，陪伴我成长，耳闻目染下，我也对戏曲略知一二，却一直称不上有兴趣。在传统非遗进校园的活动中，老师让同学们好好准备有关非遗的演讲，限时一个月。听此消息后，我心中略有不屑，觉得自己的戏曲知识丰富，对此事并不上心。与我不同,同学们则是大张旗鼓地准备着。

深秋的太阳从天边升起,天空泛起了鱼肚白,非遗活动要开始了。老师让每个学生轮流上台,讲述自己眼中的非遗,轮到我时,我气宇轩昂地走上讲台,向众人讲解起了戏曲中的生旦净丑:"戏曲有着深厚的文化底蕴和艺术内涵。在其源远流长的发展历史中,从文学、表演、音乐、唱腔、化妆、脸谱等各个方面,形成了一套互相制约、相得益彰的程式,也构成了其独有的美学文化,而生旦净丑的划分也是十分重要……"约莫过去了十分钟,我完成了讲解,鼓掌声响彻云霄,但座位上有一个人不同寻常,他没有鼓掌,像是做了某个重大的决定,高高举起手,对我说道:"不对,生旦净丑的颜色划分你给说错了,应该是……"他的反驳让我下不了台,额头开始冒汗,心中仿佛悬挂着一颗满是裂痕的玻璃球,轻轻一碰就会碎掉。我支支吾吾地答道:"我……我也知道……只是说反了……而已。"同学们在底下小声地议论,老师让同学们都安静下来,给了我台阶,让下一个同学继续演讲。

结束后,老师让我留了下来,询问我真的是说错了吗?老师的威严让我不敢说谎,自尊心作祟,我也不想承认,索性不回答。老师一眼就看穿了我的心思,告诉我一个道理:"承认不知道,承认不会,承认自己的错误,并不可怕,你自己好好想想吧,下周再给你一次机会让你演讲。"我如同重获自由的小鸟,向老师道谢后飞奔出办公室。

我把这件事情跟外公说了,外公先是训斥一番,但心底也明白,为什么我会来找他,向我讲解起了戏曲的内涵,直至此时,我才发现自己的孤陋寡闻,态度变得谦逊起来,认真准备下周的演讲。

这一次,我做了充分的准备,我重新站上讲台,向同学们介绍起戏曲。演讲完毕,教室里满是掌声。我走下了讲台,回头望去,老师向我微微点了点头,似是很欣慰。

背着书包走出教室,我如释重负,天边的霞光渐渐淡下去了,最后,一切红光都消失了。我抬头向天空望去,启明星是那么大,那么亮。

再听戏曲,心中不再无趣,而是百感交集。

以学为德，奋斗无愧

陈乐萌　上海进才森兰实验中学七（1）班
张　荣　指导老师

晨钟暮鼓，警醒众生，古人的教诲，如洗涤灵魂的钟声。那些令人自省的话语，是那样朴实而又深刻，我需加以琢磨，才能悟得其中道理：以学为德，修身无愧。学无止境，知无边界，有学，有识，而后知不足，而后能自省，而后能自强。以学育德，方能无愧于天地。以学奋斗，方能无愧于己心。

学不可废，知不可弃；以学为德，奋斗无愧。

时光逆转，指针指回到儿时参加诗词比赛的那一刻。额头上满是如珍珠般饱满的汗珠，一颗连着一颗，想象中，我应该是光彩夺目、自信耀眼的，此时，却是如此狼狈不堪。一句句被砍半的诗词，一次次落空的回答，一回回似答非答的绝望，让我原本坚定的心变得沉重。知识量不够的我明显掌握不了历史底蕴深厚的诗词。站在台上的我，与其他满腹经纶的选手差距甚大。眼前诗词比赛留给我的，只剩内心的失落和绝望，只剩评委老师面面相觑的凝视。鲜红的幕布下，明亮的灯光中，我脸上滴滴汗珠清晰可见。我不禁愧疚地反问自己："能力不行，又没有获奖，真的应该来参加诗词比赛吗？"

"各位选手、领导们，我们下次再见！"终于，这场让我出尽洋相的比赛要结束了，我也如释重负。可脸上的"珍珠"却悄悄流进心里，滴滴答答……我开始思考学习的意义——"学习真的有用吗，可为什么我学了，也还是记不住诗词呢？"

忽地，前方亮起微弱的光，伴随一句轻语："孩子，你怎么了？"我羞愧地抬了抬头，又很快地低下头。老师好像一眼就看穿了我的怯懦，开始向我讲述起古代学者的故事:"孔子韦编三绝,成为一代圣人;宋濂跋山涉水,获得大儒称号;杨时程门立雪,终成理学大家;曹雪芹披阅十载,写就传世名著《红楼梦》……这些矢志不渝的学者型人物,都要经过心无旁骛的奋力拼搏,才能在知识的海洋中游弋自如。他们以学为德,以知为荣,以知为乐。而他们就是现在的你们,唯有勇敢面对自己的不足,永远以'学'的姿态去奋斗,不废学,不弃知,方可领略到知识之峰的峰顶风光。"

"是啊!我独自遨游于书海,须知持以奋斗方可成长,何必困于一次失败?"老师的一番话如古老的钟声惊醒了灰心丧气的我。我恍然大悟。爱因斯坦曾说,他没有特别的才能,只有强烈的好奇心。学习是一个不断探索、不断发现的过程。我不能因为自己知识储备不足而自卑,更不能因为自己的一知半解而自满。只要是在学习、在奋斗的路上,便无愧于天地,也无愧于自己!

我回想起比赛前夕,那夜夜奋战的背影,也想起《师说》里那句"士大夫之族,曰师曰弟子云者,则群聚而笑之",意思是士大夫这类人,听到称"老师"称"弟子"的,就聚在一起嘲笑人家。想到这里,我懊悔不已,想起诗词赛上的我,不关注自身进步,却为其他人的成功感到不快,实乃不德!

邹韬奋先生曾言"我们当以不学为耻,不必以不知为耻",警言缓缓流淌在心,我想,学无止境,我不会比现在更无知,而会比现在更努力。这样又何尝不是一种成功呢?

暗昧处见光明世界

林芷妍　福建漳州实验中学八（1）班
马　娟　指导老师

1

书海、阳光、白纱帘，以及空白的演讲稿。

"暗昧处见光明世界……"我倚着图书馆的书柜蹲下，烦躁地翻动着手里的摘录本，一目十行地看着，却一行也看不进去。一束阳光从窗帘的缝隙洒下，直直照在那张一字未动的稿纸上，窗外丽景明朗，我却只觉得这白日青天晃眼，头晕脑涨。

我决定闭目养神，忽然一只手碰了碰我的脸，随后把指尖夹着的便签塞进我怀里。我睁眼一看，便签上眼熟的字迹映入眼帘：在为演讲的事发愁吗？我抬起头，发现当事人正从一旁的书梯上下来，笑眯眯地垂眸看着我。光正好斜打在她的脸上，我一时没想起她是谁。应该是某个好朋友吧，乱成糨糊的脑袋说。

2

她陪着我又在书柜旁歇了一会儿。等理智重新占领高地的时候，我带她走到了我空白的演讲稿旁。她又轻声问我遇到了什么麻烦，我急需一个宣泄口，于是一五一十地把烦恼倒出来："是啊是啊，老师让我参加最近那个演讲大赛，我也有这方面的意愿，就一口应下。参赛的选手都很厉害，我突然有点怕。直到动笔，我才发现自己想写的不敢写，想说的不敢说……我尝试借别人的话表达，却又把自己绕进去了……"

"那就按你自己的语言来。我相信你足够优秀。"

她还是带着笑，很坚定沉稳地回应我。我愣了很久，从没想过自己能得来这样一句肯定，直到觉得眼角发烫，我才重新鼓起勇气，提笔落笔。她从书架上抱来一叠书，在我身边安静地看着，随手记下些能帮到我的句子，再用便签递给我看。窗纱被风吹得扬起，放任更多的光在书桌上肆意逃窜，照得几张便签明明晃晃，温温亮亮。

那之后，我时常在图书馆的角落遇见她，我便将我的演讲稿给她看，她总是仔仔细细地看完，对着我大夸特夸，随后再细细地指出一些有待改善的地方。出乎意料的，她和我的思维出奇一致，一致得像是同个人，只是我始终记不住她那张熟悉又陌生的脸。

相处久了，好像我也变得和她一样爱笑了。

3

在那位不知名朋友的帮助下，我的演讲稿越来越完善，演讲技巧也日益进步。回头看看，才发现原来我已经挺过了最难熬的一段瓶颈期，接下来需要的，就是打磨情感和技巧了。她还是陪着我，在我演讲完毕后鼓掌，在我修改完毕后赞许。

演讲比赛就踏着一次次掌声和欢笑如约而至。

"……有请选手上台！"

我深深呼吸，心跳随台下的掌声渐渐平息。扬起嘴角，我终于像她那样地笑。我最后一次想起她的眼睛和掌声，踏上舞台，开始演讲。

临近结尾，我忽地想起在遇见她前的那句话。"暗昧处见光明世界，此心即白日青天。"我坚定地、笑着念出这句话作为结尾，一如那日的她。

4

鞠躬，掌声如雷。我终于如愿以偿地取得了好名次，但那在现在看来好像不那么重要了。我回到图书馆，意料之中，我看到了她坐在那里的身影。

微风掀动白色窗纱，阳光直照在她身上，映得她手里的花像金子一样熠熠生辉，我终于、终于看清了她的脸——

她是另一个永远笑着的我。

5

微风翻动书页，白纸上印着一行黑字：
暗昧处见光明世界，此心即白日青天。

故 事

崔畅轩　北京仁和中学七（10）班
张　艳　指导老师

男孩托着下巴，向窗外看去：有面颊消瘦的老爷爷推一推金丝边眼镜，品茶看书；也有留一头花白长发的老奶奶摇着扇，看着暖阳下晒着的金灿灿的花；溪流旁，男孩女孩们嬉闹欢笑。

两天前，母亲为缓解他的焦虑症，领他来到乡间外婆家。他们来到一个平房前，母亲轻敲门，一个瘦小的老奶奶走出来，双眼炯炯有神，眼皮却不争气地耷拉下来："你们来啦？"母亲点点头，她拍拍男孩："在这里你什么都不用想，好好享受生活。"

怎么享受生活呢？这里的一山一水、一草一木于男孩所观，只是大片的蓝、黄、绿——如此单调。蝉鸣扰乱着他的心绪。生活往复如常，他懒得去感受。

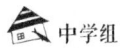

"孩子，你要是没事，傍晚时去外边转转吧，那时天很凉快。"外婆端来西瓜，西瓜切成了可爱的小三角，冒着凉气，火红的瓤沁出滴滴汁水。

这些天，男孩的生活只剩下外婆。他每天睡到日上三竿——外婆从不叫他。外婆常做大鱼大肉，男孩表现出拒绝后，她立马改做清汤素面。每当男孩沉默不语、消沉寂寞时，她便会讲笑话来博得男孩一笑。外婆很听他的话，所以他也决定听外婆的话，出去走走。

他兜兜转转，行一书店前，停下了。门旁立一木牌，用正楷刻着"花书店"三字。不错，门旁绿藤上开满了大大小小的花。

一个女孩探出头："欢迎光临！"

他默默穿行于书架间，行至一架前，用手轻抚着书架上被擦拭得反射出光泽的书：《西游记》《水浒传》《骆驼祥子》……都是他看过数遍且极大众化的书。他随意抽取，坐下阅读。随后的日子里，他常来书店，也许是为了打发时间，也许是想让外婆安心……

有时，他看到一只蚂蚱、一群蚂蚁，都会羡慕起它们的欢愉自在。

那一天男孩照常去书店看书，他随意翻找，并没抱多大的期待。一本旧书吸引了他——书皮已软烂，书名模糊不清，好奇驱使，他翻开第一页，是一行工整的楷书：

我们常为生活担心、犹豫、恐惧，与其在十字路口徘徊，不如鼓起勇气迈出第一步。

这句话，男孩不甚在意，却一直萦回在脑海，挥之不去。那天男孩照常从书店回到家中，却看到外婆晕倒在地，呼吸急促，脸色煞白。男孩一下大脑空白。

不能倒下！

男孩深吸一口气，飞奔出门，狂拍左邻右舍的大门，大声呼喊："救人啊！救我外婆！"他开始喘不上气，可他还是拍；冰凉的汗水浸湿他的衣裳，可他还是拍；他的胃翻江倒海，可他还是拍！邻居们纷纷奔来，他奋力指向家中："那边……快！"有当过护士的冲出来给外婆做心肺复苏，男孩连忙给医院打电话："我外婆晕倒了！主要症状有……地址在……"

不一会儿，救护车赶来，外婆苏醒了，男孩大口大口地喝着水，见外婆醒来，喜极而泣。外婆看着男孩，虚弱地说："孩子，你的鞋带都开了呀。"

外婆怕母亲担心，不让男孩告诉母亲。男孩为照顾外婆，不再去书店。他五六点便起床给外婆熬药、喂药。像外婆照顾他一样，他常切水果给外婆吃——并努力切出可爱的形状。他不会讲笑话，便读一些课文给外婆听，他读得磕磕绊绊，外婆听得认认真真。

有时，他望向窗外：暖阳碧叶，池鱼鸣蝉，青绿远山……这一切似乎倏然都变得可爱了。

外婆大病初愈，男孩再次来到书店。他想起那本旧书之言，亲切得很。寻找许久却未找到。

"那书前两天被一个城里人买走了，他也找了这书很久。"女孩踩着书梯整理书，"欸，你外婆身体大好了，看样子你也好多了呢。"

男孩翻找书的手停滞了。那时，他眼看外婆那样痛苦，心里只一件事——救外婆。他害怕失去她，害怕没有她的日子。也许因为外婆为自己倾注了浓烈的爱，而自己也因这爱而勇敢。

风轻轻吹来，拂起少年头上乌丝。一片葱翠树叶落于男孩手中书上，叶落那一行，他写下：我不能控制疾病，但我不能让我的疾病控制我。

男孩不知乡间生活是否有治愈功效，但，爱，一定可以。

学问遑论多少　不知不必为耻

郑睿熙　广东碧桂园学校AP项目901班

孔子在《论语》中曾曰"知之为知之，不知为不知，是知也"，意思是知道就是知道，不知道就是不知道，这才是真正的智慧。邹韬奋先生也在《无若有》中说过这样一段话："我们当以不学为耻，不必以不知为耻。"也是一个意思——生而为人，我们应该以不学习为耻辱，而不是以不知道某个事物、某样知识为耻辱。

诚然，大千世界，宇宙万物，古今历史，作为人类，我们的确太过渺小，连罗素先生都说过："虽然有科学上的种种成就，但我们所知甚少，尤其是面对无限广阔的未知，简直可以说是无知的。"然而，许多人虽然知道这一道理，但是能坦然承认自己不足的，却不多。

知之为知之，无论学问的多与少，只要学习了，本身就是一份财富。而相反，把自己身上不了解、没有的学识强说成自己拥有的、擅长的，不光不会长脸，反而可能闹出许多笑话。经典的寓言《滥竽充数》里所说的就是这样的故事，战国时期，南郭先生混在乐工队伍里，跟着大家一起给齐宣王吹竽。可笑的是，这位南郭先生根本不会吹，只是在那里摇头晃脑，东摇西摆地装模作样，不懂装懂。后来，齐宣王死了，齐湣王继位。湣王同样爱听吹竽，只有一点不同，他不喜欢合奏，而喜欢乐师一个个单独吹给他听。这下南郭先生害怕了，赶紧溜走了。知之为知之，无论是一门本领，或者一门学问，简单的字眼背后，蕴藏的往往是深厚的道理，没有一定的能力水平，不懂装懂，是很容易闹出笑话的。无独有偶，《警世通言》记载过这样一个故事，说的是苏轼拜谒王安石，在其府上看到两句诗，"西风昨夜过园林，吹落黄花满地金"。苏轼想当然以为菊花在深秋盛开且耐久，怎会风吹花落"满地金"？于是添了两句,"秋花不比春花落,说与诗人仔细吟"。一日秋风过后,苏轼看到自家后园菊花花瓣散落一地,想起当初不懂装懂耍小聪明给王安石续诗,不禁心生懊悔。因为不懂装懂而闹出笑话,苏东坡的故事引人深思。学习是老老实实的事,勇于承认自己有不懂的地方,坦诚对待自己的所学所知,不在学识不及自己的人面前狂妄自大,也不滥竽充数,这是一种谦虚的美德,本身就是认识上的一种进步。而对于我们学生而言,不光要知道,一个人只有不矜不伐、不骄不躁,学品才靠得住,人品才立得稳,更要知道,在学习的过程中要保持谦虚、谨慎两种态度,敏而好学,还要用自己所知道的一切,不断地去做出努力,做出贡献,努力为祖国奉献自己的光和热。

  不知为不知,不必以不知为耻,因为未来是探索出来的。大思想家孔子,曾弯腰承认自己的无知,向七岁小儿学习请教,并感慨:"三人行,必有我师焉。"走在追求真理的大道上,爱国诗人屈原也发出"路漫漫其修远兮,吾将上下而求索"的感叹。京剧大师梅兰芳拜齐白石为师,时常为白石老人磨墨铺纸,自始至终执弟子之礼。时代的浪潮中,多少伟人都坦然承认了自己的"无知",而多少伟人,又是因为"无知"才有了新的成就。发明大王爱迪生因为年少时期内心的一个个猜想,不断探索尝试,最终成为发明家;伽利略因为不明白吊灯为什么摇晃而独自摸索,最后发现了单摆运动原理。足可以见,无知非但不可耻,还极有可能是成功埋下的基石。

  掀开人类的行进史,从远古到现在,再到将来,都是人们对周围事物由"不知"到"知"的逐步完善的认识过程,过去如此,将来也是如此,人类的发展尚且如此,更何况我们作为人类个体,既要靠有知来发现,更需要带着"无知感"去开辟未来。流水潺潺,时光不语,洪流滚滚的浪潮中,唯有胸怀求知,真诚而坦率地面对不知,才能实现进步和跨越,无论是时代,或是我们,都是如此。

何惧沧海一粟

范嘉琪　云南个旧中学七（9）班
田　茜　指导老师

也许是秋天的太阳过于火辣热情，晒得枝头的果实都羞红了脸；也许是袅袅秋风过于温柔缠绵，拂得枝头的叶子心花乱颤，只想匆匆奔向亲爱的大地母亲。哼！可不能让路上的美景牵绊住我们，我们甚至开始暗暗较劲，脚下的步子越迈越快，只为快点儿到达我们的"神秘屋"，抢占今日先机。

我们一路上你追我赶，踩着终点线冲刺一般地冲进了"神秘屋"。"嘘！"我们对视了一眼，继而一同噤声，目标明确地径自走向自己的宝藏。敏敏最喜欢的是《名人传记》和《中外神话故事》，而我心之向往的是那些科幻系列的外太空探索……你看！敏敏在抬头仰望着高处，不一会儿，善于动手动脑的她居然搬来了一架木梯，开始爬向高处，精心挑选她今天的"口粮"。我可顾不上那么多了，急匆匆地抱着今天的"精神食粮"就地坐了下来。

诱人的书香一下便将我紧紧包裹住了，我瞬间被拉进宇宙太空之中。我闯入这片无边无际的华丽黑幕，映入眼帘的不仅有明亮如钻石的星星，还有颜色艳丽、形状多种多样，如羽毛般轻盈的星云。它们不甘示弱地散发着各色光芒，像一幅绚丽多彩的宝石画。这目之所及的无与伦比的美丽让我彻底呆住了，只隐隐约约记得著名天文学家卡尔·萨根曾说过这样一句话："宇宙中的恒星数量甚至比地球上沙子的总和还要多。"前一秒我们还在感叹巨大的太阳，后一秒我们就对着史蒂文森2-18哑口无言，以人类目前的科技水平，观测范围已经达到930亿光年，而这个范围可能仅仅只是浩瀚宇宙的冰山一角。我真想看得更多，看得更远啊！我在书里一遍遍反复地咀嚼着航天人的故事，我们的宇航员们太空出征六个月，奔赴星辰大海，他们带回来的是"宇宙级浪漫"和"世界级惊艳"！我多么想换个角度好好看看我们的蓝色家园，我多么想围观一下史蒂文森2-18的巨大，我多么想感受一下失重状态下的太空漫步。我想着万物星辰的无比浩大，一下子衬得自己好像无比渺小。思索间，我不经意地看了一眼窗外依旧在风中摇曳、沙沙作响的树叶。突然发现，楼下那只调皮的小花猫早已悄悄地向我探出了巨大的猫头。没错！天生反骨的顽皮猫咪今天居然反常得乖顺了不少，让我不得不究其原因。原来，它探出毛茸茸的大脑袋，就是为了把我手里这本遨游太空的书看得清楚些！它圆溜溜的大眼睛一眨不眨，只管死死盯着我手里的书。可能它也被星辰大海所震撼，早已入迷得和我一样无法自拔了吧？

　　书籍带给我们的震撼可不仅限于此。苏轼在《赤壁赋》中叹道，"寄蜉蝣于天地，渺沧海之一粟"。世界之大，确实是让我们倍感渺小。但我们可以借书籍来"仰观宇宙之大，俯察品类之盛"，书籍可以让我们无拘无束地向阳而生，又何惧沧海一粟？书，是人类进步的阶梯；书，是屹立在时间的汪洋大海中的灯塔；书，是全世界的营养品；书，是我们最好的老师。我家位于彩云之南的山巅之上，我每天晚上仰望浩瀚的夜空，总能想起自己读过的书。我与书中那些伟大心灵对话，我爱书里的自然万物，我在书里早已游遍祖国的大好山河，我在书里紧紧拥抱每一位伟人。我对书籍宣誓：我定能乘着书籍的翅膀，飞跃大山，亲吻拥抱这美好的世界！有书如此，何惧沧海一粟？

书中奇遇记

叶亦奇　上海虹桥中学八（2）班
王静怡　指导老师

暑假的一天，我正百无聊赖地躺在床上生闷气，手里随意地翻着一本新书，但书的内容却一点都没有看进去。而缘由呢，自然是我父母出门了，但把我最爱的手机、电视遥控器全带走了。越想越气的我不知什么时候就睡着了。

我再次睁开眼时，一片巨大的绿色的"森林"映入眼帘，我感到十分奇怪——我不是在床上看书吗？这是哪里？这时，我低头看了一眼我的"手"，却发现不仅变得毛茸茸，而且形态一点也不像人的手，反而有点像——猫的爪子。我慌张极了，赶忙跑到"森林"边，那儿刚好有一个水潭，我也看清楚了自己的样子——我真的变成了一只猫了！我一时之间有些不知所措。就在这时，我听到周围好像有个声音在说："猫先生，请问您能把脚拿开一下吗？我的东西被您踩住了。"

我左右环视了一下，并没有看见任何人。"在您下面呢。"那个声音又弱弱地说了一声，我低头看去——竟是两个很小的人，一个小男孩和一个小女孩，两个人抬着一个梯子，正准备赶路呢。我奇怪地问了他们一声："你们为什么要搬着一个梯子走啊？"小男孩笑着回答我说："因为我们要去森林那边的书墙读书，但是书墙上有些书太高了，我们得用梯子才能够得到。""读书？你们为什么不去玩游戏呢？这不比读书有趣吗？"我感到有些奇怪地问。小男孩和小女孩都看到了对方眼中的惊讶，有些讶异地说："猫先生，书里的故事可是十分有趣的。"我感到十分怀疑——我读过书，不就是枯燥的知识吗？哪里有什么趣味？男孩见我十分怀疑的样子，赶忙说："我知道您可能不太相信，但请您跟我们一起来，我可以让您理解读书的快乐。"我将信将疑地跟上他们。

我们绕过了一条沟壑，突然眼前出现了一片苍茫的大草原，西汉大将军卫青正在策马扬鞭，奔赴战场，他的眼神中全是坚毅的光芒，"匈奴未灭，无以家为"，那震耳欲聋的誓言，更加凸显出卫青保护百姓，驱逐匈奴的坚定信念。

马蹄扬起的烟尘散尽，突然看到一个落魄的中年书生迎面走来，口中念叨着："国破山河在，城春草木深……"那不会是诗圣杜甫吧，写下这首《春望》的时间，是在安史之乱后回到长安时，难道眼前就是大唐都城吗？往日的繁华早已不见，只剩下残垣断壁，原来大唐就是从这里开始由盛转衰的啊。

转眼间，断壁残垣幻化成一座小亭，似乎听到低声吟唱，"三十功名尘与土，八千里路云和月……"猛抬眼，"风波亭"三个字赫然在目，那铮铮铁骨、昂然而立的正是岳飞大元帅，虽怀满腔热血与精忠报国、收复失地的决心，却被高宗和秦桧所害，愤慨不平，将报国之心皆凝为此首《满江红》。

忽然景色一变，一片沙滩上，一个坚毅的官员像山一样矗立，随着他的一声令下，工人们将一袋袋鸦片投入池内。他死死盯着那石灰池中冒起的白烟，他是那么的认真，那么的专注，他的眼睛不会漏过任何一个细节——因为那是让中国人深受迫害的罪魁祸首，"苟利国家生死以，岂因祸福避趋之！"中国文人士大夫的风骨尽在其中。

不知不觉，我们走到了"长城"，原来，它的砖就是一本本书籍，而把它们叠起来的，正是那一位位古圣先贤。我顺着梯子爬上书墙，回望一眼，一块块砖上镌刻了秦皇汉武，记载了多少兴亡成败。看当下，历史车轮滚滚，中华民族的文化连绵不绝；向前看，赤阳与红旗下是更加美好的未来。

梦之旅

彭江宁　江苏无锡金桥双语实验学校初中部七（6）班

这是一个非同寻常的图书馆。

它坐落在Y市最繁华的街市上，每天都有数不清的形形色色的人来来往往。然而尽管人流熙熙攘攘，却没有人注意到它，也没有人推开图书馆的红木大门。

这并非它不起眼的缘故。相反，它很漂亮。木制牌匾上龙飞凤舞地勾勒着"梦之图书馆"几个鎏金大字，框架上玻璃与红木的比例恰到好处。因为已经很久没有人来过，整座图书馆积了厚厚一层灰尘，为其增添了几分神秘感与厚重感。

林霁色在无意之间驻足于此。

他对书没有什么特别的情怀。他会停在图书馆门口，只是因为他平日里喂养的流浪猫蹿了进去。林霁色对这些经常会被部分人非打即骂的小动物有一种特殊的关怀。今天傍晚，这只拥有黄白相间皮毛的猫咪看着不太对劲，于是他一路跟了过来，这才稀里糊涂地注意到了这个往日里似乎不为人所熟知的图书馆。

他看着似乎还在轻微摇晃的图书馆大门，被飘下来的尘土呛得咳了几声。林霁色犹豫片刻，几度伸出手又缩回来，最后还是推开了古典的红木门。

入目的是一条长廊，两边墙上挂着精美的油画与国画。林霁色仰头看去，发现这些画多半以人物为主体。林霁色正对着的一幅水墨画上，就有一位一身繁琐汉服的玉面书生。他手持书刀，在竹简上雕刻着什么。

他出神地看着这幅水墨画，不知不觉之间，手就摸了上去，旋即一阵天旋地转。长廊灯火依旧,画卷墨色淋漓,只有林霁色凭空没了踪影。

林霁色此时置身于一间书馆内部。

馆内空间很大,但大部分地方都很空旷,只有两个书架,上面放满各式各样的书籍。一个身着蓝色牛仔背带裤的双麻花辫女孩,笑眯眯地坐在前台:"欢迎来到梦之图书馆的历史类分馆。"

似是在话音落后,她才透过镜片看清了林霁色的模样,她明显愣了一下,又肉眼可见地高兴了起来:"终于又有新面孔了嘛。"

林霁色寻找的橘猫好端端地躺在前台桌上,一个距离女孩很近的位置,慵懒地舔着皮毛。林霁色因为猫没事而放心下来,在心里暗暗嗔怪这猫有了新欢就不要旧爱。然后他正色起来,女孩的话语完完整整落进耳朵里。

女孩好像看出了他的疑惑,为他答疑解惑道:"我们梦之图书馆不同于其他图书馆,"她用这句很平常的客套话开场,但却莫名有说服力,"我的图书会说话。"

林霁色惊愕地皱起眉头。女孩也不在意他的怀疑,走出前台,不疾不徐地攀登上书架前面的矮梯。

橘猫轻轻叫了一声跟了过去,林霁色也出于好奇走上前来。

女孩挑挑拣拣,最后抛下一部竹简来:"接着!"

林霁色接住竹简,顺势蹲坐在书架前翻开这有几分重量的书简。出人意料的,两个人首蛇身的身影出现在林霁色眼前。

他们两个一男一女,长相都很俊美,都留着黑色长发。林霁色顿时联想到中国神话中的两尊大神:女娲和伏羲。

女娲和伏羲很随和,没有什么架子。尽管如此,林霁色却恭敬依旧。作为交换,女娲与伏羲讲述了人们至今没有了解的史前世界。林霁色也分享了华夏的变迁。

女娲和伏羲消失后,林霁色看向手中竹简。一面是女娲画像,一面是伏羲画像。

女孩还是笑眯眯的。她说,只要是历史中留下波澜壮阔一笔的人物,都在历史分馆内拥有肖像。千百年前的帝王将相、风流才子都会在这里出现,亲口讲述自己当年的故事。

"故事还是让当事人讲才比较准确。"女孩笑道,她说,代表历史馆的那幅水墨画上的汉朝男子,就是《史记》的作者,太史公司马迁。书里之人举行了民主投票,最后司马迁在万众期待之下成为了历史馆形象大使。

"现在明白为什么我说我的书会说话了吧。"

林雾色回去时,还在意犹未尽地回味着今天发生的事。他决定,他一定要再去见识一下其他分馆的奇妙……

知与无知

叶雅彤　意大利罗马中华语言学校七年级上册
杨雨霏　指导老师

在古希腊文化的黄金时代,雅典闻名遐迩,而苏格拉底被誉为雅典时期"最有智慧之人"。面对这样的赞誉,苏格拉底却以他特有的谦逊回应:"我唯一知道的,就是我一无所知。"这句话不仅揭示了苏格拉底对知识的谦逊追求,同时也与邹韬奋先生的洞见相呼应——世界上并不存在全知全能的个体,每个人都有自己未知的领域。而今天,我也想谈谈勇于承认无知,以及持续学习的重要性。

首先,承认自己的无知是对个人智慧的尊重。在古希腊哲学家苏格拉底的故事中,他因声称"我唯一知道的,就是我一无所知"而被誉为最智慧的人。这不是对自己能力的否定,而是对知识无穷无尽本质的认识。当我们面对未知时,勇于承认自己的不足,不仅是一种诚实和谦逊的体现,更是学习和进步的开始。正如苏格拉底通过提问法引导人们发现知识的真相，我们也应该通过承认不知道来开启探索未知的旅程。

其次，将"不知道"视为学习的机会是成长的关键。在教育心理学中，拥有成长心态的个体，倾向于将挑战和困难视为成长和学习的机会。当我们面对未知，不以不知为耻，而是将其看作是拓宽视野、增长知识的机遇，就能不断地扩展自己的成长边界。比如，爱因斯坦在上世纪提出的引力波假设，在前几年才被证实。科学家就是通过不断地假设、实验和验证，逐步揭开未知的面纱。这一过程不仅增加了人类的知识储备，也推动了社会的进步。

此外，社会对于勇于承认无知的态度也应该更加宽容和鼓励。在现代社会，人们往往过分强调成果和成就，而对过程中的探索和失败给予的重视不够。这种文化背景下，人们可能会因害怕失败和被评判而不敢承认自己的不足。然而，正如历史上无数伟大发现背后那些不断尝试和失败的科学家们所证明的，每一个成功的背后，都隐藏着无数的不知和探索。因此，社会应该更加鼓励人们勇于面对未知，将失败视为通往成功的必经之路。

最后，持续学习是面对未知的最佳策略。在知识经济时代，学习已经成为一种终身的任务。不仅仅是在学校教育中，每个人都应该在整个人生中不断探索、学习和进步。通过阅读、研究、实践和交流，我们可以不断地拓展知识的边界，提高解决问题的能力。正如达·芬奇所说："学习是头脑永远不会耗尽、不会害怕、不会后悔的唯一事物。"这种对学习的渴望和对知识的追求，是我们面对这个复杂世界的最佳武装。

所以我认为，勇于承认无知并将其视为学习和成长的契机，是一种智慧和勇气的体现。苏格拉底的谦逊和邹韬奋先生的观点提醒我们，面对广阔而未知的世界，我们应以开放的心态和不懈的努力来拓展自我。社会的进步需要这种勇敢面对未知、不断探索真理的精神。让我们以自我反思为起点，持续学习为路径，不仅仅是为了个人的成长，也为了给这个世界带来更多的光明和进步。最终，我们将发现，生命中最宝贵的财富不是我们已经拥有的知识，而是不断学习和成长的过程本身。

谦逊与勇气交织的探索之路

冒佳文　湖南益阳长春经济开发区初级中学2205班
郭若琳　指导老师

在深邃而富有哲思的篇章《无若有》中，作者以哲学家洞见未来的目光揭示了人类知识探索的内在航标：面对广袤未拓的知识疆域，我们应当怀揣对未知的敬畏之心接纳自身的局限性，并将这份谦逊转化为砥砺前行的力量。

这种对认知边界深刻且真实的认同，恰似北斗星辰，在茫茫黑夜中引领我们在智慧的海洋中劈波斩浪，昭示着每一片尚待揭示的认知大陆都是构筑人类理性殿堂基石的一部分。在这片既无限延展又界限分明的认知天地里，我们携带着那份内敛而坚定的勇气，手握照亮黑暗、解密真理的火炬，矢志不渝地跨越认知的边界，向着新知的彼岸奋力航行。

那些潜藏于心智地图边缘的未知领域，宛如浩渺宇宙中等待点亮的星座，召唤我们真诚面对，尊崇自我之无知，这是我们打开世界秘密宝箱的关键钥匙。这一过程不仅是对学术精神至高无上的礼赞，更是人类坚韧追求真理本源的真实写照。

装饰全知假象的华丽外衣终将在现实风暴的洗礼下消散无踪，因此，我们必须勇敢地褪去伪装，坚守真诚求索的精神堡垒，深入挖掘掩映于暗夜幽深处的知识宝藏，在生活舞台的广阔土壤上播撒智慧的种子，使其沐浴实践的阳光雨露，绽放出璀璨的生命华章。

在这场从懵懂迈向洞察的心灵长征中，我们需持续修复和完善认知框架的裂隙，通过系统性的学习、严密的研究以及实践经验的积累来拓宽思维视界，同时淬炼批判性思考和独立判断力，确保我们的认知航船在信息的浪潮中始终保持正确的航线。这份积极探寻真理、勇闯未知险境的决心与行动力，不仅塑造个体心灵的成长轨迹，更成为推动社会文明进步的原动力。

在现代语境下，"无知"被赋予了一种全新的内涵，它不再是停滞不前的象征，而是作为引导我们跨越知识鸿沟的向导。置身瞬息万变的信息时代洪流之中，我们应珍视并积极拥抱对待未知世界的那份谦逊与坚韧执着，将无知巧妙转化成孕育知识沃土的养分，发掘其中蕴含的无穷潜力。

当历经风雨砥砺，最终站在真知的巅峰之上，我们自豪地宣告："自无知的起点启程，经无数历练，如今矗立于智慧的顶峰。"那一刻，我们将实现从无知到真知的壮丽升华，让智慧的火炬在寻求真理的道路上熊熊燃烧，照亮前方的道路，传递智慧的火种，播种深远的影响，激励一代代探索者继续在无垠的知识宇宙中昂首阔步，勇往直前。

读 书

梁卓诗　广东广州六中珠江中学七（13）班

高尔基说过："我读书越多，书籍就使我和世界越近，生活对我也变得越加光明和有意义……"

读书打开了我和世界的窗口，我有点小自闭，除了读书啥也不会，感觉身边没有朋友。每个假期，我都会去图书馆里泡着，在安静的落地窗边，轻声地读着我手里的书。她就是那个时候出现的。

除了擦拭书架，打扫卫生，她最爱做的事就是隔着落地窗逗外面的小猫。也许是我读书的声音有点大，也许是书里的内容吸引了她，她与我攀谈起来。一开始，我还挺紧张的，从来没有人主动和我聊过天。从她口里我知道，她是被要求来图书馆里做义工的，她也想看书，但书里的字像螺纹让她头晕眼花，也许她有阅读障碍。怎么会有人有阅读障碍呢？她或者只是缺了一个读书给她听的伙伴吧。我决定读书给她听。

当我把自己的想法告诉她，她笑笑："算了吧，小书呆子，我们还是各做各事吧，图书馆可不许大声喧哗哟。"

"我一直很轻声的……"

那天以后，她依旧在图书馆里做着千篇一律的事情——擦拭书架、桌椅，打扫卫生……我依旧轻声地读着自己手上的书，只是把位置换到了她的身旁……

读着读着，身边的阴影越来越近，她凑近了我，问："你在读什么？好像很有趣的样子。"太好了，我莞尔一笑："它讲了一个小女孩从时间小偷手里夺回人类宝贵时间的故事。如果你喜欢我可以读给你听哦。"

"算了吧，我还没完成我的工作呢。"她犹豫了一会儿，"或者等我闲下来之后吧。"从此以后，她不忙时不再是无所事事地逗猫玩了，而是坐在我的身旁听我读书。

整个暑假，我每天都会在她负责打扫的区域读书，有时是散文集，有时是小说。她告诉我，她现在看字不那么晕了，但她更喜欢看绘本和漫画。我觉得这是好事，但我们阅读的目标应该是完整的文字书，我会雷打不动坚持给她当复读机。她腼腆地笑了。

日子一天天过去了，暑假就要结束了，她做义工的日子也要结束了，我以后只能周末才来图书馆了。我问她："回来读书吗？"她说："不知道……再看吧。"

开学后的几个周末我都没有遇见她，当我以为她真的不会再回来读书时，我又遇见了她。原来她在暑假结束时办理了借书证，借了一大堆大部头书籍回家看。"我还是读得有点困难呀，但我发现了一个听书APP，我可以一边听一边跟读，还蛮有用哦。"她微笑着说，"谢谢你，我想我已经不怕读书了，我曾因为害怕读书，读不了书而休学一年多了。现在我感觉自己好多了。"

听了她的话，我感到很不可思议。在此之前，我还真不知道有人会因为阅读障碍而休学。如果我没有与她相遇，没有给她读书，她是不是就会一辈子困在阅读障碍里呢？我从来没有想过读书也是件能帮助别人的事。在此之前，我以为自己除了读书啥也不会，原来，我也能帮助别人。

后来，我报名参加了图书馆的读书会义工团，终于可以尽情放心地在人群中大声阅读并结识更多的朋友。她报名了有声书义工团，参与把图书馆里的书转化成有声书，让有需要的人士可以借阅听书。

读书，打开了我们和世界的窗口。

会"看书"的猫

赵佳燏　四川宜宾兴文县香山民族初级中学2022级26班
吴秋鸿　指导老师

刚入春，春雨就紧随其后地悄然落下。春雨很温柔，带着温润的暖意，冬季的干燥寒冷已然褪去，雨声滴答。

小云一阵小跑，脚下的水肆意溅起，终于到了图书馆门口，雨不大，小云身上只沾了些水珠，她紧紧抱着一样东西。身后传来"喵"的一声，小云立刻转身蹲下："麻圆，你在这儿啊！"一只黄白小猫，从盆栽后探出身来，脑袋圆圆的，眼睛眨巴眨巴地看着小云。这个姐姐又来看书啊，下雨了，连把伞都不带，也不知道她这次有没有给我带吃的？麻圆在心里嘀咕着，小云却已经上手摸了摸它的脑袋，把怀里的一袋猫粮打开，放在地上。麻圆闻到香味才反应过来，大口大口吃了起来。

小云看着麻圆吃得如此津津有味，就先进了图书馆，麻圆流浪到馆内就成了馆里的吉祥物。小云一直在寻找她上次看的那本书和一些想看的书，可怎样也找不到，又一声"喵"，麻圆出现在她的脚边，小云用着一人一猫可以听见的声音，应付着麻圆："麻圆，我在找书呢，等一下再陪你玩。"麻圆仍旧固执地扯着小云的裤脚，姐姐是不是笨？我都这么明显，要带她去找书了，她怎么还没反应过来？过了好一会儿小云终于妥协："好吧好吧，就玩一会儿。"麻圆咬了咬小云的裤脚，往前走了几步，回头望了望小云，小云疑惑地跟着它来到了推车前，推车上第一本书正是小云苦苦寻找的那本，小云高兴不已："没想到麻园都会'看书'啊，还知道我想看哪一本呢。""笨姐姐，那本书上有你的味道。"麻圆又抬起它的爪爪，放在另一旁的书架上，小云看了看，都是她喜欢的书，十分欣喜，不禁怀疑麻圆是不是成精了。麻圆无奈，是管理员阿姨摆书的时候说，这种类型的书她都会放在这儿。小云不会猫语，也不会读心术，自然不知道麻圆是怎么想的，她只知道自她把麻圆从草堆捡来后，她就越发喜欢这个小家伙了。

雨停了，阳光斜射在桌上，沐浴在阳光里的小猫摊开肚子躺在桌上，十分惬意。麻圆悠悠地陪着小云看书，这种惬意的午后，麻圆和小云不知道过了多少次，他们早已习惯了彼此的存在。

天黑了，路灯亮了，小云又读书读到了很晚。管理员阿姨提醒她早点回去："天黑了，女孩子一个人在外面不安全。"小云也只是笑着回答："没事，王姨，这不还有麻圆陪着我嘛。"今天下过雨，晚上不免有些凉意，小云收拾好东西，准备离开，和麻圆道了"再见"。图书馆附近的绿植很多，加上天黑，阴森森的。一个黑影闪过，小云不觉加快脚步。这时，小云面前跳出来一个人，手持刀，脸上露出猥琐的笑容："小妹妹，看书看到这么晚，要不要我送你回家啊。"小云不禁一抖，说完，这个男人便向小云扑了过去，小云踉跄摔倒在地上，拼命逃离，却被歹徒抓住一只脚，刀正欲落下，一声"喵"再度传来，歹徒松开了小云，小云拼命地跑走。天很黑，那天的黎明很清亮又很凄凉，小云和麻圆都消失在了那场黑夜里。

又是一年春天，麻圆在图书馆外游逛，窗边有个小男孩在专心致志地看书，一个小女孩好奇地打量着男孩，问他看的是什么。男孩回答："我妈妈写的书，她写了一只会'看书'的猫。"听到这，麻圆顿了顿，将头放在窗上，饶有兴致地看着两个孩子。

樱花开满，被风带进室内，两个孩子并不知道有一只大猫正在窗外偷听——因为窗外仅仅只有一棵樱花树罢了。

韬光韫玉，磊落光明

杨浩葳　福建永安六中北塔分校八（19）班
胡　玥　指导老师

自古以来，圣贤之言，有云："吾生也有涯，而知也无涯。"夫世间万物，如沧海一粟，岂能尽知？况宇宙之大，无奇不有，孰能全知全能乎？故吾人当以韬奋先生之言为鉴，天下之事，有哪一个是全知全能的？故知之为知之，不知为不知，此乃光明磊落之态度，何须难为情？斯言也，足以警世。

司马迁受宫刑而著《史记》；鲁迅以笔为剑，揭露黑暗；任正非以大无畏之精神创华为新局。此三子者，皆非全知全能之人，然其志向磊落，光明正大。

昔者司马迁受刑而作史，所知有限，而道义无穷。夫《史记》一书，记载古今，剖析世事，其才情之高，学问之广，皆非全知全能者所能及。然司马迁尚且承认未知之处，坦然面对困境，此其磊落光明之态度也。

再者，鲁迅以笔为剑，刺破黑暗，亦非全能。然其思想深邃，见解独到。其所言所行无不彰显磊落光明之态度。鲁迅曾言："真的猛士，敢于直面惨淡的人生，敢于正视淋漓的鲜血。"其言也，足以警醒世人。

当代之任正非，智慧卓越，胆识过人，亦非全能。然其创华为事业，以科技强国为己任，以实业兴国为理想，吹响了中国科技反击战的号角。任正非铮铮铁骨的誓言感动万千国人："和平是打出来的，我们要用艰苦奋斗，英勇牺牲，打出一个未来三十年的和平环境。让任何人都不敢再欺负我们，我们在为自己，也在为国家。为国舍命，日月同光，凤凰涅槃，人天共仰！历史会记住你们的，等我们同饮庆功酒那一天，于无声处听惊雷！"此其精神可嘉也。

然今之时代，科技发展、信息传播迅速，或云"磊落"已难行其道。实则不然。君且看古有秦始皇焚书坑儒，其行为背离磊落的行事之道；近有汪精卫投敌卖国，落得千古骂名。由此可见，胸怀坦荡之心态于个人而言，是取得个人成长的基础；于国家而言，是社会和谐、行将致远的保障。

但如何才可谓"磊落"之行为？韬奋先生之言犹在耳："不必以不知为耻"。故吾辈当勇往直前，求知若渴，如司马迁、鲁迅、任正非一般，若遇未知之事，则当虚心请教他人，不耻下问，以求知为乐，或查阅资料以求解答。如此则可避免露马脚之尴尬，亦可提升自身学问。国家亦如此，以积极、正面的价值观，遵循公开、公平、公正的原则，保持客观、中立的态度对待各种事物。

君子坦荡荡，愿世人多读韬奋先生之言，明己之不足，勇往直前。愿世人皆能光明磊落，虚怀若谷，此乃吾辈之责任也，此乃韬光韫玉、磊落光明之态度也！

知之为知之

陶雨瑄　江西南昌第二十七中学八（11）班
辛　龙　指导老师

孔子云："知之为知之，不知为不知，是知也。"

真诚乃立人之本，恪守诚实之道，并以实事求是的态度对待学习乃至人生，是非常重要的。

然而，当今社会，自欺欺人、不懂装懂、自以为是的人不在少数，他们耻于下问，却要装出一副"学识渊博"的模样。这样的心态，使人们骄傲自满，无知感和求知欲悄然消逝，"不知"便以为"知之"，便是最可怕的"无知"。

学无止境，所以总有自己不知道的事物，因此才能看见自己无知的一面。孔子曰："盖有不知而作之者，我无是也。多闻，择其善者而从之，多见而识之，知之次也。"他认为，他优秀的成绩得益于他虚心好学，不耻下问。他对夸夸其谈、不懂装懂的行为深恶痛绝。

曾有一名青年疑惑于爱因斯坦称自己"无知"的言论，于是向他提问。爱因斯坦是这样回答他的，他先是在纸上画了一大一小两个圆，又说："我的知识接触面比你广，接触的未知领域便也比你广。"

法国数学家笛卡尔说过："愈学习，愈发现自己的无知。"人类的发展，既要靠"有知"来发现，更需要有"无知感"的有志者去开拓。

"知之为知之"，乃是对知识的尊重，对自己的尊重；"不知为不知"，乃是谦逊和敬畏的态度，勇于面对无知的勇气；"是知也"，乃是对真正的知识的定义。

在现代社会，随着信息时代的到来，我们获取知识的途径越来越多样化，但同时也面临着越来越多的诱惑和干扰。因此，我们更加需要坚持"知之为知之，不知为不知"的原则，保持一颗谦虚好学的心，不断求索和进步。只有这样，我们才能够在这个充满变化和挑战的时代中立足并不断发展。

"知之为知之，不知为不知"，这句话不仅告诉我们如何对待自己已经掌握的知识，也告诉我们如何对待自己的无知。在学习的过程中，我们应该保持一种谦虚的态度，既不要盲目自大，也不要过于自卑。只有这样，我们才能够在知识的海洋中畅游自如，不断发现新的宝藏。

在知识的海洋中，我们每个人都是探索者，时而浅尝辄止，时而深入其中。迷茫的时刻，我们要时刻谨记"知之为知之，不知为不知，是知也"。

谎　言

程子煜　天津第二十一中学701班

变色龙为了不被天敌捕捉而披上了多变的皮囊，这是它的"谎言"；竹节虫为了生存藏于枝叶之中，这是它的"谎言"；迷彩服为了隐于森林之中不被发现而色彩充满迷惑性，这是它的"谎言"……正义的谎言不必揭穿，可错误的谎言，即使是刻意隐瞒了，也会不攻自破。

一次月考，身在普通班的边松与好友作弊，只为了这次考试能上九十分。可好巧不巧，卷子里的题边松很多都做过，加上作弊，他误打误撞考进了年级前四，进入了尖子班。而那次作弊，他与好友都默契地没有再提起。

"恭喜边松同学考到了年级前四！转入我们（1）班！"老师的微笑加重了边松心底的愧疚，但是如今再去解释这个谎言，未免有些晚了。边松只好提着心开始了在尖子班的学习。

"一个月后会有一个奥数竞赛，经商讨决定由边松同学代表学校参加,也算是锻炼了。"老师两天后宣告了这个信息,如同一个巨石砸中了边松的心脏,他不自觉冒出冷汗。

"老师,我……我认为我的水平并未达到代表学校的程度……我……"边松一下课便抓着衣角小声对老师说,他也没预料到这个谎言会闹到如此地步,可他就是不敢承认,他怕看到白底黑字的通报处分和家长、老师不可置信的失望神情。

老师坚持让边松参赛,她说她相信边松。可边松不相信自己,也不相信这个谎言能创造出什么奇迹。

窗外枝丫疯长,日历也不可逆地翻到了竞赛那日。边松这一个月虽然也在拼命地补奥数,可他怎么也静不下来,内心总是过意不去。他时常走向老师办公室,想解释这一谎言,却每次都打了退堂鼓。他心里虽然万分后悔,可是终究还是把这颗悔心与谎言藏了起来。

坐在竞赛座位上,与题目干瞪眼的时间可不好过,可是秉持不交白卷的道理,边松还是用尽全部脑力,在交卷前一秒把题都写上了。一出考场,他的后背就湿透了,他知道,这个谎言再也瞒不住了,再怎么遮遮掩掩也无济于事了。

不久,边松被老师叫到办公室谈话,以往短短的走廊如今却看不到尽头,钟表的嘀嗒此刻也化为悲情的心跳声,世界转眼变为灰色一团,仿佛预示着噩梦的来袭。

"边松,这次的成绩出来了,与月考的表现怎么相差这么大?你怎么了?"

"老师……我……"看着老师关切的眼神,这几日的愧疚、后悔、担心全部爆发了。边松终于忍不住哭了起来,向老师告知了作弊的事情。

三日后,边松拿到了处分,回到普通班,那次月考成绩也作废了,他在学校的公开检讨中是这样说的:

"我忏悔我的行为,我不该在考试中作弊,也不该不及时承认我所犯下的错误,我应诚实,光明磊落……"

"谎言,本身就是请求事实来执行审判的钟声。"

不必以不知为耻

陈雨杉　湖北武汉华美实验学校704班
张兴武　指导教师

子曰:"敏而好学,不耻下问。"可又有多少人做到了呢?有多少人会去放下架子,向人求取知识。少之又少。而为什么现在的青少年会因为那所谓的"面子"不去寻求那些知识?我一直都渴望着这答案。

而在那天,我找到了答案⋯⋯

午后的第一节课往往是最困的,小鸟飞停在窗边,往教室里头张望着。同学们东倒西歪地坐着,可上课铃一响,同学们便调整了坐姿,老师们陆陆续续地走到后排坐下,一堂公开课便开始了。我坐在后排无力地听着台上的老师卖力地讲着。一题讲完,一名同学问出了一个问题,可这问题在我们心中似乎过于简单了,有几名同学也已笑出了声响,肉眼可见那名同学脸红一阵白一阵,等老师讲完后尴尬落座。而这件小事便成了我们的课后谈资,大家谈论着这个问题的"愚蠢"。同学们的嘲笑声落入那名同学的耳里,他无力辩解,可我们依旧笑着,最后他只能落寞地回到座位。此事过后,我便再没见着那名同学问过问题了。

等到过了几天,我有一次想到这事,恍然发觉,人们的嘲笑不就是为了打败那些"敏而好学,不耻下问"的人吗?一次次的提问,一次次的嘲笑,而那嘲笑不就是打击那些人自尊心的武器吗?我们又为什么要去嘲笑那些想要了解真相的人呢?就是因为我们的嘲笑,那些好问的人才会越来越少。一些人就是因为害怕我们的嘲笑,当老师问我们是否有疑问时,那些想问问题的人便会默默地把手放下。

之前,我便听老师说过:"问问题并不必感到可怕与耻辱,不懂装懂才是最为可怕的。"当时我还不能理解,为什么有人有问题却不提出来。现在我知道了，是因为一些人的嘲笑打击了好问的人的自尊心。之前好问的人因为面子，把心中的疑问积压在一起，导致有了越来越多的疑问——一切都只为了那所谓的"面子"。

我们不该以不知为耻，也不该嘲笑别人——嘲笑本身就是不对的。我们必须要知道：不必以不知为耻。

引路人

石胡杰　湖南宁乡长郡沩东中学2105班
陈　浩　指导老师

初入小学时我并不爱学习。上课，你能看见我将橡皮扯成好几块；下课，就看不见我的踪迹了。很多知识点我都没有学懂，却又碍于面子，不敢去询问。

久而久之，我落后了，母亲见状，沉思着。

一天，母亲送给了我一支钢笔。第一次捧起沉甸甸的钢笔，我并不会使用。好奇心让我摆弄了半天，却未写下一点儿痕迹。我以为这笔坏了，也可能是我不会使用，但我不好意思去问。

母亲让我试试用这支钢笔写字，我才支支吾吾答道我不会用。母亲走进房间，拿出一瓶墨水，一边吸墨，一边问我为什么不来询问。我没有回答。她一挥手，纸上就留下了优美线条构成的图案。

"只有拥有一肚子的墨水，才能有所用处，不知道就应当要表达出来，否则就什么也不能做，像刚刚的钢笔这样。"母亲第一次教育我，同我讲道理。年幼的我，尚未理解其中的含义。

时光流转，年龄随之增长，学业日益繁重。临近考试，我的心变得慌乱。上课有时心不在焉，看着同学一个个都明白了，我却落下了一个又一个知识点，复习题错了一道又一道，却又不愿面对。我变得不懂装懂，以掩饰自己内心的空虚。

直到考试才知道，我有这么多知识点没有掌握，才知道我是多么的无知。我想改变，却又没有勇气求助。

母亲察觉到了我考试前的散漫，考试后的低迷。她问我是想不再无知，还是想持续无知，我选择了前者。她问起我不愿改变的原因，我才坦白道："我好面子，怕提问显得自己无知愚昧。"

母亲温和地说道："爱面子是没有用的。昔日刘邦的落魄未使他放弃抗争，而是礼贤下士，虚心请教，最终战胜了项羽。'成大事者不拘小节'，面子是换不来前途的。"脑海中响起了电视剧里的那句台词："失败不可怕，可怕的是害怕失败。"学习，亦是如此吧。

我开始积极思考，提出困惑，学到了许多新知识，解决了以往的旧问题。有不会的，我询问老师，也会与同学共同探讨。求知，竟如此有意思。我不再碍于面子，而是主动去学习。无声中，我提升了许多。

当我挥着那极好的成绩单回家时，母亲笑着望着我，走了一步，又一步。

感 悟

程熙涵　意大利罗马中华语言学校八年级下册
吴恬恬　指导老师

我是个很倔强的人，遇到不会的题的时候，我并不会承认自己不知道，而是会固执地说："我知道，只是需要时间考虑而已。"这样回答已成为我的一个习惯了，因此我也遭了殃。

我能特别清楚记得我人生中的一个小片段，就是因为那个片段，我得到了一个很好的教训。

那天,我一如既往地在上课,突然被老师叫到回答问题,双腿不自觉地发抖,站了起来。当时我一时走神,并没有听清老师之前的讲解和问题,颤颤巍巍地请求能不能再重复一遍问题,意料之中得到了老师的一顿斥责:"喏喏喏,是不是没有认真听课!这些知识我讲给你们是为了你们好,你们还不知道珍惜……"她说完并没有准备放过我,而是继续叫我回答,我支支吾吾,说不出一句话,她仍然不肯让我坐下。我慌乱极了,冒冷汗,故意抓耳挠腮假装自己在思考,想到老师应该不会一直揪着我不放吧——而现实总是那么残酷,她并没有改变主意。

因为太紧张,当时的我做了个特别愚蠢的决定:编一个答案。我特别清楚我的回答一定会是错的,不过被老师严厉的目光牢牢盯着,是个人都会害怕啊!所以我就编了个看起来不太牵强的回答。我颤颤巍巍说了句:"《朝花夕拾》。"说完就后悔了,因为所有同学都开始哈哈大笑起来,上气不接下气的,甚至有的直接趴在地板上了,边笑边解释是因为笑得双腿没力气了才瘫倒的,简直离谱!

老师瞬间被气得火冒三丈,用力拍打着我的课桌,大声说道:"我们在讲朱自清,不是鲁迅!"我用手遮住了我那烫到要冒烟的脸,羞愧得无地自容。当我想挽留我最后一点形象的时候,就又被老师的一句"现在你给我坐下来好好听课,不然下课我叫你的父母过来听课"打回原形,只好乖乖照做。

当我终于熬到了下课的时候,我的同学纷纷开始阴阳怪气地打趣道:"朝花夕拾小姐,您是要回家了吗?"此时我只想赶紧逃离,迅速把书包收拾好,跑走了。

跑到走廊的时候,隔壁班的几个同学竟也打趣我道:"朝花夕拾小姐,这么着急是要去哪里啊?"他们能知道这件事儿我也不奇怪,因为学校的墙并不是很厚,所以老师在"审问"我的时候他们大概也都听到了。我赶快跑出了学校,一路上也听到了很多议论——一定是我们班的同学把这事给宣扬了出去。

这件事最后和平解决了，一切又恢复正常了，但是我变了——变得成熟了。从这件事情中，我悟到了一个会陪伴我一生的道理：在困惑面前，要勇敢承认自己不知道，不用感到羞耻或难为情，否则后果会更难以承担。《无若有》里的那一段话就是想要表达这个意思，不过承认自己不知道并不是一件值得骄傲的事情，承认了以后要尽可能去了解、去学习、去解决，这样才会有所成就。

第十三届"韬奋杯"全国中小学生创意作文大赛获奖作品集

小学组

万不可"不懂装懂"

汪彦伯　北京垂杨柳中心小学馨园分校四（5）班

赫连见，书院山长，专司国学讲授，在解读《论语》前，名不见经传。后偶有清谈相邀，鳣堂之上，赫连见口若悬河、滔滔不绝，激昂慷慨地解读了世所皆知的《论语》，国人研读逾二千年的《论语》被他阐释出了新要义。赫连见因此名噪一时。

一朝名扬，赫连见更是勤勉，教授弟子，他套用"论语"；兴家风，他引入"论语"；路遇摊贩，他也要引"论语"教化一番……后来，更是决意著书立说，一时间竟也有不少拥趸书肆捧场。赫连见对《论语》到底有没有真知灼见呢？天下儒生认为约是有的。有多少呢？这就见仁见智了。

话说赫连见蜚声文坛后，各大盛会竞相来邀。

一日赫连见赴会，此间各色人等云集，颇为热闹。与会者中有一伶人，久慕赫连见才名，求知若渴，遂问："敢问山长，先贤辛弃疾名词《青玉案·元夕》中有千古名句'众里寻他千百度，蓦然回首，那人却在，灯火阑珊处'，晚生不才，'那人却在'中的'那人'指谁人呢？"此问实乃循常，数百年间前人就此论说详实，可惜此问却正在赫连见学问之贫乏处，遂不能解惑。赫连见眼中慌乱一闪而逝，累于声望，他不允自己说"不知道"。遂定下心侃侃而谈："这个问题呢，写文章有数种方法。其一是白描写实，……；其二是抽象写意，……；其三，……"抑扬顿挫呶呶不休说了小半个时辰，直把众人讲得云里雾里，年龄尚幼的都开始困乏起来。倒是伶人，虽也被赫连见长篇大论论得昏昏欲睡，到底没忘了追问一句："山长，所以'那人'是谁呢？"众人一凛，这才想起赫连见所答何问，正要听个究竟，却见那伶人被近旁的司仪狠瞪一眼。原来这司仪十分伶俐，早看出其中关窍。可怜伶人只以为自己愚钝才未能开悟，再不敢问。

又一日，赫连见受邀讲授耳熟能详的古诗《悯农》。其中"锄禾日当午"描写"夏时除草"，这是稚子皆知的常识，却被赫连见解为"春季播种"。山长不事稼穑不懂农事，倒也不是不能宽宥，只是他不懂说懂，胡乱宣讲，就闹大笑话了。

寒日，赫连见府中闷坐，忽闻下人来报，称太学相邀，请山长前往讲学。世人皆知，设在京师的最高学府，是为太学，那是天子储备将来国之栋梁之地，群英荟萃、卧虎藏龙。赫连见几次窘境险中过来，虽面上从不肯承认，但心内还是颇觉狼狈。这太学学子三万之众，个个真才实学，此一趟怕是不好相与。但机会稍纵即逝，太学从不缺讲学之人。且过往能在太学讲学的无不是人中龙凤，赫连见觉着且走这一遭，或能跻身其中。一番利弊权衡，到底是应邀了。却不知这邀帖为太学中何人所发，显然罔顾众意。赫连见一直担心太学学子提问他，却是太多虑了。他甫至杏坛，此起彼伏的激愤声就掀了天："伪学，下台！"

"不懂装懂，下台！"

"胡攀乱扯，下台！

"下台！下台！下台……"

赫连见尚未开言，他跻身文化大家的愿望就折戟了。声望因太学学子讨伐一落千丈，从此文坛再不闻他消息……

赫连见本不至如此，遇到不懂的就坦承"不懂"，又有谁会苛责他呢？毕竟谁都不能万事专长。他效仿司马懿破八卦阵——不懂装懂，又有谁会同情他呢？赫连见喜解《论语》，却不知孔子早有言"知之为知之，不知为不知，是知也"。

大 橘

刘婧悠　上海和衷小学五（3）班
陈　香　指导老师

　　我是一只猫，是一只自由自在的狸花猫。没想到吧，作为一只猫的我可是比人都聪明，因为严格来说，我是一只人变的猫。

　　我为什么要变成猫呢？大概是我总是跟上天祈祷，下辈子一定要无忧无虑，每天晒晒太阳就好。

　　于是，我的愿望成真了。作为一只猫，我有了新名字——大橘。我其实不怎么爱这个名字，大橘这名字让人一听就觉得胖乎乎懒洋洋的。不过我确实不怎么勤快，我每天最要紧的事，就是趴在书店窗台上晒太阳。我这猫啊，没别的爱好，就爱闻这书页纸张的味道，特别是太阳正好的午后，书本间跳跃着阳光下晶莹闪烁的小灰尘颗粒，总有一种陈旧的美。

　　"叔叔中午好！"这时，有人推门进来，有礼貌地跟老板打了声招呼。

　　我慵懒地翻了翻眼皮，这年轻的有朝气的声音总是在下午一点左右出现在书店里。我认得这小男孩，他每天都来，阴雨天也从不缺席。他爱极了读书，似乎是中午放了学，匆忙吃上几口午饭就跑来了书店，一待就是一下午。因为我总能看到他的衣襟上沾着米粒或是青菜叶。

　　对了，"大橘"这个名字就是他给我取的。他除了书以外最爱的应该就是吃蜜橘，他的兜里总会揣着两颗橘子，隔着几米远，我都能闻见他身上的橘子香气。他有时候会在书店外面的长椅上一边剥橘子吃一边跟我聊天，他应该是不知道我听得懂人话的，不然怎么会把自己考了不及格然后小心翼翼地把试卷藏起来这样的秘密也告诉我呢？

小孩子就是小孩子，总有些调皮的鬼主意，他喜欢剥橘子皮的时候，仔细地剥成一朵花的形状，然后扣在我的头上，说是"小花帽"。刚剥出来的橘子皮湿答答的，还会弄乱我的发型，不过真奇怪，对着他我总生不出气来。

　　傍晚时分，小镇里的夕阳总是美得不像话，把天空的尽头染成调色盘的模样。小男孩回家了，留下我自己盯着地上的小花帽发呆。

　　这顶小花帽，从前也是戴在他的头上。他从小就喜欢吃橘子，外公总是把橘子瓣一颗一颗放进他的小嘴巴里，吃完了橘子还要奖励乖外孙一顶"橘子皮小花帽"。那时候他还不太会说话，"嗲嗲"这两个字叫得含糊不清，后来他会说话了，我却老了。现在小不点长大了，我却再难有机会听到这两个字。

　　我为什么要变成一只猫呢？除了我的祈祷，我想大概是为了能陪他再久一点，哪怕是作为一只叫作"大橘"的猫，能看着他笑得开心，看着他跑得更远，我就是全天下最幸福的外公。

图书馆的舞会

华　暄　上海嘉定区实验小学五（9）班
黄芊芊　指导老师

　　"吱嘎——吱嘎"，图书馆厚重的木门被轻轻地推开了，探进来两个小脑袋。一男一女两个小孩缓步走了进来，他们礼貌地跟猫咪管理员打了声招呼，便迫不及待地爬到高高的书架上，一本一本地翻看起来。

　　从薄雾氤氲的清晨到日暮西沉的黄昏，两位小朋友不知疲倦地看了整整一个白天。可看着看着，他们眼里期待的光慢慢地暗淡了，眉头也一点一点地皱起来。"鸢，书里真的没有我们。我们没有家，难道我们要一直这样流浪吗？"小女孩急得都快哭出声了。一旁的小男孩也无助地呆坐着，满脸沮丧。

"你们怎么了？需要我帮忙吗？"猫咪管理员关切地问道。小男孩怯生生地说："猫先生，我叫'鸢'，她叫'葭'。我们俩都是生僻字，从未出现在您收藏的书中，所以我们一直无家可归，只能四处漂泊。"小女孩努力地抑制住眼眶中的泪水，继续解释道："每当我们看到'的、地、得'频繁出现在藏书中，拥有好多家时，我们十分羡慕，我们也想拥有一个家，结束这苦难的流浪生活。"

猫咪管理员侧着头，耐心地听完他们的描述："原来是这样啊，别着急，我有办法。每天晚上十二点，我的图书馆都会举行一场汉字舞会。舞会上，汉字们会载歌载舞，尽情地跳，跳着跳着，他们会编成一首新诗，组成一篇新故事。今晚，你们也来参加吧。"

"当——当——当……"午夜欢快的钟声响起。伴随着悦耳的音乐，书架上的书一本本缓缓地打开，汉字们蜂拥而出："狂""奔"急不可耐地跃出书本，跳到地上；"徐""缓"婷婷袅袅，信步走出，飘然而下；"吼""唱"扯着嗓子，呼朋引伴；"朋""伴"手拉手，成群结队地走出来……汉字们蹦跳着，碰撞着，图书馆顿时热闹了起来。"去吧，尽情地跳。"猫咪管理员说着将"鸢"和"葭"推入舞池中。舞会渐进高潮，"鸢"和"葭"终于碰撞出了自己的故事：上古，百姓苦于无火。鸢悯之，衔葭行万里至九天。鸢因葭取火，以之与民，于是百姓世朝之。

随着舞会进入尾声，汉字们手拉着手回到了书中。"鸢"和"葭"终于有了自己的家，猫咪管理员欣慰地笑了，他知道：无论这些汉字在历史的大漠流浪了多久，在这里，他们总能找到自己的家……

一道有难度的数学题

陈思诺　上海奉贤区实验小学三（7）班
王　蓓　指导老师

一缕霞光穿透教室的窗棂，直奔窗边的课桌。

课桌上有一张数学卷子，卷子上有一道应用题。这就是我。我的身上有一个大大的鲜红叉叉。

我要讲讲我的故事。

作为一道应用题，我最大的骄傲就是被准确无误地解答出来，为整张试卷增添一个红钩钩。假如被打了一个红叉叉，那就是我最大的耻辱。

一开始我并不是应用题，而是一道选择题，生活在课后练习册上。我的小主人是一名小学三年级学生。小主人在解答我的时候，思来想去，费了九牛二虎之力，却始终找不到解题思路，急得满头大汗。这时，她的小伙伴来找她一起去打球，我真希望她能和小伙伴一起坐下来，好好研究我啊！可万万没想到，她居然选择用扔橡皮的方式来决定答案。很显然，答案就是这么随意写上去的。第二天，老师将批改好的练习册发下来，令人意外的是，我的身上竟然出现了大大的红钩钩，旁边还有一个醒目的红色五角星，我——居然被蒙对了！小主人被老师表扬了！小主人在脑袋前面竖起练习册来挡住小脸，一抹绯红从她可爱的脸蛋上晕开，一直延伸到耳根，直到把两只耳朵都占领。我能感觉到她在担心，担心老师知道她是蒙的，那是很难堪的；她也在窃喜，窃喜蒙对了，被表扬了；同时她还希望放学回家时能看到妈妈那张如绽开的蔷薇花似的笑脸，因为每次她得了五角星，妈妈就是这样笑的。

如果我能说话，当时我一定要用邹韬奋先生的话大喊："'我们当以不学为耻，不必以不知为耻。'快去请教老师，弄懂解题思路，不然下次就不一定能蒙对了。"可是我不能,我只能忐忑地拥抱着那刺眼的红色钩钩和五角星,羞愧占满了我的内心。

第二周,我换了身衣服出现在单元课作业上,这次我是一道应用题,最终小主人自然是一个字也没答,理所当然,老师在我的身上画了一个大大的叉和一个大大的问号。

虽然这天我的身上是叉叉,但我觉得比上次的钩钩和五角星要耀眼得多,心里也变得坦然轻松。小主人也在红色叉叉和问号的指引下,虚心地请教了老师……

我是一道有难度的数学题,我有一个知错能改的小主人,正所谓:知之为知之,不知为不知,是知也。

一只好奇的猫

李一诺　上海园西小学新德校区四（3）班
顾爱军　指导老师

我叫阿诺,我是喵星人。

虽然人类说"好奇害死猫",但我大概是喵星人里的另类,对什么都感兴趣。看到光斑就会忍不住要去追;听到声响就会转头;一团毛线都可以玩上半天……累了,晒会儿太阳,打个盹儿,日子过得优哉游哉,可是我总觉得有点无聊。

直到有一天,咱们喵星球要举办"好奇心大赛"。比赛规则很简单,就是去人类世界,带一样人类最好奇的东西回来。耶!这是我的强项!

街上真热闹,阳光很耀眼,照得橱窗五颜六色的;声音很嘈杂,吵得耳朵嗡嗡作响。看着大街上川流不息的人类,看着他们几乎木然的表情,我可以肯定,大街上没有他们好奇的东西。

既然他们对热闹不感兴趣，那还能去哪里找呢？

我一边挠头一边漫无目的地闲逛。不知不觉走到了大街的尽头，这里远离了喧闹，阳光也暗下来了。咦？这是什么地方？里面只有一排排架子，架子上码着一堆堆方方正正的东西，也不知道是派什么用的。里面没有直射的阳光，没有绚烂的色彩，可里面的人的眼睛却都紧盯着手里的方块。难道这方块里藏着他们最好奇的东西？

我跳上窗台，好奇地看着里面的人。看到他们在那些架子之间穿行，不时会停下来从架子上抽一个方块下来。真奇怪，平常喜欢热闹的人类在这里走路竟然和我们一样安静，悄无声息。有些方块被拿了下来，竟然还被掰开了。他们盯着打开的方块，很快就入迷了。方块里到底有什么呢？

不行，我得去看个究竟。我跳上架子，那些方块摸起来硬邦邦的，闻着有股怪怪的味道。我试着掰开，发现方块里面是很薄很薄的、一片一片的，有一个边是被黏合在一起的薄片，上面都是看不懂的符号。这里有好多这样的架子，好多的方块，长得都差不多，我想里面应该都是这种符号吧。

可是，人类为什么会对外面的热闹不感兴趣，反而对这些方块和这些符号感兴趣呢？光影斑驳，树影婆娑，恍惚间，我又想起了我爱玩的那些游戏。突然，我福至心灵，是不是这些方块能告诉我，我追过的光斑是从哪儿来的，我听到的声响是从哪儿发出来的，我玩的毛线球是怎么做出来的……

我咬起一个方块，悄悄地走了。身后还是一片安静，偶尔传来极其轻微的翻动那些薄片的声音……

听世界

于铠源　上海世外教育附属宝山美兰湖实验学校三（3）班
杨艺博　指导老师

　　"听风"是一只猫，一只看起来很威武的猫，它有着毛茸茸的脑袋和雪白色的爪子，两只粉嫩的小耳朵无时无刻不在捕捉着四周的消息，最令人感叹的是那双水汪汪的的大眼睛，尽管这双眼睛无法捕捉到任何光明，却丝毫不妨碍它的美丽。没错，听风是一只好看却目盲的猫。

　　由于天生的缺陷，听风的听力反而被锻炼得更加敏锐，它能听到比别的猫还要远十米的声音，并且能够准确地判断出声音的方向，所以哪怕上帝剥夺了它的视力，但丝毫没有影响到它生存的能力。不过，看不见就是看不见。它可以听到风吹树叶，却看不到满地金黄；它可以听到小雨哗啦，却看不到阵阵涟漪；它可以听到欢声笑语，却看不到孩子们洋溢笑容的脸庞。也正是因为如此，它对知晓世界的模样充满渴望，在反复的纠结犹豫后，听风决定去寻求小鱼儿和朵朵的帮助。

　　小鱼儿和朵朵是听风最好的朋友，当他们知道听风的愿望后，毫不犹豫地就答应了下来，可是如何帮助听风实现愿望却成了难题。因为听风无法看到，这也就意味着颜色与光都无法出现在它的世界里，可是这两个偏偏是组成画面最重要的元素，于是两个善良的小伙伴每天一放学就往图书馆跑，希望能尽快找到解决问题的办法，终于功夫不负有心人，小鱼儿和朵朵觉得他们似乎可以帮助到听风了。

　　在一个周末的午后，暖暖的阳光像一位画师，用温柔的笔触，为每一个角落描绘着温暖与美好，一切仿佛停格在画里，显得那么恬静而美好。听风按照小鱼儿和朵朵的邀请来到了图书馆，沿着走过千百遍的小路，听风熟练地跳上窗台。此时的小鱼儿正倚坐在书架下，安静地看着书，而朵朵则是踩着梯子，在摆放书籍。风儿将纱帘轻轻地扬起，拂过听风的脸庞。看到听风后，小鱼儿和朵朵热情地打着招呼，然后握住听风软软的小脚掌。

"很抱歉，听风，我和朵朵查阅了很多书籍，都没有找到能够让你感受到颜色和光的方法。"小鱼儿轻声地说。在听到这句话后，听风也只是慢慢地将毛茸茸的大脑袋放在了雪白色的爪子上，然后静静地趴着，仿佛和时间一同静止了一样。

"不过，你听！"小鱼儿声音略带激动地说，

"好雨知时节，当春乃发生，随风潜入夜，润物细无声。当春天到来，总会有一场小雨随着风悄悄地在一个夜晚降临，然后雨滴滋润万物，而万物却丝毫不知……"朵朵温柔地朗诵着。随后小鱼儿用音箱播放出淅淅沥沥的雨声，画眉鸟婉转的歌声，还有种子发芽的声音。这一刻，听风仿佛置身于一个微凉的夜，而身边就是一场细雨，它脑中出现了春雨踩着鼓点叩响了山川河流，嫩绿的小草探出脑袋的画面。这些它都不陌生的声音在此刻组成了大家口中那幅最美的"画"。"虽然你无法看到，但是你可以感同身受，哪怕你心里的画面可能与我们的不同，但没有关系，因为每个人的世界，本就该不同。"小鱼儿暖心地说。听风仍然静静地趴在窗台上，可它的眼里此刻有光……

薛定点和猫

张怀蕙　上海师范大学松江科创实验学校三（3）班
郭育苗　指导老师

下课了，薛定点望着黑板上的字：家庭作业，介绍一位科学家和他的成就。他挠了挠头："看来图书馆是必去无疑了。"

图书馆管理员是个身穿白衬衫、蓝背带裤的女孩，正在逗一只褐白相间的小猫。薛定点冲到前台，说："快，帮我找个科学家。"

"哪个科学家？"

"这……有没有姓薛的科学家？"

"薛？"女孩思考了一下，"薛定谔勉强算是姓薛。跟我来。"

管理员把小猫放在地上，带薛定点走入了时光阅览室。

"我们用时光机去看薛定谔，但9点以前必须回来，不然就会永远留在过去。"管理员一边解说注意事项，一边按下开关，"时间：1934年，地点：奥地利维也纳，出发！"

可是，两人谁都没注意到，调皮的小猫小花也悄无声息地跟了过来。

时光机开始运转。薛定点只觉得白光一闪，面前出现了一间教室，学生们围着讲桌上的大盒子，戴眼镜的瘦高个老师说："先生们，这个盒子里有放射性物质，一旦衰变就会触发机关，释放致命毒气，不衰变则无事发生。衰变的概率是50%。如果把一只动物，比如一只猫，放进盒子，那么在不打开盒子观察的情况下，猫是死还是活呢？"

"可能死也可能活。"有人回答。

"不对！"瘦高个竖起一根手指，"不是可能死也可能活，而是既死又活，猫会处于死与活叠加的量子态。"

学生们发出了一阵骚动，显然对"既死又活"并不认同。

"安静！先生们，如果不能理解这一点，是无法掌握量子力学的奥秘的。我们不妨来试一试，我刚好在门口碰到了一只猫。"说着，瘦高个就抱起旁边的一只褐白相间的小猫。

管理员低声惊呼："啊，小花！它什么时候跟过来的？"

薛定点定睛一看，那可不是图书馆养的小花吗？

"这怎么办？"

"必须把它抓回来，不能让它留在过去。"

于是，两人溜进教室。管理员示意薛定点打开盒子，她来捉猫。

可奇怪的是，盒子里空无一物。

瘦高个的声音响起:"量子态的猫不仅既死又活,而且既在又不在。看看你身后吧。"

管理员转身,看到小花正站在地上舔毛。她急忙去抓,可小花头一扭就不见了,然后凭空出现在讲桌上。

"量子态的猫能以光速运动,看起来就像凭空消失了一样。"瘦高个一挥手,"先生们,帮忙!"

所有学生都动了起来,对小花展开围追堵截。但小花就像一个幽灵,每次眼看要抓住了,就会突然出现在另一个地方。

两人傻眼了。

"怎么回事?"

"我哪知道!"

"把它弄回图书馆!快!"

两人对小花又追又哄,可根本摸不到小花。

时钟指向了8点59分25秒,离9点只剩几十秒钟了。

"这下完了!"管理员绝望了。

就在这时,馆长的声音从图书馆传了过来:"小花,吃小鱼罐头啦!"

听到鱼罐头,小花"嗖"的一声蹿出了时光阅览室。

9点到了,时光机停止了运作,一切归于平静。薛定点一口气松下来,累得一屁股坐在地上。

馆长走了进来,笑眯眯地说:"薛定点,看来今天你上了难忘的一课啊!"

"是够难忘的。"薛定点挠挠头,"但我不理解,那只猫……会变魔术吗?"

馆长娓娓道来:"薛定谔的猫可不是魔术,它代表着量子力学中众多的微观粒子。这些粒子各个都有神奇的本领,有的可以同时出现在多个地方,有的会光速运动,还有的能穿过墙壁。科学家们一直想更多地了解这只量子小猫,了解它的脾气秉性、行为习惯,因为对它的研究可以带来许多改变世界的发明。我们中国科学家发明的'墨子'号量子卫星、'九章'量子计算机,都是和它有关的杰作。所以,千万不要小看这只猫哦。"

"没想到这只猫本事这么大!"薛定点赞叹,"看来,我今天的作业可以超额完成啦!"

小花吃完鱼罐头,神气活现地走了过来。大家看到它,都笑了起来。

巨猫的"怪病"

蔡依依　上海徐泾第一小学三(11)班
陈丽婷　指导老师

给你看张照片,上面有两个小朋友,一个在翻找书籍,一个在认真看书。书架旁有一只巨猫,它从窗户里探出脑袋。这脑袋,大得简直能装下两辆车,胡须长得跟一个大人一样。为什么会有这么大的一只猫呢?这得从100年前说起。

100年前,这是一个热爱看书、善于学习的国家。人们的祖先是一位杰出的智者,他很爱看书,知识渊博。他养了一只猫(就是我们看到的巨猫),那时,这只猫的体形是正常的,它十分可爱,还学着主人的习惯天天看书,整个国家的人都很喜欢它。可随着时间的流逝,人们的祖先离开了,只剩下那只猫。再也没有人带着大家学习、看书了。渐渐地,人们把书抛在了脑后,也忘记了那只猫的存在,整天吃喝玩乐,过着安逸、慵懒的日子。

转眼,100年过去。在一个寂静的清晨,人们被一声凄厉的"喵"所惊醒。只见一只蓬头垢面、浑身脏兮兮的巨猫出现在城市的街头,它的体形比一栋大厦还高,尾巴轻轻一扫,好几排大树就顺势倒下。警察们闻声赶来,经过鉴定猫的花纹,发现它就是被遗忘的——祖先的猫。至于为什么它会变得那么大，人们无从得知。善良的人们收留了它。

"喵！"巨猫又发出抗议，表示它饿了。它的食量非常惊人，一天要吃掉500人份的食物。渐渐地，人们的食物不够吃了，连猫也快要饿倒了。怎么办？怎么办？人们找到这个国家知识最渊博的人，只听他无奈地说："这……我也想不出办法呀。不过，或许，祖先留下的书中有答案。"

人们立马行动起来。在巨猫的带领下，人们推开结满了蜘蛛网的图书馆的大门，找到了那一排排的书架。他们在群书中找啊找，翻啊翻。有的翻到了英语书，认识了许多单词，知道了词句的组合；有的找到了数学书，学会了100以内的加减乘除；还有的翻到了音乐书，学会了do、re、mi，谱写出美妙的音符，唱出了歌颂心灵的乐曲……人们如饥似渴地阅读着、学习着，在书的海洋里尽情地遨游。可是，依然没有找到让猫变小的办法。他们感到非常沮丧，难过地拥抱着饿了好几天的猫，却意外地发现，居然把猫抱起来了，是猫变小了吗？不对！好像是我们变大了！人们马上求证，原来是读了书的人，变大了。100年来，人们忘记读书，忘记学习，变成了知识的矮人、游戏的奴隶，整个国家也都在变小，只有那只神奇的猫，守着祖先的书籍，不曾改变。

"书籍是人类进步的阶梯。"人们明白了这个道理，像海绵一样钻进书的海洋里。整个国家都在渐渐地发生改变。

微风轻拂着透明的窗帘，吹来了美丽的花瓣，也带来了知识的芬芳……

寻觅时针大冒险

杨芊晴　上海静安小学三（2）班
周亚琴　指导老师

　　炎炎的夏日，我时常躲进图书馆，沉醉在书本的世界里。那天，我靠在书架旁，翻阅着一本航海日志，主人公传奇的经历让我犹如颠簸在浩瀚的海洋中。恍恍惚惚间，我瞥见书架背后探出一只巨大的猫咪脑袋，大得和书架一般高。我震惊地站在原地，呆呆地望着它。它黄白相间的绒毛间镶嵌着一双圆溜溜的大眼睛，眼神有些忧郁。猫看到我，便跑开了。我追着猫咪，来到一本古书面前。猫冲那本书叫了几声，忽然一道金光闪过，亮得我闭上了眼……

　　等我睁开眼，已经到了一个城楼下。我诧异地张大了嘴，猫开口说道："我是这个世界时钟的守护神，"它抬手指向正上方的时钟，继续说道，"但现在这座时钟被偷走一根时针。"

　　我抬头看了看时钟，果然缺了一根时针，而留下的分针上面写着"休息"。我正要问猫这是什么意思，猫转身把我带去了一座城市。我跟着猫穿过大街小巷，所有人都陷入了沉睡。我问道："这是怎么了？"

　　猫说："因为这座时钟只剩下休息了，所以整个城市都陷入了沉睡。我需要你帮我找回另一根指针，它被偷到了海对岸那座城里。"

　　我答应了下来，猫给了我一艘船，我学着勇敢的船员，乘风破浪来到了海对岸的城市。

　　这儿的人出奇地忙碌，每个人行色匆匆，不停劳作。一个小男孩受了伤，还在一瘸一拐地搬运货物。

　　"你受伤了，不休息一下吗？"我担心地问。

　　他茫然地摇了摇头，说："不知道为什么，我停不下来。自从国王从海的另一边带回了一根指针,大家就变成了这样。"

等等,指针?!终于找到了!

我很高兴,并说服了男孩带我去皇宫。等我们偷偷爬进国王的房间,发现国王满眼血丝地趴在办公桌前批阅卷宗。

我好奇地走过去,问道:"国王陛下,您在干吗?"

国王疲惫地说:"不知道,我停不下来。自从我贪心地从海那边的时钟上撬走了一根时针,我就一直忙碌到现在了。我现在想把时针还回去也不行了,我走不开。"

我大喜过望,说道:"您把时针给我,我还回去。"

他睁大疲惫的双眼,左手抽空给我指了一下时针的方向,说道:"在床头柜的第二个抽屉里,感谢你,快带它走吧。"

我欢喜地拿着时针回到了海对岸,把它交给了猫。猫一脸严肃地把它装了上去。时钟摆动的那一刻,城市里的人们开始忙碌了起来。

我问猫咪:"时针到底代表了什么?"

猫咪望着时钟,慢慢说道:"时钟有两根针,一根时针代表勤奋,一根分针代表休息。二者缺一不可,休息是为了有时间思考,有更明确的努力方向。而勤奋,是人生的主旋律。"

说到这里,猫笑了,眼神不再犹豫,它对着古书叫了几声,一道金光闪过,我醒了,我躺在图书馆的书架旁。哦,原来这是夏日的一个梦啊。

随时待命的猫

孙苡安　上海古北路小学三（1）班
张　蕾　指导老师

一步、两步、三步……"就这样，再往上爬一步！"哥哥小宁紧紧扶住梯子，兴奋地喊着，"小安，快到了，就快拿到了！"我抬起头不敢往下看，可是我的小脚丫总是不听使唤地颤抖。一阵大风吹来，白色的窗纱糊到了我的脸上，"哎呀！"一个哆嗦我踩空了。正当我感觉要遭殃时，我掉进了一个毛茸茸的垫子里。嗯？我怎么了，这是……？呀！是你呀，老朋友！我跟跟跄跄地站起来，一只巨大的猫接住了我，它是我的好朋友"小护"。

"你们是要拿这个书柜上面的书吗？这样爬楼梯太危险了哦，我来帮你们吧。"小护一个纵身跳到了隔板上，肉肉的小爪子轻轻一拨，那本书就掉了下来。"太棒了，我们要的就是这本红色的，我们想看它很久了。"小护摇摇尾巴转身往窗边走去。

"嘿！今天的月亮特别圆哦，你们想出去逛逛吗？"它俯下身体，回过头嘟瑟地说。我看了哥哥一眼，哥哥挑了下眉毛，毫不犹豫地跳到了小护的背上，我也跟了上去。它往前一跃，跳出了窗户。我们不停穿梭在水管、围墙和屋檐之间，来到一个个熟悉又陌生的阳台。"你看这个老爷爷真的戒烟了！""可不是吗，刚才的老奶奶现在也不会再忘了关灶台的火了。""嗯，上次那个阿姨家里换了新的充电宝，她这次没有贪便宜，终于长记性了！""哈哈哈哈哈……"我们大声地笑着，好像大家都听不见似的。

"小安！"一个回神，是妈妈的声音。我睁开眼睛，推了推哥哥的肩膀。"我就知道，你们又躲在爸爸的书房里啦！快点出来，今天是中秋节，我们一起吃团圆饭了哦。""但是，妈妈，我们想要拿书架上那本红色的书。"妈妈看了一眼落满灰尘的高处书柜："唉！那也太高了，家里可没有梯子，还是先吃饭吧。"我沮丧地耷拉着脑袋。"别难过，至少他总算是得偿所愿变成了猫。"哥哥悄悄地在我耳边说。我嘟囔着嘴："也对哦，他再也不用借着火光照在梯子上的影子假扮成猫还说自己是老虎呢。"我们相视一笑，看了一眼墙上爸爸的黑白照片，走出了书房。

那身帅气的消防员制服，是爸爸的骄傲，也是我们的骄傲。当我们需要时，爸爸——小护就会及时出现！

"小人国"的故事

郭若楠　江苏太仓市镇洋小学三（5）班
王丽萍　指导老师

自从来到小人国，迈克和苏海不再为物资缺乏而烦恼，慢慢适应了这里安逸的生活。可是每当夜幕降临，迈克就忧心忡忡，看着天上的星星，他会跟苏海靠在一起，两个人心里默默地想念着心爱的宠物猫咪吉姆："唉，我们的吉姆什么时候才能来到这里呢？"

原来，随着人类数量的快速膨胀，现实世界变得非常拥挤，自然资源非常匮乏。科学家们发明了一项新的技术，建造了一个又一个小人国。小人国里面与现实世界一样，有山有水、有花有草、高楼林立、物资齐全。人们只需要去做一个缩小术，就能被安排进小人国。由于人体变得很小，所以平时的一块饼干、一片面包，都要花好几天才能吃完呢！

迈克和苏海决定一起去小人国生活。由于缩小术仅限于人类，这可愁坏了迈克，因为他放心不下陪着自己长大的宠物猫咪吉姆。

  吉姆深知主人的为难，于是跟迈克说："主人，你放心地去吧！我会想办法来看你的。"于是，迈克和苏海便排上了做缩小术的队伍，他们手上提着缩小后需要穿的衣服，频频回头看着远处的吉姆，做着最后的告别。

  终于轮到他们去做手术了，科学家们给他们剃光了头发，拔光了牙齿，然后脱下衣服，站在指定的框内，"咔嚓"一声，他们的身体瞬间变小，整个过程就像拍照一样简便，然后科学家们给他们穿上了小人的衣裳，配上了小人的牙齿，这一波操作完成后，就把他们送入了小人国内……

  这天晚上，他们偷偷跑到书屋，迈克坐在书架旁看起了书，苏海爬上梯子寻找着心仪的书籍。"当，当，当……"伴随着时钟敲响，迈克和苏海听到了一阵猫叫声，他们激动地跳起来一看，"哇，是吉姆！"吉姆的大脑袋卡在小人国书房的窗口，温柔地看着迈克和苏海。迈克伸出手摸了摸吉姆，说："亲爱的吉姆，你可真是想死我了，你终于找到了我们！"吉姆用头蹭了蹭迈克的手，似乎也在表达着自己的思念。"吉姆，我来念故事给你听吧。"苏海赶紧递给了迈克一本《格林童话》，那是吉姆曾经最爱听的书了。吉姆听着迈克熟悉的声音，仿佛又回到了以前。他们一起烤着火，吉姆舒服地窝在迈克脚边，听他讲起故事。

  就这样，日复一日，吉姆每天晚上都来到小人国的书屋，而迈克和苏海也在每天晚上九点钟声响起的时候踏入书屋，等待着他们的好朋友吉姆的到来。科学家们看着他们坚定的友情，加紧研发。终于，宠物们也能使用缩小术了。

  这天，迈克和苏海站在小人国的大门前焦急地等待着做完手术的吉姆，"喵，喵"，听到声音两人猛然一回头，开心地抱着吉姆："我们终于等到你了！我亲爱的吉姆！"

知吾所不知，亦为知也

霍思如　上海齐齐哈尔路第一小学五（2）班
杜　敏　指导老师

　　历数古往今来的名贤大家，大多曾围绕"知"字探讨出无穷的人生哲学。面对浩瀚的知识海洋与短暂的人生，庄子曾发出过这样的感叹："吾生也有涯，而知也无涯。"在了解自己和了解他人的关系上，老子又曾在《道德经》中说："知人者智，自知者明。""知"是一种智慧，但其实承认"不知"更是另一种境界，蕴藏了求知路上最可贵的勇气和真诚。

　　无独有偶。西方哲学的奠基者——苏格拉底曾说："我只知道自己一无所知！"这听起来多么使人惊异！他终其一生都在研究"伦理哲学"，在不停追问什么是正义，什么是非正义；什么是勇敢，什么是怯懦。他的思考在世界哲学和文学史上都敲出了振聋发聩的声音。然而这样一位先贤却在感叹自己"一无所知"，他在否定自己吗？他在藐视自己所了解和掌握的知识吗？他难道对"知"与"不知"有着更深层次的思考吗？

　　而遥远的东方也有这样一位学者发出长叹——"吾有知乎哉？无知也。"孔子往往自述为无知，认为哪怕是匹夫身上也有他不曾了解过的知识，他也常常教育弟子："君子于其所不知，盖阙如也。"告戒弟子不懂不可以随便发表意见，不知道也不能装作知道。

　　两位在各自的领域如泰山一般崇高的人物，他们并不是在进行对自我的否定，而是在传达一种当下越来越多的人所缺失的勇于面对真实自我的精神。他们面对真实自我之余仍然怀揣希望，向往着不断的发展与自我的完善，追寻自己的应知，这也是我们不断学习、不断感悟生命真实的意义和价值。

我国著名的新闻记者、出版家邹韬奋先生一直坚信研究任何学问欲求造诣深邃者，也不可不有几分呆气。这种呆气恰恰也与勇于承认"不知"的理念不谋而合。邹韬奋先生接受自己的呆气，也是一种对自己的真诚。著名的翻译家、教育家傅雷先生给远在波兰求学的儿子傅聪也写过相似的话语："有了真诚，才会有虚心，有了虚心，才肯丢开自己去了解别人，也才能放下虚伪的自尊心去了解自己。"人的确需要在学习和生活的过程中不断地跳出自我的牢笼，变得对自己真诚，才会有新的感悟，新的方法，能有更正确的自我批评，才能有恒远的进步。

只有感受到了吾生之须臾，江水之无穷，才会发现自己只是沧海一粟。天下之物不尽，面对学习更得择其精而守其坚，明明白白地了解自己不知道的知识，加以研习，一定能让知识日臻广博，领悟日益纯熟。知吾所不知，是对知识的谦卑，对真理的敬畏，真理的夜是那么的漫长，很多人都行走在夜色中，唯有敢于探寻"不知"之处，才能擎起星星之火，照亮前行的路。

知吾所不知，亦为知也，愿你我皆以此自勉，在追求真理的道路上载着真诚和勇气前行，一定能看到那来自前方的曙光！

流星雨的星空

李晨逸　上海市东实验学校五（2）班
张亚梅　指导老师

"流星"呼啸而过，在夜空中划出一道优美的弧线，这弧线在漆黑的夜晚中显得格外耀眼，它照亮了夜空，照亮了缩在墙角的阿塔和依偎在他怀里的小猫卡卡。这亮光并没有带给他们喜悦，却带给他们满脸的惊恐，因为他们知道这并不是流星，而是来自敌人的炮火。一道道火光闪过之后，城里就会响起震耳欲聋的爆炸声。

阿塔是一名战乱地区的十岁男孩，他的皮肤黝黑，身上穿着一件非常陈旧的红色毛衣，脚上穿着一双满是污泥的鞋子，手里提着一个破旧的书包。他曾经住在城中的一栋楼房里，妈妈每天送他和妹妹阿布去上学。他喜欢坐在教室里上课，跟着老师了解世界；他喜欢在操场上踢球，梦想有朝一日可以见到自己最崇拜的球星；他也喜欢在图书馆里翻看各种各样的书籍，梦想将来能够成为一名科学家。

但这一切都被炮火击得粉碎。他记得那一天的天空都是红色的，夜空中没有一颗星星。当一道红光划破夜空，爆炸声接连不断，炮弹击中了他们的房屋，原本就破旧不堪的房子轰然倒塌。阿塔只记得他的爸爸在慌乱之中让他躲到床底下，接着就是一片记忆的空白。当他从废墟里被救出来的时候，阿塔的世界里只剩下他自己和一只奄奄一息的猫咪了。

自此阿塔便开始了和猫咪卡卡相依为命的生活。阿塔总是抱着它，一起在废墟里找吃的，一起在角落里躲避战火，一起在艰难的日子里找寻些快乐。阿塔也会跟卡卡谈心说话，他说着，它总是像听懂了一般喵喵地回应着。

"我昨晚做了个梦……"阿塔说道。

"喵……"卡卡好像听懂了一般伸出了脖子，瞪大了眼睛，竖起了耳朵，好像在等待他告诉它梦的内容是什么。

"我梦见阿布了……"阿塔的眼睛放空，好像回到了昨晚的梦里。

"喵……"卡卡好像在暗示他继续说下去。

"我和阿布在书房，阿布调皮地爬到了梯子上，要拿书架最上面的书，我喊她，她却并不回头看我。我便开始津津有味地读起一本我最喜欢的书，那是一本关于魔法世界的书。我在梦里想，如果我有魔法，我就会用魔法让那些敌人全部消失，让那些枪支炮弹全部失灵。然后再造很多很多漂亮的房子，让没有家的人们全都住在里面，有我的爸爸妈妈，有我的妹妹阿布，还有很多其他小朋友和他们的爸爸妈妈。当然，还有你，卡卡。"阿塔越说越兴奋，好像那些美妙的设想已然实现了一般。

卡卡又喵了一声，像是叹息。它的眼睛瞪得大大的，好像看到了阿塔所描述的梦里的场景。一颗"流星"再次划破夜空……

守 护

马蕴宜　上海凉城第三小学四（2）班
夏素华　指导老师

这是一个魔幻离奇的世界，这个世界所有的能量都源自一间摆着满满当当书籍的屋子，我们姑且叫它"能量屋"吧。能量屋的守护者是三个小伙伴：小智、慧慧和银毛。他们轮流值班，在能量屋里日复一日地读书，汲取书中的知识养分，源源不断地给外面的世界输送光明和能量。

小智最爱看科技类的书籍。轮到他值班时，探索未知成了人们心中的向往。这个世界的科学技术日新月异地进步，航天、医药、人工智能……人们正在一步步攀登创新的阶梯。无论何时，无论你身处何方，看见的都是一派科学文明繁荣昌盛的景象，人们也因此过上了便捷、幸福的生活。

慧慧喜爱艺术类的书籍。她值班时，每一丝空气里似乎都弥漫着高雅、文艺的气息。人们对美的鉴赏能力不断提高，生活增添了许多色彩。世界既文明又有序，每个人都成为了品德高尚的智者，人与人之间充满了诚信和友爱。

银毛喜欢看幽默的笑话和漫画。他值班的时候，世界就成了欢乐的海洋。街道上笑声不断，孩子们开心地载歌载舞，或成群结队做着游戏；大人们边喝下午茶，边互相开着风趣的玩笑。不过，银毛偶尔也会偷个小懒，这时他就把爪子一蜷，身子团成一个球，捂住脸，打起盹儿来。

有时候他们三个也会聚在一起，聊聊异想天开的话题。比如有一次，银毛问两个伙伴："如果我们不值班，嗯……我是说，也许开个小差，或者溜出去玩，会怎么样呢？"

小智惊讶地看着银毛，仿佛被这个出人意料的问题震惊到了。慧慧指了指书架上一本厚重的线装古籍说："我不知道，但是我读的这本《关于能量屋的一段历史》，里面有模糊的记载，在已经不可考证的久远年代里，好像发生过类似的事，那显然是一段可怕的经历，没人愿意回想并详细记录下来。"

当然，这样的讨论只是正常工作中的小插曲，这个世界仍然日复一日地进步发展，银毛的偶尔偷懒可能是它唯一的节奏变化。

直到有一天，正在休息的小智和慧慧被外面震耳欲聋的声响吵醒，依稀能听出那声响里有野蛮的咆哮，有愤怒的嘶吼，有彷徨的哭喊……混合成天塌地陷般的声浪，让人忍不住心惊胆战。当他们奔到能量屋的时候，发现银毛在值班的时候睡着了，这次他偷懒得过分了，竟然睡了整整一天！

当小智冲过去叫醒他的时候，为时已晚，此刻外面的世界已经因为能量耗尽，彻底陷入黑暗。整个世界的进步发展停滞了，人们的精神也陷入愚昧和混沌，没有美、没有爱、没有理性、没有秩序，甚至文明的脚步开始倒退……

很久很久以后，新版的《关于能量屋的一段历史》这样记录道："黑暗""颓废""荒芜"是这个时期的标签，原来文明的兴与衰只在一夕之间，所幸这三位能量屋的守护者始终没有放弃，他们日以继夜、分秒必争地读书、学习、汲取知识养分，重新为这个世界输送能量，用几十年如一日的坚持弥补了他们的过错。

希望能量屋世世代代的守护者能谨记这个教训，永远守护好这个世界。

心灵驿站

孟语希　湖北武汉市三角湖小学六（2）班

黑暗的房间里坐着一个孤单的男孩，灰暗的眼眸里透着无助和悲伤……

他是一个孤儿，又很软弱，因此是一个完美的霸凌对象，在多次被霸凌后，他得了抑郁症，甚至想到了自杀，但他没有成功。醒来时，他在一个荒凉的地方，破旧的房屋，斑驳的墙上还有几个漏洞。他还在惊讶时，背后传来了一个清脆的声音："你是谁？"他猛地回头，是一个女孩儿，很漂亮。他结结巴巴地回答："我……我没有名字，我只是个孤儿。"女孩感受到了他的孤独和怯懦，放缓了声音："你没听说过，所谓的孤儿只是掉队的天使吗？""你，你才是天使，你那么漂亮……"男孩局促地说道。女孩停顿了一下突然说道："你愿意帮帮我吗？""嗯嗯嗯！"他抬高声音急忙点头。女孩笑靥如花："两周后，你学会发现你的优点再来，好吗？"还没等他反应过来，已经回到了现实，他刚一抬头，一只瘦弱的小猫蹿进了他的怀里，后面跟着几只野猫，龇牙咧嘴地冲他怀里的小猫尖叫着，他的手感受到了小猫的颤抖，他像看到了被霸凌的自己。于是，他鼓起勇气，呵退了那几只野猫，他发现了自己很勇敢。后来，他努力发现自己的优点，比如，坚强、乐观……

两周过后，他再次来到这里，他怀里多了一只猫。女孩看见他来了，兴奋地向他招手："看！有什么不同？"他四周看看，雪白的墙面，木质的地板，还装上了大窗户。

"你改变了这里？"

"不！改变了这里的是你，你这两周发现的优点创造了这一切！"

"可是，我……"

"你还交了个朋友,对吗?"

"对啊,你看!"他兴奋地举起小猫。

"你跟它很有缘呢,你体会到的生活中的美好会让它长大,记得好好爱它!"女孩温柔地看着那只小猫。

"我一定会的!"他一脸坚定。他把脸埋进小猫的毛里:"好温暖啊,像个小太阳。"

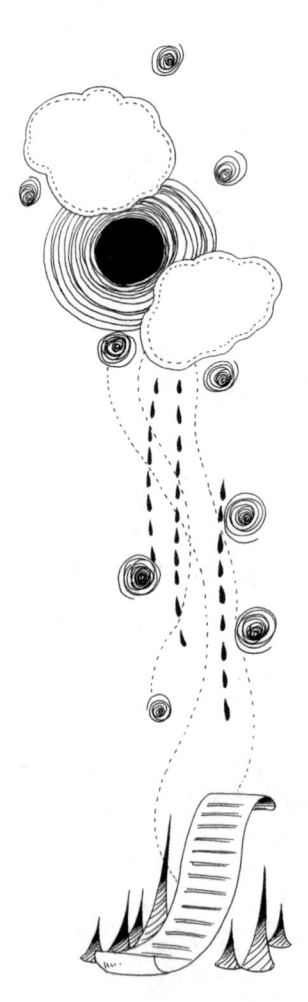

从此,他在日记里记录着生活:

12月12日,我和同学愉快地交流。

12月15日,我帮了同学。

12月20日,梅花好漂亮。

12月27日,晚上不经意间看到了月亮。

……

他再一次来到女孩的地方,眼前的场景让他大吃一惊,白色的纱帘随风飘起,淡奶油色的墙纸,浅木色的书架上摆满了书,浅棕色的地板上摆着一个坐垫。女孩兴奋地说:"你感受到的美好装饰了这一切,向外看!"他照做,一只巨大的猫趴在窗台上望着他,窗外满树的粉色如梦似幻,他看呆了。

这时,女孩爬上梯子抽了本书给他:"我帮助过很多人,每一本书都是一个人的经历。这是你的那一本书。"

男孩看着那本书,有些出神,如果没有女孩……他又翻了一面,只有一句话——继续书写你的人生吧。

我会的,他在心里回答,带着这份爱。

一次难忘的购票经历

汪坤麟　上海民办丽英小学五（4）班
还　华　指导老师

我的第一次网购火车票的经历失败了，不仅没买到票，还受到了一次难堪的教训。

今年暑假爸妈出差，我在爷爷奶奶家小住。他们看我百度、微信、邮件用得很是麻利，直夸我是"网络达人"。爷爷奶奶上了岁数，我这点三脚猫的功夫在他们眼里可不是个"大专家"嘛！

这天上午，爷爷手机急促地响起。接完电话，他焦急地告诉我们，亲戚病了，他决定坐今天最早一班高铁赶过去。时间太紧，他为难地打开了手机，想像年轻人一样手机购票。可以前这事都是老爸负责，爷爷哪知道咋买？！正是需要帮助的时候，老爸偏又联系不上，怎么办？

我看着他们戴着老花镜对着手机，急得就像热锅上的蚂蚁。我也急在心里！奶奶无奈地转向我："小宝，你会在网上买火车票吗？"我犯起了嘀咕：网上购票我可没试过，只听爸爸说过。可要说不会就太没面子了！网购都差不多，英雄哪能被车票难住？就这么定了！我脱口而出："简单，当然会！"爷爷奶奶喜出望外，异口同声地让我赶紧买票。

我心怀忐忑地接过爷爷手机，好容易找到了网站，面对长串的下拉菜单，我犹豫着这点点，那按按，怎么和淘宝不一样啊！我心里越来越没底，不由得手心出汗，脸也发热。实话实说吧！不，你不是专家吗？总算找到了界面，可这手机怎么支付？我刚想鼓足勇气坦白，耳边就传来爷爷焦急的声音："还有票吗？"我迟疑了一下，手指胡乱划了几下，咬咬牙说："有，上海站，就这个，买好了！"爷爷高兴极了，扫了一眼时间，便直奔车站，我跟着奶奶去送站。

这一路我的心七上八下，手脚冰凉，几次话到嘴边硬是咽了下去。不知过了多久，到了检票口，爷爷拿出身份证，安检护栏没有打开，反复几次还是红色提示。检票员拿过手机："老先生，你根本没有买票呀？"爷爷一愣："不可能啊，这可是我孙子……"话没说完我已满脸通红，手不自觉地扭动衣角，真想挖个洞钻进去再也不出来。爷爷仿佛明白了什么。他蹲下身慈爱地说："没关系，爷爷的手机功能不够，网上买不了票不是你的问题。"听到这，我终于忍不住，把所有虚荣的伪装和难堪都抛在一边，惭愧地大哭起来，憋了一路的歉疚终于释放了出来。正是我的不懂装懂，害得他们大热天白跑一趟。在我的抽泣声中，两位老人一边背着沉重的行李，一边拉着我向售票窗口走去……

这次购票经历给我留下了深刻的印象，让我认识到对于自己不知道或能力不足的事，千万不能打肿脸充胖子。不知道不是错，但不懂装懂，轻则误事，重则耽误人生。在任何时候都要实事求是，这才是正确的态度。

以书为伴，诚实求知

钱云汉　上海和衷小学五（4）班
王维斌　指导老师

清晨，阳光透过密密层层的梧桐树叶，斑驳地洒在整齐的方块字上，落在花瓣的露珠间。书桌上，油墨的香气夹杂着点点花的芬芳，明媚的日子，有书为伴，这平凡岁月便明亮起来，我这懵懂少年也踏上诚实求知之路。

以书为伴的童年，诚实求知是眼底的星光。

5岁的我整天都像小猴子一样，领着弟弟又跑又跳，不管大人问我们什么，我总是争着抢着答："我知道！我知道！"是爸爸温和的声音和朴素的《论语小故事》打开了我的新世界。当读到子路怕被同学嘲笑而假装听懂老师的讲课时，我似乎明白了不懂装懂是不对的。当看到孔夫子含笑告诉子贡，孔圉不仅敏而好学，更难得的是能不耻下问时，我仿佛懂得了：对于不知道的事情就应该承认不知道，虚心求教。孔子告诉我："知之为知之，不知为不知，是知也"。童年的阅读，常使我仰望星空，眼底闪耀着的星光，点亮了我对未来的求知之火。

以书为伴的少年，诚实求学是心房的晨曦。

转眼间，我9岁了，褪去了幼稚，却依然纯真。我会因为解不出题而着急烦恼，遇到困难依然不知所措。而翻动书页时，伴着书墨的清香，我寻找起了答案。我跟着范仲淹，品尝了断齑画粥的贫寒生活，但也感悟到用诚实求知化作灿烂烟火的精彩；我邂逅了诸葛孔明，他为我讲述司马懿不懂破阵之法，却在渭河之滨逞强派将攻阵，结果大败而归的故事，用一位老人的智慧，使我明白在学习中实事求是的重要。书中的种种人生故事，照亮我心中诚实求知之路，我也渐渐长大。

后来，以书为伴的日子，诚实求知是雾中的明灯。

11岁的我已经像个小大人，可我总觉得缺少点什么，我努力寻找。徜徉在书海中，我可以把生命扩展到千年时光的长河中。我认识了百世师韩愈，他不顾人们的笑骂，奔走各地，呼吁摒弃耻于求师的不良风气，亲自教导寒门子弟，鼓励后进。他告诉我："人非生而知之者，孰能无惑？"我遇到了被希腊人敬为最智慧之人的苏格拉底，他正一路向前，没有自以为是的傲慢，反而对崇拜他的人们谦逊地道出："我唯一知道的是我一无所知。"我还走进了曾脚踏华夏大地，仰望苍穹，作出《天问》的屈原，他正远眺雾中的明灯，铿锵地吟咏着"路漫漫其修远兮，吾将上下而求索"……不知不觉间，跨越时空的阅读之旅让我内心变得充盈，透过迷雾我望见了宇宙无穷，诚实求索也无穷。

每当我行走在字里行间，我便可以与不同的先贤对话，聆听智者的教导，感悟求知的坎坷与优雅，坚定诚实求知的决心。

猫咪萨耶和它的书店

朱思衡　上海福山花园外国语小学五（4）班
陈　华　指导老师

海明威曾说过，猫分两种，猫和书店猫。萨耶就是这样一只书店猫，它甚至觉得书店就是自己的。

萨耶是一只生活在城市里的野猫。这个城市曾经开满玫瑰，但多年的战争导致城市到处都是废墟。这天，饥饿的萨耶正专注地追赶着一只老鼠，老鼠突然转过街角，刺溜一下，就从一道门缝里钻了进去。萨耶啥也没想，也一头撞进了门里。门内高高耸立的层层书架让萨耶顿时愣住了，小小的书店里亮着太阳般的光芒，映着书架上书籍的各种色彩撞入了萨耶的眼睛。它不可置信地回头看了看门外：哦，没错，外面的城市依然是灰色的。萨耶小心翼翼地绕着书架贪婪地看着，它是有多久没有看到这些温暖的色彩了啊！书店里一个人也没有，看样子店主人应该也是因为战争离开了这里。萨耶舍不得离开这个温暖的地方，于是它决定：这个书店归我啦！

萨耶成了最勤劳的书店店主。它将老鼠都赶出了它的书店。每天，它都奋力地用它毛茸茸的大尾巴掸去书架上的灰尘，小心翼翼地用软乎乎的爪子将书店临街的玻璃窗擦得干干净净。做完这一切，它就跳上窗台趴下，惬意地把头枕在交叠的爪子上，看着远处在废墟上玩耍的孩子们。

这些孩子们因为战争已经很久没有上学了，他们只能在废墟间边玩耍边捡拾一些可以换钱的物件。一个穿着红衣服的男孩提姆无意间回头，透过玻璃窗，他发现了睡在窗台上硕大的猫咪。好奇的提姆决定进入书店看看。当他走进书店，萨耶立即醒了过来，生气地冲着提姆喵喵叫："这是我的书店，你不要进来！"提姆却像没有听见它的叫声一样，着魔般径直走到书架前,手指轻轻抚过一册册书籍。他随意抽出一本,直接坐到地上,就如痴如醉地读了起来。萨耶紧紧地盯着提姆,发现他并没有做出任何威胁它的书店的举动,它只好无奈地趴在提姆身边,眼睛仍然盯着提姆的一举一动。提姆读了两页,好像突然想起什么似的,突然起身冲出书店。就在萨耶愣神的间隙,提姆带着一群小孩子进入了书店。孩子们都被书店温暖的环境和如山的书籍镇住了,这里和外面就好像两个世界。萨耶自豪地挺起胸膛,引导着孩子们穿行在书架间,每个孩子都找到了爱读的书,或靠或坐,大家都安静地沉浸在书籍的世界里。从此,萨耶的书店成了孩子们的乐园,在萨耶的陪伴下,他们感受到了温暖和关爱,也因为读书变得更加聪明和坚强。

尽管城市仍然充满了废墟和灰暗,但萨耶的书店成了一道亮丽的风景线。萨耶的书店帮助孩子们忘记战争带来的痛苦和恐惧,享受阅读带来的快乐和温暖。萨耶不仅仅是一只书店猫,它已经成为了孩子们的朋友和家人。

如果你也有一只胖猫

胡晨希　上海小学四(8)班
刘黄瑛　指导老师

"我,我可以养猫吗?""不行,猫会把屋子弄得乱七八糟!""我,我可以收拾房间。""不行,你读书都来不及呢。""我,我好好读书,就,就可以养猫了吗?""好了,你快去,别结巴了!"

小男孩低下头,回到房间,微风带着薄纱轻轻飞舞,他在窗下的垫子上坐下,从书架上拿起一本书,"我的猫咪应该叫加菲,他现在会趴在窗台上,听我开始读书。"小男孩心里忍不住地想。

"加菲,你知道《普罗米修斯》吗?很久,很久以前,地面,地面上没有火……"

"呼……"一段读完,小男孩松口气,"加菲,你,你说为什么我会结巴?"小男孩鼻子一酸。

小男孩看向窗外,突然他好像看到他的小猫加菲正趴在窗台上静静地看着他,加菲好小好小,那么可爱又惹人怜惜,圆溜溜的眼睛看着小男孩,仿佛在等着小男孩继续读下去。

"好吧,我可是很厉害的,我再读一篇给你听!《为中华之崛起而读书》:新学年开始了,修身课上……"这次小男孩大声地读了起来,竭尽全力大声地读清楚里面每个字词句。小男孩惊讶地发现加菲的身体好像变大了,加菲往前蹭了蹭,又靠近了小男孩一些,越来越近,小男孩一动不动,继续读,读啊读,直到整篇文章读完。

"我的加菲,你是有魔力吗?难道我书读得越多,你就能变得越大?"加菲把四只爪子蜷缩在身子下面,像个毛球一样埋进小男孩的臂弯。小男孩把书唰唰翻到下一页:"《观潮》:钱塘江大潮,自古以来被称为天下奇观……"一篇读完,小男孩的身子不禁有些微微颤抖,不知道自己是被钱塘江大潮的壮观震撼到了,还是被自己的朗读震惊到了!小男孩转头看向他的加菲:"加菲,你好像真的又变大啦!"小男孩忍不住伸出双手,他好像感受到加菲那柔软的皮毛带着温热的体温,已经变得圆鼓鼓的身子能让小男孩抱个满怀。

自从那天起,小男孩好像有一只"猫"啦!上课时老师让小男孩读课文,他在心里说:"加菲,听着……"下课后小朋友和他讲话,小男孩握起手,好像抚摸着加菲,别慌,慢点说,他尽力使自己每句话的开头不结巴。

小男孩觉得他的加菲越变越大,整个窗台被加菲的身子给"霸占"了,小男孩坐在垫子上,把头枕在加菲身上:"我想和你读读书,我想和你说说话……"

"你真的想养猫吗?"有一天爸爸妈妈突然问小男孩,小男孩抬起头,明亮的眼睛看着爸爸妈妈:"我可以养一只加菲猫吗?一只和我心一样大的加菲!"

透彻的心

张鹿鸣 广东深圳玉龙学校六(1)班

母亲是一个经常大声说话的人。就因为如此,让人总觉得她胸无点墨、粗枝大叶。其实不然,她读的书不少,腹有诗书气自华,这也是为什么这么多年来她还风韵犹存。她还很愿意学习、尝试新东西——除了我一直推荐给她的新裙子。

她那条洗得掉色的牛仔裤常常松松垮垮地挂在衣架上,不时纠缠地拖坠下几滴水珠,像荔枝甜蜜、细腻又略黏稠的汁液,只不过那水嫩的白汁并没有经过洗衣液打磨的水珠那般透彻。而这又很像她,总是这般透彻,从不遮遮盖盖,活得便也格外透彻、光明磊落。

又是一天,她又穿上了那条经常水洗的牛仔裤,殷勤地从厨房端来几盘洗好的水果,招待着从隔壁来的邻居。那邻居慢悠悠拉过凳子稳稳当当坐上去,格外盛气凌人。

她顺手拿了一个新鲜的荔枝,笑着剥下干涩粗糙的外壳,两指轻轻一掰,壳上裂开的缝顿时渗出了润泽的汁水。

"浅浅妈,前几天欣儿让我拿道题过来,说浅浅妈学识高,肯定知道。"

她一手小心翼翼拿着荔枝,一手又从包里掏出一套打印题,转头看见手上荔枝的汁液要涌了出来,立马弯下腰用力吸了吸厚厚的汁,把壳上的缝开得更大了,又说:"浅浅妈,快看看。"

我瞄了一眼,并不简单,欣儿也不太可能找人来问母亲,想了会儿，这才恍然大悟——原来她在刁难母亲。母亲眯着眼睛一个字一个字读，我看向邻居，她正把壳彻底打开，露出娇嫩多汁的果肉，眼睛充满欲望，不停咽着口水。

我又看向母亲。她皱了皱眉，看来没有解出来。她欲言又止，张了张口说："抱歉啊……"我立马着急地用肩膀推了推她，她顿住了，疑惑地看我，我压低声音说："快说你会这道题。"

母亲也配合着压低声："为什么啊？"

"等会儿邻居阿姨又要说你知道得少了。"

"没关系啊，我们不以不知为耻。"

我看着邻居已经吃了好几个荔枝，又剥开一个，像一朵格外晶莹的明媚海棠花苞，只不过被她吞下的一刻只剩下不断外溢的半透明的汁水。

接着母亲就说："抱歉啊，这道题我不太会。"

邻居一听到这句话，眼里更自信了，顿时把荔枝核吐了出来，然后就源源不断地唠叨和大笑起来。这时，我突然想到了邹韬奋先生的话："我们当以不学为耻，不必以不知为耻。"对啊，就像荔枝水，被壳裹藏，又被甘甜细腻的果肉层层掩盖……所以它甜、嫩、润，不过已经失了最重要的一点——透彻。或许这样的遮盖，才最让人痛苦。

我又想起了母亲在晒湿淋淋的牛仔裤时，那些水滴清新、玲珑而又透彻……

邻居阿姨又叫了我一声："浅浅，你妈穿你买的新裙子没？"

"我觉得她的牛仔裤更好看。"

母亲又一脸疑惑地望着我。

小学组

知与学的边界

陆至君　上海宝山区实验小学五（8）班
倪明娅　指导老师

今闻邹老一言，知学之界，放学一路，感慨良多。

——题记

人并非生而知之者，学而知之，体而知之。

步于街上，望琳琅街景，路经一铺，果蔬满台，桃柠之酸甜，稻麦之果腹，我知矣，而何以种得，我不知。仅知其土出树结，细一思忖，何以为工，何以为肥，也不曾知矣；又窥街边之草木，其春芽夏花，秋果冬寂，我知矣。然季节缘何更替，晴雨何故交替，则非一时可解。强做知态，犹如古人之所云龙王降水，天狗食月，背离真理也。

万事万物，所蕴自然之理，深不可测，下而挖之，上而探之，求索之路，永无止境。是故知而有界，学而无界，全知全能，终未可抵，故不必强以为知。谦谦君子卑以自牧，方能心诚而学，不至盛满为灾，难窥大道。

吾辈当不以不知为耻，而以不学为耻。可学之理，皆由不知向知之而变，遇事不知、不懂、不解，实乃人之常事；但不问、不想、不学，则难以为进也。求学之道，不知之时，不必遮掩，谦而求学，方可知矣，待已知晓，则进而探索，温故知新，传道授业，助他人解惑，邹老之知学观，应为如是。

行至家中，感亲情温馨，却觉此知而难学矣。父母之怜爱，亲友之关怀，乃至家犬之摇尾期盼，都非课本文字之可解。至于快乐、幸福、亲情，更非可学之物，然仍可知矣。非学而可知，其经历体悟之功用也。"纸上得来方觉浅，绝知此事要躬行"，是故学而有界，知而无界。

人生在世，不能只晓冰冷之理，不解温暖之情。世间之理，可学而知之，世间之情，则需体而知之。求知难学之情，更需正心明道，秉包容、求同、感怀之心，不以偏颇、刻板、敌意之道待人。待己心有所领，则践行己知，严以律己，宽以待人，让温情充于世间。

子曰："朝闻道，夕死可矣。"不断追寻新知，探寻新理，感悟新情，当是人生不懈的追求。个人的所知所学固而有界，然不断学习体悟追求真知的道路无界。承认自己的知学有界，是为了不断突破自我的边界。不知不必使人忧，吾辈应思何为已知，何为未知，何以为知，知为何求，此乃真知也。

胐胐解百忧

刘宸宸　上海长征中心小学四（2）班
陈　娟　指导老师

小主人家有只猫，它既不会为薄荷的芬芳而沉醉，也不会去霸占主人家那块漂亮的毛毯，唯独钟爱主人的书房。它成天躲在主人的书房，不出去。猫，胖头胖脑的，主人叫它肥肥。

肥肥像只山猫，又像只狸，它身着毛茸茸、黄白相间的皮袄，一对像粽子样的小耳朵警惕无比，那双蓝莹莹的宝石般的眼睛下面是它的樱桃小嘴，最拉风的是它那条纯白的尾巴，又粗又长，走起路来，像甩着条大辫子。小主人已经忘了它是从哪里来，甚至连肥肥自己都快以为它就是只普通的家猫了。肥肥虽然外表与普通猫咪类似，但却有股神秘的力量，其实它能消除人们的忧愁烦恼，是只解忧兽。

那天，女小主人走进书房，抿着嘴，皱着眉。遗憾、不服气、伤心……积攒了一天的情绪，终于爆发了。她胡乱地翻着书，抽泣起来。原来，她在班干部的竞选中落选了。肥肥看在眼里，想为她做些什么。肥肥窜上了书架，默默衔出了本书，开篇就是巴西足球队1954年在世界杯中意外与冠军失之交臂，四年后重振旗鼓，捧回金灿灿的奖杯的故事。嗯，失败只是一时的，就算这次与小干部无缘，但是还有下届，下下届……巴西球员为了世界杯，女孩为了竞选，付出的努力总会得到回报的。女孩似乎懂了什么，她小心翼翼地攀爬上书架，取下一本《提高表达力》的书，对，就从这里开始，让这书本带着她从迷茫与自我否定的谷底上来吧！

男小主人是个好动的小子，他几乎一刻也安静不了。他喜欢在学校的操场上跑来跑去，每次回到教室都是大汗淋漓。只要是节假日，就吵着闹着要出去玩。在公园里，他欢快地在石礅上跳来跳去，欣喜若狂；在池塘边，他用残破的瓦片打水漂，啪啪啪跳了三下，让他一蹦三尺高。就是这一蹦跶，哎呦，他的脚崴到了。受伤了，暂时不能出去玩了，这对男孩来说可真是个天大的打击。回到家，妈妈拿来了奶油蛋糕，希望甜食能给予他一些慰藉，可却毫无用处，毕竟他可是个名副其实的"多动症"患者。肥肥将这一切都看在了眼里，想着如何让男孩爱上不能出门的日子呢？有了！在肥肥尽心呵护的书房里可有万卷书呢。《追梦的鸟儿》带着男孩穿越时光，去到那个有他向往的学习氛围和环境的绿血人星球上，探索有趣的自然现象；《登山圣经》告诉男孩，不仅要有一颗征途万里的心，更需要掌握正确的登山技巧，这样就不容易受伤啦；《牧羊少年奇幻之旅》带男孩来到非洲，他穿越了撒哈拉沙漠，看到了肃穆壮丽的金字塔，并领悟到了埋藏珍宝的地方，实现了梦想……徜徉书海，男孩变成了插着翅膀的精灵，钻进故事中人物的身体里，虽然不能出门，但能"去"的地方却更多，别提多有趣了！

女孩的挫败和忧伤，在书房里豁然雾解；男孩不能出门的烦恼，也在书房里渐渐消散。原来，这世上的确会有许多烦恼，读书，却是许多烦恼的解药。

"又北四十里,曰霍山,其木多榖。有兽焉,其状如狸而白尾有鬣,名曰朏朏,养之可以已忧。"他们可能永远也不知道,它不是肥肥,而是解忧兽——"朏朏"。朏朏守护着书房,让人们跟着书籍去奔赴山海,用一本本书充盈自己的内心,让虚无单调的世界变得斑斓,让充满烦恼的世界变得有趣。

朏朏解百忧,读书解千愁。

向未知进发的时光

李昊彦　上海明珠小学B区五(2)班
桂　雯　指导老师

这是十月的一个早晨,苏州河畔的阳光和煦而透明。我倚在窗前,望着河水不知疲倦地流向远方。手中的笔缓缓转动,迟迟没有落下,当我越想还原一个真实的爷爷时,越是发现对他知之甚少。

记忆中的爷爷十分能干,我甚至觉得他无所不能。家里换了新房,爷爷便化身木工,很快量身定制了衣橱、鞋柜,和商场里卖的不相上下;厨房油烟机罢工,爷爷给重新接了线,居然还能画出电路图,给我讲原理;爷爷还是位出色的裁缝,我上小学前的衣服基本上都是他做的,合身又柔软。因为爷爷的"无所不能",我度过了一个"肆无忌惮"的童年。家里的小电器被我拆了一个遍,而无论我怎么破坏,爷爷总能精准复原,令我崇拜不已。爷爷对于自己的"十八般武艺"很是骄傲,每每我夸赞他的时候,他都会挺挺腰杆,连眼角的皱纹也跟着跳跃起来。

可是,等我稍大些,一向全能的爷爷向我讨教的次数竟然多了起来。还记得爷爷刚换智能手机的情景,他迫不及待地打开包装想要一探究竟，可是面对锃亮光滑的"玻璃板"却无从下手，他第一时间向我求助。我教他开机关机、调节字号、下载软件，他专注地听着，俨然是一名小学生。只是，爷爷的记忆力远不如从前了，有时候教了后面的，他又忘了前面的。看着他对着说明书摸索手机"奥秘"的模样，我忍不住笑话他，但爷爷却丝毫不感到难为情，他一本正经地说："孔子都说了，'知之为知之，不知为不知，是知也。'既然不知道，那就得老老实实学！"前不久，他又开始尝试自己办出国签证，他向我借了英语词典，边翻着词典，边凑到电脑屏幕前，瞪大眼睛，一个字母一个字母地敲单词。您瞧，与世界交手多年，他依然神采奕奕、兴味盎然！

像爷爷这样不懂就问，大方承认自己"不知道"很需要勇气。我曾经就因为害怕被嘲笑而不懂装懂，结果吃了苦头。那是上四年级的时候，有一回数学老师讲完新知识后问大家听懂了没有，让没听懂的举手。当时我并未听懂，可我担心同学笑我笨，就没有举手。心想：只要我不说，别人就不知道。然而，很快我就在考试中露出了马脚，因此丢了分数还挨了批评。

爷爷知道此事后，给我讲了国学大师王国维的故事。王国维是位博古通今的大学问家，可是他在课堂上面对学生的提问，经常坦诚回答"我不懂"。下课后，他会查阅大量资料，弄懂后再为学生解答。通过一次次对"不懂"之处的探究，王国维不仅向学生们传授了知识，自己的学识也日渐精深，最终成为了清华国学院的著名导师。听了爷爷的讲述，我意识到自己的不足，同时对韬奋先生说的话理解更深了一层，他说："其实世界上有哪一个是全知全能的？所以我们对于不知道的事情就老实承认不知道，这正是光明磊落的态度，有什么难为情？若遮遮掩掩，无论一旦露了马脚——而且这种马脚终有露出之一日——更觉难堪，而虚伪的心境，在精神上已感觉非常的痛苦。我们当以不学为耻，不必以不知为耻。"是啊，无知并不可怕，可怕的是对无知掩耳盗铃，最后阻断了求知之路。只有勇敢承认自己的不足，才能不断进步，成为更好的自己。

当我搁笔时，我对爷爷知道得更多了一些：他用"已知"解开了我的"未知"，又用自己攻克"无知"的行动，给了我一个成长的参照系，让我通过对比和反思，看到自己的局限。而那些突破自我、向未知进发的时光，最后都成了生命的馈赠，帮助我跨越一道道从"不知"到"知"的鸿沟，让人生的旅途丰盈而璀璨。就像彼时窗外桅杆上的繁星，印刻着沿途奔波的往昔，也散发着照亮前路的光……

亲爱的猫咪

冯俊熹　上海华旭双语学校三（5）班
赵梦秋　指导老师

　　亲爱的猫咪，这是你离开后的第三个周日。我像往常一样，早早地来到图书馆看书。依然是熟悉的靠窗角落，依然是脏脏旧旧的、坐起来却无比舒服的黄色星星坐垫。我不想换位子坐，我怕你回来会找不到我。就像我不愿从老家搬到上海，我怕他会找不到我。

　　上次给你读到哪了？哦，对，是海桑的《给我的孩子》。"你知道吗，我的孩子，不管你哪一天回来，那一天就是我的节日。"真的是这样吗？亲爱的猫咪，所有的父亲都会期待见到自己久别的孩子吗？我抬起头，迫切地想要从你那大大的、亮闪闪的棕黄色眼睛里寻求答案，往日你总是能替我排忧解难。然而我却忘了，此刻你并不在这，你没有像往常一样慵懒地趴在窗边听我读书。这里没有你丝毫踪影，就好像你从未来过。

　　这让我又想起他了，另一个好像从未来过我的世界，但又与我密切相关的人。前几天是他的生日，我可是从好几天前就一直记得这个事了。我倒数着日历，可真到了那一天，妈妈问我要不要给他打电话说生日快乐时，我却迟疑了，然后若无其事地摇了摇头，拼命地往窗外看。那天的乌云走得特别慢，它们小心翼翼地飘过我的眼前，却堵在了我的心里。亲爱的猫咪，你不知道吧，其实我早就吃腻了糖，我不想再蛀牙。但每到这种时候，我总是想吃上一颗。

和煦的微风拂过薄如蝉翼的窗帘，我回过神来，开始接着读。"我三十岁了，你三个月了。我抱着你，你也抱着我。身后那个偷偷爬上来的孩子，是叫个月亮吧。"多么美好的画面，让我想起小时候，他总是喜欢把我高举头顶，逗得我哈哈大笑。他望着我的眼睛里有好多亮闪闪的小星星，只要有他在，即使在黑夜里，我也无所畏惧。但我现在却连他长什么模样都快忘记了。亲爱的猫咪，许久未见，他也会忘记我的模样吗？我又长高了，也晒黑了些，但笑起来大家还是觉得我像他多一些。我喜欢听他们这么说，这会让我觉得我们并不是除了血缘，毫无相关。

"你病了，等于是天塌了。我们都成了没主意的人，我们对医生微笑，我们对护士微笑。我们不停地点头，恨自己和他们攀不上亲戚。"亲爱的猫咪，你还记得我上半年滑雪摔倒，胳膊骨折的事吗？那个时候我提醒自己一定要坚强，我是小小男子汉，就算再疼我也要忍住不哭。但当妈妈一个人抱着我，在医院楼上楼下地跑时，我再也忍不住了，委屈地号啕大哭。我生自己的气，气自己为什么这么不小心，害得妈妈这么累；我也生他的气，气他在我最需要他陪伴的时候，却一次都未出现过。亲爱的猫咪，这个时候你一定会用你那柔软的小爪子，摸摸我的头吧。你那毛茸茸的脸蛋，总会治愈我一切的不开心。

"你如此宝贵，我怎能占为己有。然而我爱你，我的孩子。"是呀，这世界上哪有父亲不爱自己的孩子呢？每到过节或我的生日，总是能收到没有署名的快递，里面都是我期待已久的玩具。亲爱的猫咪，我知道那是他给我邮的。小时候他和妈妈一起拉着我的手，我们一起在雪地里散步，他的大手温暖又厚实。亲爱的猫咪，你敢相信那时的冬天竟会比春天还要温暖吗？我感受得到他的爱，在我的心里，一直都在。

读了好久，眼睛都有些酸了，我站起来伸了伸腿，习惯性地望了望窗外。阳光温暖又舒服。"喵。"好熟悉的声音，亲爱的猫咪，我知道是你回来了。

童话主角下班以后

王梓赫　上海民办尚德实验学校航头校区五（3）班
姚　涛　指导老师

又是一个平凡的夜晚。又是和往常一样，童话书店老板亲自把最后一个顾客送出门外。又是一模一样的剧情：老板咔哒一声锁好大门，再拖着越来越长的影子消失在路尽头。黑暗像雾一样又在书店里弥漫，一排排书架使劲显露出自己的轮廓，像一幢幢没有人居住的烂尾楼。

梓曰："如果没有意外的话，那么意外就要发生了……"

另一个世界

话说那是半个月以前，一个小朋友无意中翻开了《鲁西西传》，又无意中和身边的同学讨论起平行宇宙来："那是一个神奇的地方，但是什么都和我们的宇宙相反。我猜那里一定有一个被猫统治的星球，而且它们甚至连一篇童话都没有听过！""什么！"要不是必须在书里装出一副可爱的模样，扮演"鲁西西"的卤西西惊讶得差点把眉毛竖起来了！几秒钟后她就想好了："对于小孩子和小动物来说，世界上最重要的东西就是童话！我必须去救它们！"

下班后，卤西西赶紧找到全世界最善良的魔法师——格格巫，了解到原来小朋友说的都是真的,而天鹅绒地毯就是往返平行宇宙的钥匙。此时此刻,这把钥匙就握在他手里。

窗边,皮皮卤(在书里扮演"皮皮鲁")和卤西西肩并肩站在地毯上。卤西西留恋地看了看热闹的书店,又想了想生活在童话沙漠的猫居民,毅然念起了咒语:"唧唧复唧唧!"

地毯忽然变成了一张大牛皮纸,把两个孩子裹了个严严实实。接下来,这张纸又把自己揉成一个团,啪的一声丢进了一面镜子里,只在镜子表面留下一圈涟漪……

梓曰:"谁能想得到,平行宇宙竟然就在书店镜子后面!"

平行宇宙的童话书店

乐乐是猫星球上的一只普通小猫。它不知道的是,这是一个平行宇宙星球,处处都要和地球相反。比如乐乐虽然是一只小学生猫,但是体形超过了地球上的骆驼;人类一旦来到猫星,看上去反而和猫一样大小。当然啦,这个星球上的居民们,从来就不知道什么是童话。乐乐小学都快毕业了,也只学会了写说明文、修改病句和把直接引语改为间接引语。

划时代的一天终于来到了!

差不多傍晚时候,樱花粉色的天空忽然出现一颗流星。乐乐咚咚地一路追过去,惊讶地发现流星降落的地方原来是一家书店。这是多么可爱的一家书店啊:四四方方的小木屋,被鹅黄色灯光照得玲珑剔透;窗口挂着一面乳白色的纱帘,伴随着微风婀娜翩跹,扬起阵阵书香;墙边整齐的书架仿佛张开的翅膀,像鸡妈妈一样呵护着故事书宝宝。只是这闪烁的店名让小猫乐乐不能理解:什么是"童话"呢?

皮皮卤邀请乐乐把头伸进窗口,他自己则屈膝坐在坐垫上,还舒舒服服地倚着书架。书声琅琅,这是皮皮卤在读格林童话《穿靴子的猫》。书中一个个生动的场景在眼前浮现,乐乐震惊得都快把三瓣嘴撑圆了!

故事接近尾声时,卤西西急忙爬上梯子,又从第五层抽出一本《猫的天堂》。

一传十,十传百,最后就连国王都来书店听皮皮卤讲故事。从此以后,每一只猫的眼睛里都有了光,小脑袋里都充满了想象力,所有的猫都过上了幸福的生活。不信的话,你可以随便找一枚猫星球的金币,上面清清楚楚地镌刻着:世界上最重要的东西就是童话!

皮皮卤和卤西西呢?他们当然还要回到童话书里上班呀,因为他们是主角嘛。不过大家放心,他俩每天都会在下班后穿越回平行宇宙,和猫星居民们一起读童话故事。这倒也不是说他俩多么好为人师,而是卤西西从丑小鸭那里换来的地毯实在是多到用不完……

梓曰:"跟着苍蝇会找到厕所,跟着蜜蜂会找到花朵。和喜欢童话的人在一起,慢慢地你就会热爱生活。"

吃童话的猫

陆梓骏　上海实验学校附属东滩学校五(3)班
袁凯怡　指导老师

巨大的书架上,陈列着琳琅满目的童话书,这是喜爱童话的兄妹——陈童和陈话的宝藏。喜欢读童话故事他们每天都会从书架上挑选一本自己喜欢的书,沉浸在童话的世界里。

只是这天,当书页翻动,陈童却感觉双眼模糊,当他睁大双眼想仔细看看时,却发现原本幸福美满的童话变得悲惨无比——白雪公主吃下了那一颗毒苹果,却没能等来救她的王子,从此长眠;灰姑娘没有赶上午夜的钟声,在巫女的魔法中消失在了森林里;小红帽和奶奶没能逃出大灰狼的血盆大口,从此销声匿迹。

诧异的陈童连忙找来陈话,两人共同商讨这件事情。

"这些童话怎么会这样?它们不是应该有美好的结局吗?"

就在他们疑惑的时候,一个声音在他们心中炸响:

"因为我吃掉了它们。"

兄妹俩吓得不轻,四处寻找声音的来源。只见窗边,一个白脸棕毛的大脸猫正看着他们,硕大的瞳孔中散发着一丝疲惫。

那只猫并未张口,却能口吐人言:"我是米奇。来自一本童话杂志的世界,我只是太饿了,想吃点东西。我不会伤害你们的,我只是想和你们做朋友。"

陈童和陈话安抚自己惊讶的心情,询问米奇:"你是怎么从杂志里跑出来的?你为什么要吃童话?"

米奇将脑袋懒洋洋地靠在窗边:"我是童话世界共同汇聚的灵魂体,我以童话为食,才能维持我的体形和力量。不过你们不用担心,我只是吃掉了童话的结局,不会影响童话的主体。"

听了米奇的解释,他们觉得十分神奇,只是他们仍然不解,为何米奇要"吃童话"。

"那你为什么要把童话的结局变成不好的结局呢?你不喜欢童话吗?"

米奇叹了口气:"其实我很喜欢童话,它们给我带来了无数的快乐和温暖。只是如今的孩子们都沉迷于手机和电脑,比起童话里的幼稚故事,它们更喜欢紧张刺激的各种游戏。童话因此无人问津,久而久之,我的力量也在渐渐消失,变得饥饿和孤独。"

听了米奇的心声,陈话说:"原来如此,但是你这样做是不对的。你不能随意改变童话的结局,那样会破坏童话的美好和意义。我有一个主意。我们可以在书架上找到那些被吃掉结局的童话，举办一个童话故事展览，让小孩子们自己执笔，重新续写童话故事。这样既可以恢复童话的原貌，又可以让孩子们重新回到童话的怀抱中！"

听完此话，米奇双眼重新焕发光芒，连连点头："我赞同！"

说干就干！陈童和陈话分工明确，一个负责找书，一个负责挑选，那些被孩子们遗忘的童话，都被展示在了展览上。他们邀请其他孩子们来参与。在展览中，孩子们聚在一起，分享着自己的童话创作。他们用想象力和创造力编织出一个个美好的结局，这些幸福与快乐，不断将童话的世界缝补，让它重新变得鲜活起来。

正是在他们的努力下，孩子们重新开始阅读童话，重拾对书籍的热爱。吃童话的猫也渐渐恢复了正常，那些童话里的美好，重新扎根发芽，在孩子们的心中开出一朵童真稚嫩的花朵！

精灵书店

方清岚　湖北十堰东风国际小学五（4）班
周　莹　指导老师

等到初夏时，我们开书店也有两个月时间了。此时，正值黄昏，灿烂的晚霞让我的思绪随风飘到了那天下午……

我和同伴阅阅是来自精灵世界的小精灵。我们都很爱看书，那书中的情节一波三折；那书中的描绘，令人身临其境；那书中的故事，让人沉浸在书的世界里不能自拔。因此我们迷恋书、热爱书，可我们发现人类有许多人都不爱看书。于是，我们来到了人间。我们通过了半年的努力，开了一家"精灵书店"。

越喜欢看书，你就越能看见更多的精灵。不知为什么，不知谁说起这个消息后，就开始有很多人慕名而来。可他们并不是很爱看书，所以只能看见一两只汉字精灵——躲在书中的汉字精灵，往往是一闪而过。那些人，眨个眼睛就看不见精灵啦。因此，他们更加迷恋这个书店。书店里的书，就像有一股神秘的力量拽住了他们的心。

来"精灵书店"的人越来越多了，我们也越来越开心了。

这天，来了一个女孩，我们惊喜极了。这个女孩居然坐下看起了书。其实很多人是来看精灵的，也没多少人在认真看书。这时，看书的女孩看见了汉字精灵。她伸手轻轻拨弄了一下汉字精灵。一会儿，又见汉字精灵贴在她耳后说着什么，一会儿，她们又一起看着书。女孩很高兴，她把汉字精灵捧在手心里，走过来问道：

"请问，我能将它带走吗？"

"你和汉字精灵是一对好朋友，我们不会拆散你们的！但是你只有带走这本书，才可以带走汉字精灵。因为书，是汉字精灵的家。"

开心呀，这本书，终于有了属于它的"主人"。

听完这句话，她高兴地搂着汉字精灵一蹦一跳地跑了出去。

早上睁开眼，又是美好的一天。我推开窗户，感受着晨风的悠凉，脑子顿时一下就清醒了。换了一身衣服，走下楼，迎着日出推开了店门。

一个男孩走了进来。他拿起一本书翻了起来。我一看，便知道他是寻找精灵的。我走过去，轻轻地拍了拍他的肩头："只有用心阅读，才能吸引来精灵！"随后，他涨红了脸说："我才一年级，很多字不认识……"我听后抱来了一只猫："这是我们店里的'万能猫'。只要你想让它干什么，它就能干什么。"男孩闭上了眼睛，双手举起猫，默默念道："我希望它能给我读书。"下一秒，万能猫张开嘴，朗读起了这本书的内容。小男孩听得津津有味，喜笑颜开。

"阅读一时，受益终生。阅读是个好习惯。我们要养成这个好习惯。"这是我们书店的标语。

在我们的努力下，越来越多的孩子爱上了阅读。我们的精灵书店，也成了最热闹的书店。希望能有更多的孩子爱上阅读。这是我最大的心愿。

行到水穷处，方知轻与重

管上集　上海育贤小学五（1）班
李　宏　指导老师

在那段战乱频仍而动荡的岁月里，邹韬奋先生并没有让理想泯灭在漫漫硝烟之中，他拂去战火的尘土，静静地审视人的内心世界。

他看到了同辈人物为求虚名而拿腔作势最终招致一身困窘之后，他曾慨然疾呼道："世人皆不能全知全能，人们当以不学为耻，不必以不知为耻。"究其实，认识到自己并非无所不能是通向至臻完善的关键，它不仅需要承认自己无知的勇气，更需要光明坦荡的胸襟，正如朱熹所言："论先后，知为先；论轻重，行为重。"知之才能学之行之，而后方能识之愈明。

这一知之"先"与行之"重"的哲理，早在那一次游山之旅便深深地烙印在了我的脑海里。那日晴云烂漫，山林里的清风捎来了苍谷的幽凉，行至水穷之处时，放眼望去阳光透过叶隙洒落在平静的湖面上，恰似刘禹锡笔下的"潭面无风镜未磨"，而这一片银镜被不时乍起的微风吹起了阵阵涟漪，看见这一派惬意之景，父亲不禁童心大起，提出与我比画"水上功夫"。

然而，鲜少接触水漂的我尽管兴致勃勃，却不知其中道理。凭着体育课上丢铅球的经验与自己的猜想，我寻得了几个又圆又重的石子信心满满地回到湖边，在空中用力挥动几下便朝湖中丢去，却见那石子咕噜一声便重重地沉下了湖底，随后的一连十几下如出一辙。看着父亲的石子在湖面上连连激出一个个小水花，懊恼之中满是不甘，便使着性子不听父亲的指点仍旧按照自己的想法比画，每一次闷响的落水声就好像重重地砸在我的心上，粉碎了我的自以为是，在垂头丧气之后，我终于认真学起了父亲。

与我所设想的大相径庭，父亲所找的石子又扁又轻，薄薄的宛如蝉翼，而投石的姿势也与我大不相同，只见父亲蹲下身子，轻轻一挥，好似抛出飞盘，平稳地将石子旋转着送出使其得以和水面齐平，待其刚和水面接触时，竟像有生命一般跳跃了起来，在空中继续滑行。惊愕之余，我满是不解，只听父亲缓缓道来，旋转的石块能够抵挡水面的阻力，而轻盈扁平的石块才能不至沉入水中，从而保持"飞行"的姿态。

深究其理，竟是别有一番天地，无知而不自知的我就像那沉重的石块，捆绑着一意孤行的枷锁，沉入了虚无的湖底。而当我恍然意识并勇敢地接受自己的无知时，我便卸去了沉重的包袱，变得轻盈自在，沐浴在光明磊落之中，在人生的海面上翩翩起舞，激荡起绚丽的浪花。

书的角落

江雨霏霏　上海大学附属嘉定留云小学五（3）班
王明意　　指导老师

有一点人们必须明白，书，也可能是件可怕的东西。你看，书里装满了故事，他们在书架上，在地板上；他们有时很大，有时候很小；他们或立，或躺，或四仰八叉，或静静等待。

所以，你需要一个图书向导员。

图书向导员就是在变幻莫测的词句海洋中，为你指路，帮你避开急流和暗礁的人，不然你随时都会淹没在混乱的故事中。

我刚好就是一位了不起的图书向导员。你瞧，在迄今所有奇境的居民中，就数我学识最为渊博。坦白地说，要是你见过奇境其他一些生物，你一定会觉得他们比鸭嘴兽还要荒谬。

举个例子，就比如一位金色头发叫爱丽丝的姑娘，她也曾来到我的图书馆中。像她那样一个笨笨的姑娘，没有我的指导，在书中简直是寸步难行。

总的来说，有一个像我柴郡猫一般智慧的图书向导员真是所有人的幸运。

爱丽丝这姑娘把广告给打到了兔子洞上面。所以每当到了图书馆开放日——周四的时候，就有好多孩子一个接一个被家长从兔子洞上推着滑下来。为此，在我的强烈要求下，红桃女王还专门装了一部完全由我设计的图书馆专用电梯。

毫不夸张地说，没有孩子能不从我这迷上图书。只要我带着他们在书中畅游，所有的书都对他们敞开友好的大门。

但是今天，我碰到了一个例外。那是一个有着棕色长头发，长得干巴巴的小女孩。眼神特别犀利，在奇境中，像她那样盯着东西，能直接把东西烧出一个破洞。像往常一样，我一挥手，图书馆变成了科普文中的实验室，空中飘浮着大段大段方方正正的字母。那女孩严肃地盯着这些黑色字母，她张了张嘴巴，想说些什么，我并没有在意，又照常换到了第二本书。这本书画面极美，呈现出朱丽叶斜倚在阳台上，痴痴地看着黎明的玫瑰墙的画面。可是，小女孩打量着那些粉色爱心泡泡似的文字，又皱起了眉头，那锐利的目光直接把泡泡们都戳破了。我们又跳到了第三本书，这是一本很神奇的中国童话。上面的马良只要轻轻挥动画笔，就可以让这个世界变化万千，空中俏皮地跳出了一排排金色的文字，可她疲倦的眼神没有显露出一丝好好读读的意愿。但是我并没有放弃，接着我又换了散文、小品文、古文……

这个孩子和洛里娜一样，倔得就像舞会上的蜗牛。

我大声质问:"你为什么不喜欢书呢?书多么美好。书可以使世界千变万化,使你丰富多彩。"

"可是,这是你们眼中的世界,你们眼中的我,关我什么事情!"

说实话,我被她的话定住了,呆呆地听着她那奔流而出的诉说。

"从来没有人愿意听我说书里面讲了什么。你们,包括那些拿着手机刷视频的大人,总是说自己很忙,没有时间听我讲完这些没有意义的东西……"

泪水早已模糊了她那尖锐的双眼,让我强硬的心也软了下来。我轻轻地打了一个响指,便跳出了一个金色的勋章。接着,一群小动物涌进了图书馆,隆重地把这个勋章别在了小姑娘的衣服上,就和当年给爱丽丝颁发别针一样严肃庄重。小女孩惊奇地瞥了一眼勋章,我微笑着告诉她,这是一枚图书向导员的徽章。带上它,就可以在每个周四和我一样带着孩子们进入书的世界。请你务必向他们尽情地展示书的魅力吧。

小女孩泪流满面的脸上绽放出了笑容,在向我猛地点头的瞬间,酒窝泛起智慧的光芒。她一定能成为一位非常称职的图书向导员,就和我相信自己一样。

小英子和小毛球

胡淳元　上海徐汇实验小学四(4)班
苑文丽　指导老师

小英子小小的床角摆着几本已经被翻烂的书,每天陪她睡去,陪她醒来,陪她度过孤独的一分一秒。

小英子的父母在大城市打工,奶奶带着她在小镇生活。奶奶年纪大了,生着病,没精力陪她。小英子喜欢看书,于是妈妈上次回家时买了几本，小英子视若珍宝，翻来覆去地看。

有一只流浪猫不时会来陪她。小英子叫它"小毛球"，她喜欢轻轻抚摸毛球的背脊，再丢给它一条小小的鱼干。

这天晚上，小英子在床上辗转反侧，怎么也睡不着，忍不住自言自语："爸妈什么时候再回来？能不能买几本新书？可是，他们还要攒钱给奶奶看病……"这时窗外传来簌簌的声音，毛球不知从哪里蹿出来，跳上窗台轻轻说："我送你三本魔法书，它们可以随你的心意变成任何内容！但是你记住了，我只有这三本魔法书，可千万别弄丢了！"

小英子啪一下打开灯，哇，是真的！她想着童话时，书里是精彩的童话故事，当她打开另一本书，转念想看科普时，里面又出现了奇妙的科学知识！她开心极了："谢谢你，毛球！"咦？毛球已经不知所踪。

第二天一早，小英子把书小心翼翼地放进书包，走路上学。

走着走着，她遇到一个号啕大哭的小男孩："我的玩具摔坏了，我没东西可玩了！""别哭，送你一本书，书里的故事怎么都看不完，你一定会喜欢的！"小英子把第一本书变成了童话书。

走着走着，她又遇到一个垂头丧气的高中生："我英语总是考不好，老师说我需要多看书！""别灰心，送你一本书，书里的内容无穷无尽，肯定能解决问题！"小英子把第二本书变成了英语书。

走着走着，她又遇到一个愁眉苦脸的商人："我的经营知识还不够，我新推出的产品没有销路！""别着急，送你一本书，书里有好多关于商业的知识！"小英子把第三本书变成了商业书。商人读后不久，生意就红火起来。

这是一条很长、很长的路，当小英子终于一个人走到学校时，她摸了摸空空的书包，才想到自己的书原来都已经送走了，一阵悲伤突然袭上心头，她忍不住蹲下来，抱住膝盖默默哭泣。

"你怎么哭了？"小英子又听到毛球的声音。

"对不起，我把书都给了别人。我没有书了。"小英子擦着眼泪。

"没关系，你抬头看看！"

不知何时，商人来到了这里："孩子，你教会了我分享的意义，我想为镇上所有的孩子建一座图书馆，你会来帮忙吗？"

一个灿烂的笑容绽放在了小英子的脸上。

从此，她每天放学都到图书馆整理、阅读，旁边还有一只静静趴着晒太阳的猫。

只是那天以后，小毛球再也没有开口说话了。因为它知道，小英子再也不会孤单了。

一只"自由"的猫

崔柏冉　广东广州东荟花园小学四（6）班
孔艳芳　指导老师

我是一只猫，一只自由的猫。我没有主人的管束，想去哪就去哪。我沐浴过温暖的阳光，也见过皎洁的月亮；我可以跳上房子的屋顶，也可以穿梭在小镇的街巷。我饿了就吃，困了就躺，生活得悠闲自在，无拘无束。我时常在想，这应该就是自由吧。直到那一天，我的想法发生了转变。

那是一个阳光明媚的上午，吃完早饭，我照例闲散地溜达着，不知不觉来到一扇窗户前。这窗户好大呀，明亮的玻璃窗敞开着，太阳在玻璃上折射出耀眼的光。窗户里面是什么样的呢？带着这个疑问的我奋力一跃跳上了窗台。我探着脑袋朝里一望：哇，好大一座图书馆啊！一排排木头书柜里整齐地摆放着各种书籍。书脊上印着许多奇奇怪怪的名字，有的像是中国人，有的像是外国人。墨香伴着木头书柜的香味一阵阵地飘到我的鼻子跟前，好闻极了。顺着这味道我伸长了脖子，只见不远处的一排柜子前，一个小女孩正爬着梯子去拿一本高处的书。而梯子脚下的小沙发上则坐着一个穿红毛衣的小男孩，手上捧着的那本书已微微泛黄。他俩太全神贯注了，以至于都没有发现我。我不禁纳闷，书有那么好看吗？他们为什么不出去抓蝴蝶呢？这么待着也太约束自己了吧。

那天晚上，我有生以来第一次失眠了，脑子里不断浮现出白天的情景。我抬头仰望，屋顶上的天那么高那么远，黑色的夜空中闪耀着几颗忽明忽暗的星星。回想起平日里的生活，我突然觉得有点空落落的。虽然我踏遍了每一条巷子，可我从来没去过小镇以外的地方；虽然我可以攀上屋顶，可却够不到上面的天空；虽然我享受过阳光的温暖，欣赏过月亮的柔美，可却不知道它俩为什么总是交替出现……我仿佛每天都在重复一样的生活，饿了吃困了躺，一样的街景一样的光阴。我这么自由，为什么却越来越觉得没意思了呢？白天见着的那两个小孩，为什么那么津津有味呢？难道书里藏着宝贝？……我决定第二天再去图书馆一探究竟。

一样的春风和煦，一样的阳光明媚，我又来到了那扇窗前。里面还是一样的温暖，一样的充满书香。女孩与男孩肩并肩坐着，这次他俩一起捧着一本厚厚的书，有时瞪大眼睛，有时张大嘴巴，有时又情不自禁地发出一声惊叹。阳光透过窗棂洒进屋里，木头书柜是金色的，手中的书是金色的，他俩的眼眸也是金色的。我仿佛看到了一道金色的阶梯从书中缓缓呈现出来。阶梯上铺满了各种文字和图画。我正抬起脚朝那儿走去，却不想踩了个空，从窗台上滑落进了屋里，不禁喊了一声："喵——""咦，小猫咪。来，到我这里来。"小女孩亲切地招呼我。我便温顺地盘腿依偎到她身旁。我终于看到书里有什么了。这里有我想知道的一切：原来地球是圆的；原来小镇不过是地球上的一个小点点；原来星星的后面还有浩瀚的宇宙……那些困扰我的问题，都能在里面一一找到答案。我就像打了一个新世界，这里五光十色，目不暇接。我感到身体越来越轻盈，渐渐和灵魂融为了一体，时而在星际中飞舞，时而在海洋中遨游，时而和古人聊天，时而跟未来对话。

这一刻，我感到前所未有的舒心和畅快。虽然我身在这间屋子里，但是思想早已乘着知识的风帆去向了远方。原来知识带来的精神自由才是真正的自由啊！我终于成了一只"自由"的猫。

我是一本书

胡桢析　意大利罗马中华语言学校四年级下册
盘子榕　指导老师

大家好，我是一本书，一本不被喜爱的书。我体内流淌着母亲用文字拼凑出的故事，我的母亲常说，我是她的心血，是她日日夜夜积起的宝藏。可是除了她好像没人喜欢我，我是一本失败的书吗？

我所生活的地方是一个图书馆里非常安静的角落，岁月仿佛从眼前流过，早已数不清这是与母亲分别后的第几年。

每当窗前的星空被太阳彻底点亮，便会有人来到。他们从我所生活的架子旁经过，我心中总会期待着他们将我拿起，专心阅读我的母亲写下的文字。

如果幸运的话，他们会好奇地读上几页，可是每次留下的却是失望的表情，或许我的存在真的如他们所想，很无聊很无趣。但母亲曾说过，总会有人来喜欢我的一切。

在阳光和煦的午后，我观察着我的四周，阳光透过窗帘洒了进来，照在身上暖洋洋的。木质的书架前，一个小男孩正津津有味地阅读着，我好羡慕他手中的书。我曾想过，或许是我的内容不对，可它们都是母亲给予我的，要珍惜，要感恩。

一只毛茸茸的小家伙总会来找我，它站在书架下静静地望着我们，它也想读书吗？它又来了，可今天的它并没有看向书架，或许它早已认清事实。母亲曾说过，只要努力就会有收获，她嘱咐我一定不要忘记自己的梦想与初心。我想安慰它，跟它说不要灰心，我可以把故事讲给你听。

一个小女孩缓缓走了进来，她圆滚滚的黑眸四处观察着，我开始紧张起来。她的视线最终落在我身上，眼眸亮起星光。是她吗？她会喜欢我吗？她爬上一旁的楼梯，每一步都狠狠地在我心上敲了一下。

最终她拿起了我，我与她度过了漫长且难忘的时光，我与她在一页页的故事中，找到了心灵的衔接处。那一刻，我仿佛见到了我的母亲，她笑着对我说："谢谢你，保护着妈妈存在过的痕迹。"

那些在角落的黑暗中度过的时光，终于迎来了白天。我的内容或许是无聊的，却又那样的独一无二。我存在的意义，好像越来越清晰：我保存着一笔一画写出的故事，当读者翻开我的页面，当我记载的文字在他们脑海中生动起来，那一刻的情感，便是我存在的意义。

或许我们不会被很多人喜欢，但普通平凡的我们，也会遇到独属于我们的心灵读者。

老猫的心愿

陈祈泽　上海师范大学松江科创实验学校三（1）班
杨　帆　指导老师

我叫大橘，是一只橘斑纹的老猫。因为我对什么都提不起兴趣，我变成了肥嘟嘟的样子。终于有一天，我看不惯自己邋遢颓废的样子，我决定去找天使帮忙，获得重生的机会。

我诚恳地向天使祈求重生，我一定会把每天都过得充实。天使摸了摸我的脑袋，温柔地说道："你需要收集100种不同的人类情感来兑换重生的机会，但你这一生的记忆也将被删去。等你收集完，我就会来找你！"

我带着对新生活的向往，开始四处寻找人类情感：在小吃店里我收集到了满足，在公园里我收集到了舒畅，在海滩边我收集到了浪漫，在体育馆里我收集到了激情……足足半个月我才收集到38种情感，这样的速度太慢了，我感到生命流逝的压力。

一天清晨，喜鹊给忧心忡忡的我出主意："你去中央大街逛逛，那边人多，说不定一下子就能收集到好几种情感呢！"听了喜鹊的建议，我立刻往中央大街赶去。大街上有一棵巨大的樱花树，随着春天的微风，花瓣在空中盘旋飞舞。我追着一片飘逸的花瓣，来到一个落地窗前。

我探头张望：有个男孩坐在地垫上看书，有个女孩趴在高梯上取书，还有许多孩子坐在长桌前捧着一本本书津津有味地看着呢！我好奇地问坐在地垫上的男孩这是哪里。男孩奇怪地看了我一眼回答："这是儿童图书馆呀。"我又问道："现在才9点，你们怎么那么早就来看书了？"男孩笑着回答我："因为这里的藏书丰富，每本都写着精彩的故事，我们都喜欢来这里阅读！"我突然眼前一亮，想到这里可能是快速收集情感的好地方，赶紧追问："书本里有写不同的人类情感吗？""那当然，要多少有多少！"男孩不假思索地回答，"你要不要坐下来和我一起看？"

我带着尝试的心情坐下来看书，没想到这一看就入了迷。我在书的海洋里，见到了战争中英雄慷慨就义的爱国之情，见到了伙伴之间互帮互助的惺惺相惜之情，见到了科学实验获得成功的喜悦……我收集的人类情感越来越多！

我变了，每天我都风雨无阻地出现在图书馆。直到有一天我沉浸在书中时，突然有人推了推我，抬头一看竟然是天使！她微笑着说："大橘，你已经集齐人类情感了，我现在就可以完成你的心愿，把你变成一只崭新的小猫。"我听完一愣，竟然犹豫了。我低头沉默了很久，开口说："对不起，好心的天使。我很喜欢现在的生活状态，我喜欢上了在书里体验不同的人生，我不愿意抹去现在的记忆。只要能过好接下来的每一天，那我这一生也算是有意义的。"天使带着理解的目光离开了，我的内心感觉更踏实了。

我的心愿早就实现了，我已经找到了一种充实生活的方式。

夜晚奇遇记

张诣琛　东华大学附属实验学校四（11）班
周　波　指导老师

一个月明星稀的夜晚，书房里传出一阵激烈的争论声。

"我的火箭弹在你还没准备好的时候就能发射了，你的导弹数量再多也无济于事。"小芭叉着腰说道。哥哥小乙和妹妹小芭是一对军事迷，两人正为哪个武器更厉害而争论着。小乙丝毫不肯相让，不服气地说："你的火箭弹虽然快，但是打不准。我的近程空对地导弹可以精准打击你的火箭发射巢，你的火箭弹就等着全军覆没吧！"小芭气得涨红了脸，却没想出语言反驳小乙。她气鼓鼓地爬上了梯子，试图再去书架上找本书来证明自己的观点。

小乙得意地翻阅着手中那本《现代武器图鉴》，突然拂过一阵微风，他感觉碰到了一个毛茸茸的东西，扭头一看，竟是一只硕大无比的猫。那猫眨着泛着绿光的眼睛，竟然说起了话："你们兄妹俩别争了，不如和我出去玩吧。"小芭也被吸引了过来。兄妹俩的好奇心战胜了恐惧，于是向大猫靠近。大猫甩了下粗壮的尾巴，把他们固定在它的身上，一个纵身，就跳上了房顶。大猫轻轻一跃，就跳到了对面大楼的楼顶上。兄妹俩牢牢地抱着大猫，兴奋地尖叫起来。

大猫带着他们蹦跶了好一会儿，找了个房顶坐下休息。大猫举起爪子，说："快看。"小乙顺着它指的地方看去，原来是一个夜市。只见一个烧烤摊店主扇着扇子，烤架上跳动着闪耀的火星，那一串串肉滴下的油发出嗞嗞的声音，带着香气的烟雾就此弥漫开来。旁边一个年轻的妈妈带着可爱的孩子买了个彩色的棉花糖，孩子的脸上洋溢着满足的笑容。再往前看，几个人三三两两地围坐一起喝酒聊天，互相倾诉着烦心的事。"这有什么特别的？"小乙忍不住问道。"这是我最喜欢你们地球的地方。"大猫说道，"在我们普达丈星球可看不到。看你们两个小军事迷，我们星球的军事科技比你们厉害太多了。可是正因为这样，我成了一只没有家的猫了。"说到这儿，只见它尖尖的耳朵垂了下来，原本甩动着的尾巴无力地拖在地上，明亮的眼睛也黯淡了下来。"我们普达丈星球在战争中毁灭了，我乘坐的逃生舱降落在地球上。我白天只能藏在没人的山洞里，晚上才敢出来透透气，想着我的家人不知道飘浮在宇宙哪一个角落……"

大猫难过极了，把小乙、小芭送回去后，连再见都没说一声就不见了。兄妹俩呆呆地站在原地，不知道该说什么才好。还是小乙先开了口："好了，不争了，我的好妹妹，战争太可怕了，真希望永远别见识到那些武器的威力啊！我讲个别的故事哄你睡觉吧。"小芭红着眼睛，点了点头……

夜深了，星空下的城市，显得格外宁静与祥和。

橘 猫

郑相宜　上海向阳育才小学四（5）班
朱晨愿　指导老师

皎洁的明月渐渐升上了夜空，忙碌的人们也进入了梦乡，只有我卧室的灯还亮着。

我在床上翻来覆去，一直睡不着，就下床来到书柜前。

　　书柜上，一本闪闪发光的书，好像在吸引着我，让我看它。我立马就好奇了起来，爬上梯子，伸手拿到了那本书，开始阅读。

　　这本书叫做《巨大的橘猫》，很薄。书里的第一页写道：在漆黑的夜里，巨大的橘猫会挑选一位睡不着的小朋友，带他飞上天空观看各地的美景，最后飞回家里。那些被橘猫带到天上观看美景的小朋友，回到家后，总是睡得很香。

　　看到这里就没有了，我只好把书放下。正在我百思不解的时候，突然有一只巨大的、可爱的、胖嘟嘟的大橘猫坐到了我的身旁。那只大橘猫模样长得跟普通的橘猫一样，但体形却是普通猫的十倍。

　　我诧异地看着橘猫，橘猫竟然开口说话了："你好呀！我就是你刚才读的那本书里提到的橘猫。"橘猫话音刚落，我抢先一步说道："你是不是会像书里说的一样，带着我去天上观看美景啊！"橘猫点了点头，叫我坐在它的背上，带着我飞出了窗外。穿过云间，只见天上繁星闪烁，一眨一眨，像是在跟我打招呼；地上的建筑亮着迷人的霓虹灯，五光十色。

　　顷刻间，橘猫竟然把我带到了北京八达岭长城。我仔细一看，不愧是万里长城，就算在天上，也看不到长城的尽头。长城延绵不断，景色壮美。长城下的山坡此起彼伏，而长城丝毫不比底下的山坡逊色。长长的条石拼成台阶，青灰色的石墙，顺着山势，伸向远方。长城就像一条巨龙盘绕在山间，呼啸着，沉吟着，诉说着千年以来的动人故事。

　　当我还沉浸在长城的震撼中，不知不觉，橘猫又带我来到了杭州西湖。

　　夜幕下的西湖，倒映着月光，波光粼粼。露出水面的三潭，若隐若现，远处的雷峰塔，点缀在静谧的背景中，像极了一幅优美的山水画。垂柳的树叶，时不时飘进湖面，漾起一片片涟漪。"西湖真美啊！"我忍不住感叹了一声，难怪大诗人苏轼写道："欲把西湖比西子，淡妆浓抹总相宜。"小鸟在湖面上盘旋，迟迟不肯离去，估计它也被西湖迷住了吧！

渐渐地，我有了一些困意，慢慢地闭上了眼睛。

"呀！宝贝，你怎么睡在地上？赶紧起床，准备上学了。"妈妈的说话声把我吵醒了，我缓缓地睁开眼睛，发现自己正躺在书柜下，旁边放着一本书《巨大的橘猫》。我连忙翻开书，发现原来空白的那些页，都增加了橘猫带着我观看美景的词句，先前薄薄的书变厚很多。最后一页写道：如果别的小朋友睡不着，你愿意变成橘猫带他们观看美景吗？我迅速地在书上写了两个字："愿意"。

大脸猫和小学娃

史岚尹　上海师范大学第一附属小学五（6）班
唐伟青　指导老师

"大脸猫"是水岸小区里的明星猫，那是一只长得虎头虎脑的狸花猫，大脑袋、大眼睛、大脸盘，伸懒腰的时候喜欢把嘴巴张得大大的，因此小学娃的奶奶给它起名叫"大脸猫"。

大脸猫最喜欢的人是奶奶，因为奶奶总是宠爱地叫它"我的大宝贝"，还隔三岔五地给它买好吃的猫条和猫罐头，太阳好的时候，奶奶能抱着它在洒满阳光的阳台上坐一下午。相比奶奶的宠爱，家里对大脸猫最不重视的就是小学娃。小学娃是奶奶的大孙子，是水岸小学三年级的学生，他不仅从来不给大脸猫买好吃的，还经常冲着撒娇的大脸猫发火："不要打扰我看书！""别在我的书桌边上蹭来蹭去，弄得到处都是猫毛……""你又把我的书桌弄乱了，是谁允许你跳上来的！"

一天，大脸猫一边在太阳下打着盹儿一边想：哼，小屁孩一个，整天对我吼来吼去，有什么了不起的，看你那营养不良的样子，哪一天我个子比你大了，保准让你叫我"大哥"！说也奇怪，大脸猫午觉醒来，发现周围的一切都变小了。原先它必须三连跳才能爬上去趴着休息的书架变得只有它一个猫爪那么大了。它经常磨爪子的沙发，居然也只有吃饭的喵喵碗那么大。"喵……喵……"它想开口叫奶奶，倒把自己吓了一大跳，这声音怎么像打雷一样响呀？还好奶奶不在，不然有心脏病的老人家可受不了！它想钻进小学娃的房间，去看看小主人在不在，天哪，原先这么大的门框现在居然只能塞下它的大脑袋了。因为脑袋太大，还被卡在了门框里。"喵……喵……"小学娃听到了它的"咆哮声"走过来。"天哪！妙妙！妙妙！你快来看呀！"小学娃看到眼前的景象后连忙叫来了妹妹，"大脸猫怎么变得这么大了？"妙妙走到巨大的大脸猫面前："你是我们的大脸猫吗？你是不是吃错什么东西了？"她又使劲地拍了拍被门框卡住的大脑袋，大脸猫憋了半天"吼"了一声："喵……""大脸猫怕是得了巨人症，我在一本书里也看到过这种情况，是哪本呢？"妙妙问道。"是《小人国历险记》。"小学娃回答道。"对！对！"说着，妙妙找来梯子，爬上书架找到一本书递给小学娃说道："你看看书里有没有让大脸猫恢复原来模样的办法，好像还有一本《大人国历险记》……"兄妹俩一个找，一个看，忙得不亦乐乎。倒是大脸猫，脑袋被门框夹得生疼，头昏脑涨得只想睡觉，它心想：个子太大一点也不好，舌头大得连好吃的猫罐头都伸不进去，还得靠小学娃帮我想办法。

"大脸猫，开饭了，好吃的猫罐头来一个……"也不知过了多久，奶奶的声音从耳边传来，大脸猫一睁眼，发现自己不知道什么时候睡着了，再回头一看，书架、沙发，还有它最爱的喵喵碗都变回了原样，身体恢复正常了，它高兴地"喵……"了一声。"嘘……"小学娃走到它跟前对它眨了眨眼说："别吓着奶奶，不许乱叫！"这回大脸猫学乖了，它快步走到奶奶跟前，舔了舔奶奶的手，大口吃起罐头来。

怪不得小学娃喜欢看书,大脸猫一边吃一边想,书里的名堂还真不少哩,哪天我也得学着看看。

满纸清梦入画来

孙毓璟　上海虹口区第四中心小学四(6)班
邵　洁　指导老师

院子里的樱花树落英缤纷,曲径通幽处晚风徐徐,摇曳着凉台上的轻纱。在这方恬静的庭院里,外祖母为这对兄妹搭建了一个小小的书屋,木制的书架虽简单却返璞归真,小妹总说每当她抚摸书架,就好像感受到了大自然的温度。

外祖母家还有一只花猫,虽然慵懒却似乎对书画情有独钟,每当兄妹俩来到书房时,时常在书架的隐蔽处不经意间瞧见它的粗尾巴。那尾巴于酣睡中被扰了,也总会略有不满地轻轻拍打几下。偶有几次更是睡在了摊开忘收的书本上,恼得小妹拿它没法,直嗔骂道:"憨书虫。"

说来也怪,这老花猫竟是一直没有个正名儿,外祖母也只唤它花猫。直到有次,兄妹俩来到书屋后发现它不同于往日的趴伏小憩,竟细细地打量着书本上的字,小妹不禁咯咯笑道:"走,去看看有什么东西让它这么着迷呢。"待他们走近悄悄俯身看清那字时,竟乐得不管不顾地揉打起了花猫。不知是巧合还是故意,花猫肥硕的身子压满了大半个书页,只剩那前爪上的缝隙留出了半句诗,直直写着"有三秋桂子",小妹笑得喘息不止:"好,好,咱就叫它桂子!"

说来也是一奇,桂子长得也与秋桂相仿,身披一袭橘黄短毛,就像是尺玉宵飞练醉在了桂树底下,身上撒满了飘香的桂花。自从有了正名儿后，那桂子便来得更勤快了，每当大哥盘坐在书屋里看书时，它便静静地挨着大哥，惺忪着大半个眼睛，一会儿瞧瞧书本，一会儿望望大哥的脸。久而久之，桂子便成了他们看书时必不可少的陪伴，有桂子蜷在脚边，似乎总能隐隐闻见花的芬芳，不知是思绪恍惚了，还是书中画里飘出来的。

小妹也总会梦见桂子，梦里的他们似乎来到了小人国，那桂子却是原般模样，但它并不诧异，巨大的身子依旧懒洋洋地趴在书屋外的凉台上，雪白的双脚惬意地舒张着，探着个脑袋会神地看着大哥手上的书，更随着大哥的翻书声微微晃动着脑袋，好似真的在句句品读。小妹自己则趴在木梯上，在高高的书架上细细翻找。

忽然一阵微风拂过，酡红的纱帘随风而起，带着金桂的芬芳轻轻扫过小妹的脸颊，捎来满纸清梦，勾绘出他们充满文艺气息的童年。

空山迎雨，必欢畅

黄新喻　浙江杭州采荷第二小学教育集团采荷校区602班
牟陈子　指导老师

空　山

小芝麻长大了，她一直想学游泳，但困难重重。

因为她的"新耳朵"不防水，游泳时要拿下"新耳朵"，所以她就听不到教练说话，更无法按照教练的要求进行正常的学习和训练。

小芝麻曾经装作若无其事的样子，在试课的教练面前晃来晃去，看着教练的嘴巴一张一合，她假装自己听到了，像饿疯的小鸡啄米般点着头，可是一到水中就露了馅，她根本不知道教练说了什么，只能在水中乱扑腾。教练不知情，只单纯以为小芝麻笨，没有领悟到自己的话，而不是其他的原因。

迎 雨

阳光慵懒地洒在小芝麻的花课桌上，她正专心地看着一本书，一句话跳入她的眼帘，上面写着："老实承认不知道，这正是光明磊落的态度，有什么难为情？若遮遮掩掩，露出的马脚更让人觉得难堪……"这是著名文人邹韬奋先生的一句话，字字像仙人掌的密刺一样，扎在小芝麻心上。沉思了一会儿，小芝麻恍然大悟，原来之前自己的想法和做法是如此幼稚可笑，她决心试着去改变。

你一定好奇到底发生了什么事吧？

故事要从小芝麻出生说起。刚出生的小芝麻是个可爱的胖娃娃，遗憾的是她的耳朵听不到声音，她的世界非常安静。4个小时的全麻手术，4个小时的麻药缓冲，年幼的小芝麻拥有了"新耳朵"。

高科技"新耳朵"由体内机和体外机两部分组成，体内机是通过手术植入在小芝麻头骨上的，植入体内机需要一台复杂高精度的大手术；体外机像一元硬币大小的圆盘，牢牢地吸在内机上，高科技小耳朵还有个专业名字叫人工耳蜗。有了它，小芝麻就能听到所有美妙的声音。小芝麻长大了，成为一名小学生。她每天佩戴着人工耳蜗，穿着崭新的校服，昂首挺胸地走进美丽的校园。"新耳朵"和普通小朋友的耳朵一样好用，除了游泳的时候。

欢 畅

小芝麻，加油，小芝麻，加油……

青少年游泳比赛的现场上，小芝麻拨水、收手，双腿外翻有力地蹬水，她的大眼睛时不时地扫着左右的赛道，还落后第一名半个身位。

离终点只有20米，小芝麻加快了自己划水的频率，手入水的瞬间，豆大的水花，噼里啪啦地飞溅开，小芝麻拼了。她手伸向泳池边的终点触摸带时，一股神奇的力量电流一般，从手指传到小芝麻的脚尖。那电流是邹先生的话，是小芝麻告诉教练真实的原因，是教练吃惊地睁大了眼睛，更是动作教学取代了语言。

现在的小芝麻，自信果敢，直面自己的缺憾，更直面自己的生活。

云朵历险记

张芷萱　上海交通大学附属小学三（9）班
顾鲜静　指导老师

吐司惬意地半趴在窗台上，安静地看着萱萱把刚收集的故事书《云朵历险记》放到书架上。吐司是一只长得很像吐司的黄白小猫，然而现在它看起来却像一只巨大的怪物，整个身体都飘浮在窗外。

这不是吐司第一次和萱萱、宁宁去寻找故事了，但却是最惊险的一次。

周六早晨兄妹俩又来到神秘树洞，宁宁打开书架上的一本空白书——那是一本魔法书，跳入其中，就可以找寻到新的故事书。萱萱抱紧吐司，一齐纵身跃入书本，一束耀眼的光芒闪过，树洞里空无一人。

"砰——"姐弟俩环顾四周发现掉入了云朵沼泽，越挣扎越深陷其中，最后两人都无法动弹，只剩脑袋露在外面。"吐司不见了！""喵——"伴随着萱萱的惊叫，一个黄白相间的"气球"从沼泽里缓缓飘了出来。"是吐司！"宁宁喊道。吐司的嘴角挂着残云，好似长了白胡子，正努力伸长舌头舔食云朵。

姐弟俩也伸出舌头舔了舔下巴周围的云朵，云朵尝着像奶油，松软绵密，入口即化，但没有味道。两人感到身体变轻了。"快，再吃一点。""哈哈，我飘起来了！"吃了云朵后，姐弟俩的身体也变得像云朵一样轻巧了。

萱萱迫不及待地拉着宁宁肆意探索这奇妙世界：在云朵地毯上打滚；在云海里游泳；飞奔上云山再摘一片云做雪橇滑下来；在云朵蹦床上上蹿下跳，对飞机里的乘客做鬼脸；和鸟儿玩捉迷藏……玩累了，就用云朵做个沙发看日落。

萱萱灵光一闪，姐弟俩迅速摘了几片云，把正懒洋洋睡觉的吐司一把揽入怀，七手八脚把云朵裹在吐司身上，对着晚霞高举吐司，霞光瞬间把吐司染得绚丽夺目。"吐司，你可是第一只身披晚霞的猫！""太美了！"

突然，狂风卷起滔天云浪，远处一团黑云飞速袭来。"是雷雨云！"萱萱拉起宁宁飞奔。可黑云一路席卷，所向披靡，两人一下子被一股巨大的力量卷入云中。宁宁惊恐万分，萱萱虽然害怕，但紧紧抱着宁宁安慰道："别怕，有我在。"姐弟俩被黑云越卷越深，只听见狂风呼啸，连眼睛都睁不开。

过了不知多久，周围安静了。"好痒，谁在舔我？"萱萱困惑地睁开眼，发现身处繁星点缀的夜色中。一只巨大的黄白怪物正温柔地舔着兄妹俩。"天哪，吐司，你怎么变得那么巨大了？""轰隆隆——""快听！吐司的肚子会打雷！"

此时一道耀眼光芒闪现，兄妹俩知道新故事已收集完。他们踏入光芒，瞬间回到了树洞。萱萱爬上梯子将新获得的故事书放好。宁宁再次翻开空白魔法书，书上显现出一行字：恭喜你们找到了《云朵历险记》。不用担心，待肚子里的雷雨云消化后，吐司就能变回原样。

老 猫

盛天翮　上海向阳小学四（3）班
程晓静　指导老师

又是一个温暖惬意的周末早晨，初秋的寒意还没有赶走夏天的尾巴，暖暖的阳光铺洒在房间的每个角落。我还是懒洋洋地卧在窗台上，一边享受着日光浴，一边看着我的两个小主人。妹妹爬上木梯，在书架上翻找着什么，嘴里嘟囔着："我的《小王子》放哪去了？记得明明放在这里的呀！"哥哥坐在棉垫上，靠着书架，津津有味地翻看着《地球的故事》："妹妹，知道吗？地壳运动会形成海沟和山脉，也会引发地震和火山爆发。"妹妹似乎没有听见，继续自顾自地寻找着她的《小王子》。窗外的微风袭来，吹起白纱帘，拂在我的身上，记忆的闸门缓缓地被推开，回忆犹如浪花般涌上我的心头。

是的，以前我并不住在这里，小时候我住在江边，一个涪江流过的县城——平武县，记得那时候姐姐经常抱着我去江边玩耍，江水在群山中兜兜转转，时而跳跃，时而平坦，每次我想伸手拨弄起江边的浪花，但又很快缩回来，生怕弄湿了我的花毛衣。这是个安静的小县城，夜晚的窗边可以听见江水急促的脚步声，哗啦啦，哗啦啦，让我在夜晚不那么寂寞。白天，我常常卧在院子里奶奶的摇椅上，那上面有我最喜欢的软毛垫子，享受着阳光，这也许就是我最放松的时候吧。

总以为日子会这样一天天无忧无虑地过去，但是生活嘛，总有些意外发生。那是一个让我这个记忆力减退的老猫都无法忘记的一天，一个平常得不能再平常的星期一，爸爸妈妈早早去上班了，姐姐也去上学了，家里就只有我和奶奶。奶奶像往常一样开着电视，电视声音放得老高。奶奶迷迷糊糊打着盹儿，而我这个刚满一岁的小奶猫，对一切都充满了好奇，跳上跳下，一会儿扑苍蝇，一会儿撕咬拖鞋。我正玩耍着，突然感觉好像在晃动，我开始变得焦急烦躁，我用力咬了一下奶奶的脚跟，咬着她的裤脚向院子方向拖……奶奶醒来，生气地叫着："你个瓜娃子哈本儿！"我还是没有松口，依旧咬着奶奶的裤脚，奶奶也突然意识到了什么，惊慌地大喊："地震喽！"她立刻抱起我向门口跑去。这时大地开始剧烈地摇晃，房子也在颤抖，还没跑到门口，不知道什么原因，眼前一片漆黑。再醒来时，我感觉被奶奶压在身下，周围散发着灰尘的味道，呛得我喵喵直叫，可身上的奶奶并没有回应我。不知道过了多久，饿得我都没力气叫了，突然上面传来了一些嘈杂的声音，由远及近，慢慢变得清晰，突然，一道亮光，刺得我眼睛睁不开。有人先是抱起了压在我身上的奶奶，然后一双有力的大手一下将我抓了起来，又轻轻放在了一条毛毯上。就这样，又不知道过了多久，我渐渐能够睁开眼睛，但是眼前的一切都那么陌生，我蜷缩着，不知道去哪里找奶奶。一位白衣服的大姐姐很小心地抱起我，帮我清洗身体，喂了我一些食物。渐渐地，我又恢复如初了，我总是跟着这个白衣服的姐姐，因为我也不知道自己能去哪儿。每当她忙得飞起来时，我就默默地等候在远处看着她，生怕她又像奶奶一样，突然间再也见不到了。再后来，再后来我就跟着白衣服的大姐姐来到了现在这个家，后来家里有了爸爸妈妈，又有了哥哥妹妹，他们很喜欢我，但有时候我还是会想起奶奶，想起之前的爸爸、妈妈和姐姐……

"哥哥！帮我找一下嘛，是不是被你藏起来了？"妹妹撒娇地摇着哥哥的手臂。"好的好的！我来帮你找啦！"哥哥放下书站了起来。我看看窗外，蓝蓝的天，洁白的云，真希望再听听涪江水的脚步声……

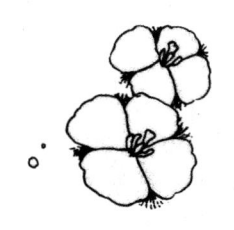

爷爷书屋里的秘密

张译心　上海建襄小学402班
刘洁华　指导老师

夜晚，夏夏和天天兄妹俩泡在爷爷的书屋里不肯离去，仿佛发现了宝藏。满排的书架、古今中外的藏书，他们天天如痴如醉地读着书，全然没有发现，一只巨大的猫咪趴在窗外。夏夏正站在梯子上拿书，瞥到猫咪，大吃一惊："哥哥快看！"

"别害怕，我是你们爷爷笔下的猫咪朵朵，来自'小说国'，只有热爱阅读的孩子才能召唤我，我可以带你们去'小说国'逛逛。"朵朵温柔地说着，低下身子。目瞪口呆的兄妹激动得说不出话来，不假思索，爬上了朵朵的背。

"坐稳了！"朵朵眯起眼睛，一跃而起，在月光下穿过城市。周边的一切模糊起来，再定睛看，已置身于樱桃树掩映下的农舍。一个红发姑娘正欢快地准备出门。"这是绿山墙的安妮吗？她可是我最喜欢的小说人物！"夏夏喜出望外。

安妮向他们热情招手："你们一定来自远方吧。我带你们去我的秘密基地小木屋吧！"他们很快熟络起来，谈天说地，安妮绘声绘色地说着绿山墙的生活，夏夏和天天也眉飞色舞地说着这次神奇之旅。夏夏告诉安妮："每次丧气时，我就会翻出《绿山墙的安妮》，在我心里，你早已是我的好朋友！"他们还玩起了最喜欢的角色扮演游戏……桦树林的木屋里，欢声笑语不断。

朵朵喝完最后一口热巧克力，说道："我们要再次出发了。"安妮握住夏夏的手，说道："如果你决定过愉快的生活，就一定能如愿。"夏夏说："我会像你一样乐观、浪漫、天马行空！"

朵朵带着兄妹俩继续驰骋。天旋地转后，兄妹俩发现来到了北平的一条胡同里。天气憋闷得处处烫手，眼前一个车夫，汗流浃背。天天半信半疑上前问："你是祥子吗？我在读《骆驼祥子》时，看到你的梦想破灭，可难过了。"祥子放下防备，痛苦地低下头："从风里雨里的咬牙，从饭里茶里的自苦，才赚出那辆车。可如今，一切都成了徒劳。"

这时，天空也滴下泪，越下越大。祥子叹气："这场雨，不知又断了多少人的生计。"天天想起了老舍写的："其实，雨并不公道，因为落在一个没有公道的世界。"他闪过一个念头，对祥子说："在我们的新时代，只要脚踏实地，就能安居乐业，你愿意来吗？"祥子黯淡的眼里又有了光。兄妹俩向朵朵投来恳求的目光。朵朵说道："我试试吧！"朵朵让祥子藏进背上的绒毛里，很快，他们就跃过了"小说国"的边境……在城市的街头，祥子看着生机勃勃的夜市，感激地道谢："我会在这里努力打拼，好好生活！"天天早已热泪盈眶，挥手告别。

"再多读点书，期待着下次的召唤！"朵朵把兄妹护送回书屋。在月光下，变成了一团银光，消失在眼前……

不懂装懂闹笑话

宋俊贤　重庆沙坪坝覃家岗小学五（2）班

今天，我读了邹韬奋先生的一段话，深有感触。他说："其实世界上有哪一个是全知全能的？所以我们对不知道的事情就老实承认不知道，这正是光明磊落的态度，有什么难为情？"这段话让我回想起一年前，好面子的我就因为不懂装懂而闹过笑话。

记得那天放学，我和瑞瑞、朗朗聊着天走在回家的路上。不知不觉中，我们聊到了动物下蛋的事儿。朗朗说他见过母鸡下蛋。他说，母鸡下蛋前会在鸡窝旁转来转去，然后跳进窝里一动不动地蹲着，过了一阵后，它才变成半蹲半站的状态，屁股一翘一翘地使劲，蛋就一点点地生出来了。朗朗刚说完，瑞瑞又接着说他见过乌龟下蛋。他说，乌龟会在土里挖个洞穴，然后将尾巴对准洞口下蛋。每产出一枚蛋，它都用后脚掌托住，让蛋轻轻地滑入洞里。下完蛋后，它会把土填回洞穴，用腹甲将土压平了才离开。

朗朗说完，便好奇地问我："你见过动物下蛋吗？"我迟疑了，我真没见过动物下蛋，但是如果我承认我啥都没见过，可能会被他们笑话。于是我决定现编一个糊弄过去。我说："你们讲的母鸡下蛋、乌龟下蛋都太普通了。你们见过孔雀下蛋吗？"他们摇摇头，我得意道："我见过！"瑞瑞和朗朗瞪大了眼，立马来了精神："你快讲讲！"我故作回忆地讲了起来："前不久，我去动物园玩，参观孔雀园的时候，正好有一只孔雀在开屏，转着圈向我们展示它靓丽的羽毛。就在我们竞相拍照的时候，孔雀突然停住了脚步，身子微微蹲下，一个蛋从屁股后面滚了下来，那个蛋又大又圆……"

"等一下！等一下！"瑞瑞打断了我的讲述，"你说的是一只开屏的孔雀下了蛋？""对呀！"我点头回答。瑞瑞笑了："你不知道吗？只有公孔雀才会开屏，公孔雀怎么会下蛋呢？""哈哈，还孔雀下蛋呢！没见过就没见过嘛，还想骗我们。"瑞瑞和朗朗都哈哈大笑起来。我顿时哑口无言，脸唰的一下红了，那一刻，我好想找个地缝钻进去……

结局正如邹韬奋先生所说："若遮遮掩掩，无论一旦露出马脚……更觉难堪，而虚伪的心境，在精神上已感觉非常的痛苦。"当我的谎话被揭穿的时候，他们嘲讽的笑声和鄙夷的眼神就像利剑一样插进我的胸口，别提多难受了！

从那以后，我再没说过谎。不管遇到什么事，知道就是知道，不知道就大胆地承认，虚心地向别人请教。我觉得，这才是我该有的人生态度。

云朵小镇的落落图书馆

周祉晴　上海真新小学五（5）班
周广宁　指导老师

"不要，不要！"全家人又开始劝小慕去交朋友了，但他还是摆摆手拒绝了。小慕是一个内向、胆小且敏感的少年。虽然已经十一二岁了，朋友却寥寥无几。看着一群同龄男孩女孩一起畅谈的样子，虽然他十分羡慕，却也没有再走近一步。因为他——不敢！他害怕自己这窘迫的样子被人嘲笑，也怕被拒绝后自己敏感的心灵受到伤害。

这一天，小慕小心翼翼地一点一点靠近了那群与他同龄的孩子，到他们面前时，却紧张得说不出话了。大伙儿用奇怪的眼神打量着他，"你是谁？你过来干什么？""怎么不说话呀？"过了一会儿便不再去管他，旁若无人地继续聊起来。小慕忍不住跑回了家，关上门，躲进房间的角落。天阴沉起来，雨水哗啦啦地落下来。他埋下头，蹲着小声抽泣："为……什么，我……交，交不到朋友……"泪水划过了他的脸颊，掉在地上，啪嗒——啪嗒。

不知不觉中，小慕好像睡着了，好像掉进了无底洞，好像在黑暗中穿梭着。不知过了多久，他才发现自己来到了似曾相识的云朵小镇新建的图书馆面前。"落落图书馆？"他有些疑惑，但还是走了进去。小慕喜欢书，喜欢沉浸在知识的海洋，没多久便陶醉其中。忽然，他看到了一本奇怪的书《落落心籍》。虽然名字很奇怪，但是这本书好像有一种特殊的吸引力，小慕忍不住拿起来翻看了起来。"这本书怎么都是像传说中的魔法秘籍一样的东西？各式各样的咒语，看着我头都疼了。"他想。直到他翻到书的最后一页：咒语，自己的名字+召唤出自己的内心野兽吧！作用：战胜内心，变得强大。想到平时自己胆小的点点滴滴，他还是忍不住尝试了。没想到话音刚落，图书馆的门口还真的出现了一只巨大的猫。"哇！"小慕吓了一大跳，虽然他喜欢猫，并且做好了心理准备，但是第一次看到这么大的猫在自己面前还是有点儿畏惧。他皱起眉头，紧紧地盯着那只巨猫，小心翼翼地一点一点往后退，想要躲在书柜后面。可是猫忽然发现了他，他只好停在半路，一人一猫就这样僵持住了。过了一会儿，猫居然开口说了人话："可可……"小慕身体一颤，吓了一大跳，小声问："你……是谁？你……你怎么知道我的小名？""我是洛洛喵！其实是你内心的胆小怪物，我之所以这么大，是因为你实在太胆小了，什么时候你变得勇敢起来，我就会一点一点一点地缩小，直到变回一只正常的小猫的体形，你能帮帮我吗？"猫的声音柔柔弱弱的，很温柔。它眯着眼睛，用爪子轻轻蹭了蹭鼻子，睁大眼睛又露出一副可怜巴巴的样子望着他。"内心，胆小？"小慕感到有些荒诞，但又回想起刚来到这里时确实有一种莫名的安心和亲切感。他放下戒备，慢慢靠近那只猫，用手轻轻抚了抚它细腻的绒毛。猫舒服地打了个呼噜，瞬时一道奇光闪过，它魔法般地变成了刚满三个月小猫的样子，躺在了图书馆里软乎乎的毛毯上。小慕轻轻地抱起小猫，小猫在他的怀里熟睡，他走到图书馆角落里，和小猫靠在垫子上，没一会儿也一起沉睡了。

再次醒来，他已经回到了家里。雨过天晴，一束阳光从玻璃窗跳进来，洒在他的书桌上。他一蹦一跳地走出门外，来到那群男孩女孩面前。此时他们正在兴高采烈地踢足球。小慕似乎鼓足了全部的勇气，向孩子们招手："嗨！你们好！我叫慕可可，今年12岁，交个朋友吗？"大家好像已经忘记了他之前的举动，笑着迎接小慕加入他们的队伍。恍惚间，小慕好像又看到那只可爱的小猫，在洒满阳光的金色草地上愉悦地跳高、奔跑。"你想什么呢？快点守门！"一个男孩随手拍了一下他的肩膀，使他回过神来。小慕朝着小猫若有若无出现的方向微笑，仿佛他瞬间长大。

瞧！踏出一步，相信自己，这力量就是这么强大！

被迫读书的肥猫

陆向暄　上海洋泾实验小学五（3）班

　　肥仔是一个十分懒惰的男孩，整天想着吃喝玩乐，看到书本就头疼，成绩自然也年年倒数第一。他的妈妈无可奈何，只能经常唉声叹气地说他："你这么懒得读书，整天躺在床上吃喝，早晚要变成一只肥猫！"然后，他就会还嘴："变成肥猫就变成肥猫，反正我不会对读书感兴趣的！"

　　一天肥仔醒来，突然发现自己不会说话了，只会喵喵叫，他竟然真的变成了一只大肥猫。妈妈发现床上竟然有一只肮脏的猫，马上嫌弃地把它赶出了窗口。肥猫也算幸运，还没体验几天饥寒交迫的流浪猫生活，竟然被邻居家的一双儿女收去当了宠物。邻居一家都对它很好，整天供吃供喝，肥猫好不快活呀！它也长得越来越大，竟然长成了一只小象般的巨猫，甚至孩子们可以在它身上跳跃、滑坡。屋子已经住不下它了，它只能住在院子里。

　　邻居的儿女都热爱学习，酷爱阅读，大肥猫探头从窗外向屋内观望，一天天看着他们在书架上爬上爬下不亦乐乎，心想：这两个人可真够傻的，书有何吸引人的地方，我可不想读书。时光荏苒，猫的生活虽然慵懒舒适，但肥仔也越来越想妈妈了，但这个猫身如何能与妈妈相认呢？

　　有一次，孩子们从书架最高处找到了一本稀罕的古书，兴奋地招呼肥猫来看，可是它懒得看书，只是将脑袋架在窗边，由孩子们给它读书。读着读着，原本睡眼惺忪的肥猫，眼睛越睁越开，眼神也变得专注通透，原来，这是一本关于咒语的古书，其中讲到一位王子被施加诅咒成了猫，而解除诅咒的方式就是读1000本书。肥猫一刹那顿悟了，原来我还是有变回人的方法的啊！

于是，肥猫逼迫自己，忍着恶心的感受，当孩子们读书时，它也从孩子们背后偷偷看书。几次下来，孩子们以为这猫也喜欢看书，就招呼肥猫大大方方一起看书。可怜的肥猫心想：这可是为了解除诅咒，自己没法子才硬着头皮看书的。于是它就装着欢乐的样子，喵喵叫着跟孩子们一起看书。

虽然肥猫一开始是为了解除诅咒而被迫读书，但书籍似乎真的有"魔力"，日积月累，肥猫也慢慢地感受到了阅读的魅力！原来阅读不但可以学到知识，还可以让猫思维活跃、身心愉悦。白天孩子们教肥猫识字，傍晚时分便跟它一起看书，临睡前回顾今天所学所想，如此反复的每一天，肥猫不但书读多了，也变了许多，成长了许多！它已经从一只只对食物感兴趣的肥猫，变成了一只对书如饥似渴、常做思考状的奇猫。

一个阳光明媚的下午，肥猫终于读满了1000本书。只听"啪"的一声，诅咒也随之解除，肥猫恢复了人形。更令人惊奇的是，他不再是那个懒惰的肥仔，而成了一个帅气阳光、眼中透露着智慧的大男孩！大男孩向惊讶的孩子们解释了一切，并依依惜别，大家都为他感到高兴，他终于可以真正回家了！相信，之后的一生，他永远不会忘记这段与读书有关的奇幻之缘。

矜己任智，是蔽是欺

黄越筱曼　福建福州长乐区教师进修学校附属小学508班
李艳玲　　指导老师

生活中，总有人喜欢不懂装懂，显示自己见识多，欺骗自己，蒙蔽自己，闹出不少笑话。弟弟对历史情有独钟，他的书架上总是堆满各种历史小说。有一次闲聊，他坚持认为秦始皇和刘邦是同一个人，并自信满满地说这都是书上写的，虽然我还没完成九年义务教育，但是对历史还是略懂皮毛。听到他的观点，我不禁哑然失笑，嬴政和刘邦，一个秦朝的开创者，一个汉朝的建立者，他们是薰莸不同器，冰炭不同炉，怎么可能是同一个人呢？

年少轻狂未免浮薄，然成年人又若何？一群人走到"精忠报国、岳母刺字"铜像前，其中一个男子说："也就岳母舍得刺女婿，亲妈绝对不忍心干这事。"听到这，边上嬉闹的人顿时鸦雀无声，他们面庞僵硬，仿佛被美杜莎的目光石化，每个人都像被冬日里的电线杆冻住了舌头，生怕自己因为说话而感染愚蠢。没有真才实学，张嘴就是"张飞打岳飞，打得满天飞"，吓唬学识浅薄的人，从而借此扬名，这种现象在生活中是屡见不鲜。

苟如是，则愚者以伪为真，害己甚矣，贻害无穷。诸如司机不懂交通规则容易导致车祸；建筑师不懂设计影响房屋质量；商人做生意不懂市场亏的是本钱；音乐家滥竽充数必定穿帮；学生不理解知识点必定考试失利；博主拍视频不懂剪辑流失粉丝；医生没有真本事害死病人；甚至日常饮食中，食客不懂装懂乱吃蘑菇导致中毒的新闻也是屡见不鲜。

孔子曰："知之为知之，不知为不知，是知也。"大方承认自己不懂并不是丢人的事。韩愈的《师说》有云："人非生而知之者，孰能无惑？惑而不从师，其为惑也，终不解矣。"老实承认不知道，拜师去学习，这才是光明磊落的态度。我们应该以不学为耻，不必以不知为耻。保持谦逊的态度，通过不断地学习和积累，提高自己的知识和才能，才是进步之道。大物理学家费曼说："科学家总是与疑难和不确定性打交道。"对科学家来说，学问愈深，未知愈重；越是学问渊博，越要虚怀若谷。承认自己的无知，使自己的结论留有被质疑的余地，是一切发展所必须的。

"君子不隐其短，不知则问，不能则学。"作为学生，我们应该向这些先贤学习，踏踏实实地弄懂每个问题，不要犯不懂装懂的毛病。采取谦虚的态度，承认自己很多事情不知道，才是聪明人的做法。有一句话说得好,好问的人只做了五分钟的愚人,耻于发问的人终身为愚人,你愿意做哪一种人呢?

喵时空之旅

陈依依　上海前京小学五(6)班
顾乐雁　指导老师

"依依,你家的新房子什么时候装修好啊?""快了,爸爸妈妈说会装一个大书柜,里面装满我喜欢看的书!"依依骄傲地说,恩恩露出羡慕的神情,连猫咪哈利也高兴地喵喵叫了起来。

这时不知从哪跑进来一只大老鼠,猫咪哈利一跃而起,依依和恩恩也追了过去。这只老鼠可真厉害,七拐八拐竟然把大伙儿引到了竹林旁的小屋处。好胜心强的哈利紧追老鼠进了小黑屋,依依担心哈利也顾不了那么多,恩恩担心依依只好也进去了。黑暗中隐约听到猫抓住了老鼠,依依抓住了猫,恩恩抓住了依依。老鼠疼得吱吱叫,猫咪勒得喵喵叫,依依和恩恩吓得哇哇叫。风驰电掣一般,大伙儿一起被吸进了深不见底的老鼠洞。

不,这应该不是老鼠洞。依依被一阵花香唤醒,她小心翼翼地睁开了眼睛。哇,莫非进了爱丽丝的仙境?一朵硕大的波斯菊正冲着自己笑,小草如棉被一般温暖地包裹着自己,太阳调皮地追着云朵玩耍,逗得依依眼睛一睁一闭的。可恶的老鼠早已不知所终,恩恩正躺在哈利怀里甜甜地做着美梦呢!

依依起身环顾了四周,觉得一切陌生而又熟悉。唯一可以肯定的是,他们一定到了另外一个神奇的世界,而且人来到这里一定被缩小。这时依依眼前突然一黑,一堆飞行物从她头顶呼啸而过,恐怖的威压吓得依依哇的一声又坐回草被上。飞行物听到叫声调转方向，直奔依依俯冲而来。依依毫无招架之力，两眼一闭，只等最后的宣判。"依依，依依，你没事吧？"她睁开双眼，看到恩恩正拼命摇晃着自己，哈利则自豪地捋着自己的胡须。原来是哈利救了自己，那个飞行物——螳螂正半死不活地躺在旁边哼唧呢。

依依正担心等螳螂缓过劲儿再次发起袭击，哈利突然张口说话了："我亲爱的小主人，欢迎来到喵时空，也就是我的家园。这里我们猫说了算，哈哈，就类似于地球是你们人类说了算一般。"说着，哈利就带着两位小朋友参观起了这个神奇的世界。

与地球不同，这里的一切都是那么的原生态。没有汽车，当然没有，毕竟谁能说猫咪跑起来不够轻盈迅速？没有飞机，不过鹰隼空乘时刻为大家服务。没有和电相关的一切事物，但是信息网足够发达。这张巨大的信息网就是书，书中记载着各种各样的知识，有喵时空的一切，也有地球和其他星体的一切。

哈利带着他们回到了自己的家，满墙的书和那高大的书架证明着哈利家至高无上的地位。哈利让他们自便，平时不爱看书的恩恩也忍不住抱起《喵时空的起源》看了起来。依依则爬上硕大的梯子一本一本搜寻着哈利的家谱，她要看看这个小家伙到底瞒了自己多少秘密。哈利趴在床上一脸亲切地看着两个小伙伴。月光漫进了屋内，静静的，一切是那么美好。

一晃在喵时空已经待了好几个月了，依依和恩恩特别想家，哈利也明白这些，可它只记得要找到一把智慧钥匙才能开启通往地球的通道，而这把钥匙要在劳动实践中获得。抬头望去，稻田里一片金黄，他们觉得可以去尝试一番。稻谷秆有2层楼那么高，又光又滑，爬上去看一眼都困难重重。高大的稻穗沉甸甸的，拉也拉不动，拽也拽不动。这时依依想：要是有一台地球上的收割机，那该多好啊？"收割机？"大家不约而同想到了镰刀手——螳螂。说服螳螂倒不是难事，毕竟初来乍到时就打过交道，加上螳螂本身也是喵时空的侠客，说到帮助别人，它们很是乐意。唰唰——唰唰——唰，喵时空的高科技环保又给力，一大片稻田转眼间就放倒了。收割小分队完工后，蚂蚁运输小分队上场……大家干得热火朝天，依依和恩恩也沉浸在丰收的喜悦中完全忘记了金钥匙这回事。

"依依，恩恩，快醒来！天气冷了，不能趴在书桌上睡。"妈妈轻轻摇醒他们。两人缓缓睁开双眼，原来他们正在依依的新家，身后满墙的书架、窗外的竹林和小屋、脚边的哈利——小猫咪正冲着自己摇尾巴。他们看到自己手里抱着的书笑了，不知道是真的来了一次喵时空探索之旅，还是做了一场劳动实践的美梦……

梦幻书店

葛怀羽　上海大学附属嘉定留云小学四（4）班
吉　爽　指导老师

镇子里开了家梦幻书店。

"梦幻书店？我怎么没听说？"王小明好奇地问。

"是最近新开的书店，颇受好评，只是……"王小红吞吞吐吐地说。

"只是什么？"

"只是这个书店很奇怪，只允许小朋友进去，而且去过这个书店的小朋友只说它很好，问他们好在哪都只会傻笑。"

"那我们更要去看看了！"王小明充满了好奇。

这天放学，他们走进了梦幻书店。梦幻书店在一个不起眼的角落，门也是关着的，看着真有点奇怪，他们在门口东张西望了半天，门突然开了一个小缝。一进门，只见书架上摆放着各式各样的书籍，一眼望不到边：有的是文学书，有的是故事书，有的是科学书，有的是工具书。

再看收银台，居然没有人，只有一只脸胖嘟嘟的猫蹲在那里。王小明和王小红刚想伸手摸摸它，可这只猫居然开口说话了！"不要紧张，我的客人们，我是这里的店长，这儿欢迎一切喜欢阅读的孩子们。这里没有店员，也没有大人，你们在这里可以随心所欲地阅读。"王小明和王小红你看看我，我看看你，目瞪口呆。"放心阅读吧！孩子们，这里是专属你们的小天地。"猫店长微笑着说。听了猫店长的话，他们兴奋地冲向了书架，王小明先是拿了一本冰心奶奶写的《寄小读者》津津有味地看了起来，这本书上次他只读了几页就被妈妈叫去做作业了；王小红爬上梯子，精心挑选到了帕吉塔的《我的欢乐校园》，认真地阅读了起来，这本书她一直很想读，可因为家人认为这是闲书，会耽误学习一直没有机会读。就这样他们在书的海洋中畅游，津津有味地读着。不知道过了多久，王小明突然大叫一声："不好，这么久没回去，不仅要被妈妈骂，作业也可能做不完了。"可他们抬头看了一眼钟表，惊讶地发现，居然只过了不到五分钟，这是怎么回事呢？

他们好奇地找到猫店长，惊讶地发现猫店长此时身体变得又大又圆，真像是一个巨大的玩偶，看到他们出来了，猫店长又慢慢地开始变小。"这实在是太神奇了！"王小明惊讶得合不上嘴。"在这里你们不用担心时间的流逝。我会帮助你们把日常浪费掉的时间收集起来，我的身体变大，时间也会随之变慢。"猫店长调皮地眨了一下眼睛。

两人兴奋地跳了起来，他们为自己终于能有自在的时间、空间阅读而兴奋，这样他们再也不用担心因为作业、因为补习班、因为家长而没有机会看书了。

于是他们继续阅读，而猫店长就静静陪伴在他们身边。等到要分别的时候，他们看了一眼表，距离进门居然只过了10分钟，他们既兴奋又不舍地走到门口，约定明天再来，猫店长喊道："要保密呀，孩子们！"

"您就放心吧！"他们异口同声地说。

回家的路上，有人打听梦幻书店，他们只笑了笑……

由"白菜"到"百菜"

刘奕辰　上海师范大学附属闵行第三小学五（10）班
裴露露　指导老师

"所以我们对于不知道的事情就老实承认不知道，这正是光明磊落的态度，有什么难为情……"这就是邹韬奋先生在《无若有》中所说的道理。懂就是懂，不懂就是不懂，光明磊落才是智慧。生在现代的我，也曾有过这个感悟。

我10岁那年的一个冬天，家里要来客人了，我和外婆一起去菜园拔菜准备午餐。到了中午，客人们陆陆续续来到了我家，看到了桌上绿油油、水灵灵的蔬菜，都很惊奇，因为这个季节像这么新鲜的蔬菜可并不多见。吃饭时，有一位客人指着其中一盘菜问我："小朋友，你知道这是什么蔬菜吗？给我们介绍介绍吧。"我愣在原地，不知如何是好，因为我不知道是什么菜。但我又不想说我不知道，我只好装模作样很肯定地说："这是白菜。"客人听后，都笑了起来。问我话的客人也笑呵呵地说道："哦，这可不是白菜，白菜不长这样，这是娃娃菜！它们看上去很像，但它们是两种蔬菜，白菜大一些，娃娃菜小一些。""噢，原来是这样，我又学到新知识了。呵呵……"我无地自容，只能尴尬地附和着笑了一下。但那一刻，我真想钻到桌子底下，不懂装懂的结果好让人难为情啊。

俗话说："吃一堑，长一智。"自从那一次后，每当遇到不会的东西，我都想方设法弄清楚，不懂的地方也不怕难为情，会主动请教学习，直到弄明白为止。这不，家里小菜园要种蔬菜，我一边给外婆打下手递工具，一边不厌其烦地问外婆："外婆，这种的是什么蔬菜？长出来是什么样子的？怎么吃？……"有时外婆的回答并没有帮我解惑，我就会上网查询，免得以后张冠李戴。不知不觉中，我竟然了解了几十种蔬菜种植、食用等方面的知识，爸爸给我取了一个外号，叫"百菜先生"。我很喜欢这个名号，希望在我的努力下以后能成为"百事通"。

从"白菜"到"百菜"，看似平凡普通，却让我深刻领悟到邹韬奋先生所说的："其实世界上有哪一个是全知全能的？"不懂就问，不懂就去查阅资料。正如邹韬奋先生所说："我们当以不学为耻，不必以不知为耻。"这才是光明磊落的态度，这才是智慧！

透过窗棂的思念

庄　宸　　上海静安闸北实验小学明德校区三（5）班
刘祺安　指导老师

"你好，我是一只波斯猫，喵喵。"我正趴在一扇落地窗边上，透过被风吹起来的白色窗纱，向房间内看着我的小主人。

我有两位小主人，姐姐小贝和弟弟阿宝。

姐姐小贝一张肉嘟嘟的鹅蛋脸，一双眼睛总是笑得弯弯，像两条跃出水面的小鱼儿。我总能从这双眼睛里看见浪花和星星，这是我最喜欢的一双眼睛。小贝特别喜欢穿白衬衫，她有七件一模一样的白衬衫，配上深蓝色的背带裤，再扎上麻花辫，她说："这样很干净！"但她的皮鞋很挤脚，因为她长得太快了，却不常买新鞋。而且，我想，她的很多钱都用来买书了吧。她最喜欢的是奇幻类故事书，情节起伏总是让她激动而兴奋。她正踩着高高的梯子，歪向一边，伸出手去够高层架子上的书。

他们的书房很大，有一个六层高的大书架，高处甚至要用梯子辅助爬上去才能够得着书。书架边上有一扇大大的落地窗，而我正趴在窗框这里。喵喵。

弟弟阿宝是一个留着蘑菇头的小男孩。今天他穿了一件胡萝卜色的运动衫,这是他去年的生日礼物,今年却还很合身。他不像大部分男孩,喜欢长时间在户外玩耍,他更喜欢和小贝,还有我,待在书房里,坐在他专属的橙色沙发里,看他喜欢的历史书。而且,他几乎没有看过其他类型的书籍。曾经有一次,我看见小贝兴冲冲地拿了一本全网热销的《哈利·波特与死亡圣器》反复推荐给他,他怎么都不接受,还和小贝急了眼。那一刻估计他正沉醉在刘备和曹操的战斗中。此刻,我看到他还是拿着《孙子兵法》津津有味地翻着。这已经是他第十六次看这本书了。书的封皮早就掉了,他就拿着内页继续看。

我就这么看着他们,他们就这么读着书。我安安静静的,他们也安安静静的。就像没有发现我在身边一样。喵喵。

突然我发现,我还是很想念他们!我试图把我的脑袋往房间里再伸一伸,却被卡住了。这么大的落地窗,却容不下我这只猫咪的一个脑袋吗?我不得不告诉自己,这是我离开他们的第二年,我已经死了。他们看不到我。喵喵。我只能每年回来一次,在这里看看他们,却不能和他们在一个房间里,不能再感受他们的抚摸。我真的希望我还能一直在他们的身边,趴在阿宝的橙色沙发边上,他们看书,而我听着翻书的声音,懒懒地闭目养神。

一阵风吹过,我似乎嗅到了一丝油墨香,时针指向9点了,可惜我就要离开了。小贝和阿宝忽然抬头望向窗外,他们是看不到我的,但是我相信,他们一定也在想念我!喵喵。

梦想书屋奇幻之旅

张淇奥　浙江绍兴少儿艺术学校五（4）班
何逸群　指导老师

我们都是宇宙的孩子，和植物、星辰没有什么两样。

——题记

一天，一个名叫淇奥的男孩走进"梦想书屋"，淇奥的目光被一本封面上画着一只大猫和一个大时钟的书吸引了。

淇奥翻开书页，一阵旋风把淇奥吸进了书里。

淇奥发现自己在一个摆满时钟的房间，一只巨猫眼光烁烁看着他："欢迎来到时间奇幻世界，淇奥。"大猫开口说话了，声音温柔而神秘，"我是时间守护者，名叫'时希'。时钟代表不同的时间节点，你可以通过它们去探索过去、现在和未来。愿每个人都能遵循自己的时钟，做不后悔的选择。"

淇奥好奇地围着时钟转，看到了一个像热气球的时钟，上面标注"过去"。淇奥轻轻一推，热气球时钟的门就打开了，淇奥毫不犹豫地跳了进去。

时希喃喃自语："祝你旅途愉快，不管是在回家的小路上，还是在漫长的岁月上。"

眨眼间，淇奥发现自己置身于一个古老村庄，淇奥看到了自己还是娃娃的时候，外婆为他缝了一条奇妙的毯子，舒服保暖，可以把噩梦通通赶跑。淇奥渐渐长大，毯子变得老旧了。外婆拿起剪刀吱喳地剪，再用缝纫机飞快地缝进缝出，这块料子变成一件外套。后来，把外套改成一件背心和半短裤。等背心和半短裤也变得老旧，外婆把它裁制成一只奇妙的袋子，把淇奥收集的漂亮小石头统统放进时光袋子里。

淇奥从过去时钟里走出来，对大猫说："时希，我看到过往的温暖，我有无尽的爱，会更加珍惜现在。"

时希点点头，往日已矣，来日可期。时希指向另一个造型像火箭的时钟，说："那个时钟代表着未来世界。"

淇奥充满期待，火箭时钟载着淇奥穿越时空隧道，犹如一粒米在大海中遨游。

淇奥看到高耸入云的摩天大楼，飞驰而过的磁悬浮列车，还遇到了一个和自己年纪相仿的女孩，女孩告诉淇奥，未来世界，人们面临资源枯竭等许多挑战。她希望淇奥将这里的经验带回去，帮助大家创造一个更美好的未来。

当淇奥从火箭时钟里走出来时，时希看着淇奥，眼中闪烁着赞赏的光芒。它说："年轻人，你的职责是平整土地，而非焦虑时光。你做三四月的事，在七八月自有答案。淇奥，你已经成了一个真正的时间引路者。记住，用你自己的努力使世界更有意义。"

淇奥向大猫时希道别，在一个阳光明媚的早上醒来。

崭新的未来在前方，一切都那么新鲜，且值得努力。

城市"巨猫"图书馆

胥艺鼎　华东师范大学附属紫竹小学五（5）班
丁学玲　指导老师

公园的草丛里，一只野猫醒来时，发现自己变大了。

它站起来环顾了四周，发现自己比刚刚倚靠着睡觉的树还高出了半个头。忽然一声尖叫划破长空，它好奇地四处张望，发现一个和它腿一般高的"人"！紧接着接二连三的尖叫此起彼伏，使它格外暴躁。于是它疯狂地跑出公园，在街道上横冲直撞，导致交通瘫痪，人们也四散逃跑。突如其来的骚乱让这只"巨猫"越发慌张，最后它一溜烟消失在城市的尽头。

自从巨猫出现后，搞得人心惶惶，人们闭门不出。这件事闹到了市长办公楼门口，市长知道此事后，大吃一惊，眉头紧皱，赶紧召开了紧急会议，讨论解决方案。有人说："这样的怪兽无疑造成了城市的恐慌，要赶紧捕杀它。"有人说："把这个祸患转移到别的国家去，让别的国家遭殃。"还有人说："把它引到地雷区，既能排雷，又能消灭它，两全其美。"

市长听了，觉得这些建议违反人道主义精神，过于残忍，头摇得跟拨浪鼓一样。于是这个会议不欢而散。

第二天，一个叫豆豆的小男孩和小伙伴们正在儿童图书馆晨读。只见图书馆的窗忘记关了，孩子们并没有发觉。这时一阵飓风吹过——哦，那不是风，是巨猫跑过带来的风，是什么吸引了它呢？是豆豆响亮的读书声。也不知道怎么的，一听到读书声，巨猫瞬间觉得心如止水。阳光暖暖地照在身上，微风轻轻地吹动窗帘拂过它的身体，好像一只正在轻轻抚摸着它的大手，还有那娓娓道来的精彩的故事……这一切让它回想起在前主人家那惬意、安宁的生活，一切都又变回最美好的模样。

站在梯子上的女孩子淘淘首先发现了在窗口睡着的"巨猫"。"瞧，除了大一点，它和普通的猫没有任何差别。"淘淘轻声提醒了自己的小伙伴，让大家不要惊慌，又示意豆豆继续读书，这个美好的清晨就如此安然地度过了。

豆豆和淘淘把这件事告诉了自己的爸爸妈妈，爸爸妈妈把这件事告诉了爷爷奶奶，爷爷奶奶把这件事告诉了左邻右里，刚好邻居里有市长的秘书，秘书就把这件事上报给了市长。市长立马想到了一个绝妙的主意。

他命令手下建一个"巨猫图书馆"，里面有给巨猫居住的场所，每天派不同的人去给巨猫读书。慢慢地，这个地方变成了网红打卡地，想要去给巨猫读书，顺便"撸猫"的人络绎不绝，预约读书的人都排到了明年。

而巨猫也成为了这个城市的标志。因为"巨猫图书馆"的成立，这个城市的人都爱上了读书，读书让人们变得知识渊博、知书达理，也推进了整个城市的发展。这个曾经陷入"巨猫威胁"的名不见经传的小城市，瞬间举世闻名。

至于这只野猫为什么会变成"巨猫"？至今还是世界十一大谜题之一……

盒子世界

陈璟涵　上海园南小学五（4）班

如果我说，这个世界其实是由许许多多的盒子组成的，你一定不会相信。可是自打出生起，我便和妈妈生活在一个昏暗的盒子里。

这个大盒子里有许多小盒子，每当小盒子离开再返回的时候，就会散发出温暖的气息。我喜欢趴在小盒子底下打盹，可真暖和呀。但是这样的温暖经常伴随着危险，我有好多同伴因为睡得太熟，在小盒子离开的时候来不及躲开而被压伤了，甚至还有一些丢了性命。

在这里我们必须时时刻刻保持警惕。就算蜷缩在角落，却还是有人把莫名的怒气发泄在我们身上。坚硬的鞋子踢在同伴柔软的腹部，痛得他们发出撕心裂肺的哀嚎，而这些痛苦的哀嚎却让施暴者更加兴奋，使得他们变本加厉地折磨我们。

那次，妈妈离开大盒子出去觅食，一连两三天过去了，她却迟迟未归。我又冷又饿，孤零零地站在显眼处哀叫着找妈妈，远处比我高大许多的流浪狗冷冷地盯着我，时不时地对我露出锋利的獠牙。我止不住地浑身颤抖起来，没有妈妈的庇护，我不知道能不能安全地度过这个寒冷的冬天。

突然，一只手拎着我脖后的皮毛，把我高高地拎了起来。我怕极了，战战兢兢地抬起头，却意外看见了一双含着笑的温柔的眼睛里，她笑着说："好可怜的小猫咪，不如，跟我回家吧！"

家，自然是另一个盒子，这新的盒子装着会发热的地板，有吃不完的罐头零食，还有四个和我完全不一样的人，他们自称是爸爸、妈妈、哥哥和姐姐，他们还给我起了个名字。可我想念我自己的妈妈，更怕他们的鞋子像之前的施暴者一样落在我身上，所以我躲在沙发底下，他们每一次的靠近都让我瑟瑟发抖，我假装恶狠狠地龇着牙，挥舞着爪子，拒绝他们的一切善意。

不知过去了多久，窗外从白雪飘飘到了柳叶发出新芽，我只记得我吃完了70多个罐头，从原本的骨瘦如柴到现在胖得像一个会滚动的毛球。如今我最开心的事就是陪着哥哥和姐姐，你瞧，他们的书房可真漂亮呀，他们坐在厚厚的地毯上，捧着书如痴如醉地阅读着。我忍不住走过去躺下，向上翻开我软软的肚皮，用头轻轻地顶着他们的腿，希望他们能放下书本和我玩。可是他们通常只会腾出一只手来摸摸我，然后念书给我听：童年的小英子和她的朋友们，霍格沃兹里神奇的故事……他们还经常说想变成怪医杜立特，这样就能与我无障碍沟通了。

对我们这些毫无战斗力的小动物来说，能拥有一个安全温暖的盒子，是最大的幸福。如果有一天，你在某个盒子里发现了另一个我，就算不能保护我，也请不要伤害我，好吗？

不耻下问

石　乐　北京锦秋学校六（4）班
徐　鸣　指导老师

生活中总是会有无数个问题等待我们去寻找答案，只有虚心求学、不耻下问才会让我们突破一个又一个难关。

君子不隐其短，不知则问，不能则学。"我们当以不学为耻，不必以不知为耻。"邹韬奋先生的这句话让我不禁想起自己经历的一件小事。

一天傍晚放学，我坐在校车的最后一排，前排正中间坐的是一年级的瑶瑶，小小的身影在旁边一位五年级同学的衬托下显得格外娇小。瑶瑶手里拿着一个被打乱的四阶魔方，她正在以极快的速度转动着魔方，打乱的色块也在逐渐恢复，看得我眼花缭乱。我极想问一下这是怎么玩儿的，但开不了口。不仅是因为害怕被瑶瑶和旁边的五年级同学嘲笑，更因为自尊心作祟。

这时我忽然想起了我的妈妈"不耻下问"的故事。那晚我在书房读书，正读到"我们应以不学为耻，不必以不会为耻"时，"惟书之为听"的我被门外一阵杂乱的踱步声扰乱了思绪。悄悄探头一看，妈妈手里拿着两个白色的小瓶，不知所措地在客厅转圈。正担心被妈妈发现我在"明目张胆"地走神时，妈妈也探头向我看来，四目相对，我慌忙低下头假装在"专心致志"地看书。妈妈走了过来，摸搓着手里的两个小瓶子，欲言又止地看着我，又好像下定决心一般突然开口："正读书呢？来，帮妈妈看一下这什么意思，瓶子上全是英文……"妈妈的声音越到后面越小，似乎怕被人听见一样。

"左边大一点的那瓶是面霜，右边略显白紫色的那瓶是眼霜。"我稍加浏览就给出了答案,妈妈仿佛如释重负一样轻轻地抚了抚胸口,抬起头对我说"谢谢宝贝闺女啦",然后开心地走出书房。望着妈妈的背影,小时候的我以为妈妈就是世界上最最厉害的人,不仅要工作,还要会旅游攻略、出行交通、学习辅导,家里家外都是一把能手……没想到,在我开始学海泛舟之后,能干的妈妈也要让我帮忙了……

校车突然的颠簸让我回过神来,我想连妈妈都可以心无芥蒂地问我问题,我又有什么不好意思请教小同学的呢,不应以不知为耻,而应以不问为耻啊!

思及此处,我探出头,从后面问瑶瑶:"你是怎么做到的啊?我也想试试,能教教我吗?"我没想到问出问题是如此的简单,我所设想的别人嘲笑、同学拒绝等都没有发生。有的只不过是瑶瑶的认真指点和我自己的放松。这时,我明白不需要耻于不知。

羞,不可为也。耻,不可有也。二者将使汝不前。古有井底之蛙,何以如蛙?耻问也。问惑,世人可为也,非不能也。以不学为耻,不以不知为羞,圣贤哉。芙蕖之韵,在于不饰其瓣之残,尽显自然之姿,此为天地之大美也。

追 寻

邢　栋　浙江金华永飞文学园地六年级
戴永飞　指导老师

"怎么搞的,连这题都做错?"老师的训斥声传来,他注视地面,难堪得抬不起头。"我现在就打电话给家长问问!"听着,他只感到背上的担子更重了,真如同万钧的雷霆劈在身上。

回到家,父母便喊道:"快点写作业!每次到九点才写好!"他的心中闪过一丝疑虑：不是托管时就完成了，回家复习到九点？瞬间，他又明白了，这是父母的习惯：不是先询问，而是先责问。反驳的话语到嘴边又咽下去，他知道这是徒劳，没有人耐心聆听他的心声。

注视着窗外，梧桐叶纷飞，时有碰撞，这支舞是为了赞颂秋日之静美。只隔一窗，却好像分离在天涯海角，隔着无限惆怅。他多想变身一只猫，加入其中，共舞一曲。

一直幻想一种猫的美好形象。它，在洒落阳光的草坪上飞奔，晶莹的眼中闪动着无忧无虑的欢乐。在清美的晨风中，流淌花草之上的是冬日的冷阳，也流淌在小猫的全身，让那菊黄的皮毛熏得一月的雪花般冷峻，独特的帅气！枯黄的败叶一片片落尽，猫儿只是淡淡地颤动着银针般的胡须。

一只猫？不，那是他内心的渴望在世间的具象罢了！在无聊的生命中，淡淡忧郁便烟消云散，惆怅像耳畔飘飞的音符扔进过往，烟雨般淡薄的孤寂也掷入记忆的废墟中。

阅读可以成为避风港，当指尖轻触文字，那一只猫便从故事中跳出来，在一旁注视着他，似乎变幻成小草，沐浴着淡烟疏雨中，也不忘记小主人。他，仿佛置身于深山广林中聆听山风，仿佛置身于江畔凝望晚霞，仿佛置身于长檐飞角下聆听大自然的清音。这些梦幻般的美景！可是放下书，又走回了现实世界……

他说他很想成为一只猫，很想……

指针指向"10"时，他合上书页。屋外小雨淅沥，屋内钟声嘀嗒……明天的公交车上必定有他沉重的身影，黄色的大书包很沉，像他落寞的心……

梦中，"为什么哭？"老奶奶的声音竟然飘着花香。他抬头，星光在泪水中折射，失落的眼神飘忽不定。"我有一副铠甲，可以防止你承受痛苦！不过你要去河滩上拾出最小的石头。""真的可以不再承受痛苦吗？"他的眼眸里闪动着希望的光芒。"你要穿过黑暗，才能找到光明!"她的声音忽地变得深邃起来,"要心中充满爱,步伐会更加轻盈,接近光明。"

他鼓起勇气,走去……一只洁白的猫从脚边蹿过,环绕着圣洁的光,圆乎乎的身影却无法抵挡它的灵巧。他不禁紧跟其后,穿越树林,经历千万耐心,最小的石头真的在等待着他!而老奶奶和猫退去了。他的手中多了一副铠甲,闪耀着冷峻之光,他知道自己已经拥有了爱的勇气和追寻希望的力量。

醒来,星光已化作了阳光,在湖面上轻漾,映出笑容……

学"问"

陈胤垚　上海杨浦区回民小学四(3)班
季美菊　指导老师

小时候,小姨从国外带回来一盒糖,它包装精美,妈妈想要送人。在我的强烈要求下,这盒糖总算保住了。但是,妈妈出了一个主意:要求我仔细观察身边的事物,每提出一个问题就奖励我一颗。从那之后,我千方百计地寻找机会:天空为什么是蓝的?小鸟为什么会飞?仙人掌为什么有刺……大人们夸奖我是个"十万个为什么",随着我得到的糖果越来越多,我发现提问本身比糖果更甜……

慢慢地,我长大了。

那一晚,我眺望着落日的余晖逐渐融入地平线,儿时充满好奇的七彩调色盘如今仿佛变成了黑白素描,整个天空被昏黄的余晖覆盖,好似一幅忧伤的画卷。为什么?我问得不够好吗?下次还是不提问了吧……

"你有认真听讲吗?提的问题经过思考了吗?"课堂上被老师批评的场景一次又一次地浮现在我的眼前。这时,身后的门被轻轻推开了,一个温暖的声音传过耳畔："孩子，怎么垂头丧气的？"我慌忙拭了拭眼角，低下头回避了妈妈关切的眼神。

妈妈拉起我的手径直走向书房，轻声地对我说："白天发生的事，妈妈已经知道了，很高兴你能保持提问的好习惯。智能之士，不学不成，不问不知。人因为知不足才会提出问题，就像你喜欢的李广因为知不足，才有了'飞将军'的美誉，书法家王羲之因为知不足，才有了墨染池水、光耀后世的《兰亭集序》。但是学问学问，不仅要知不足，还要学会如何'问'。听是问的基础，思是问的补充，两者缺一不可。你只有上课认真地听，平时多看书，才会有自己的思考，才能提出高质量的问题。下次感到迷惑的时候，可以来这里坐坐，找找心中的答案。"

从那以后，每当我研究学问碰到阻碍时，我的耳边总会传来亘古的风翻开书页的声音：那里有虚心请教史学，写下史家绝唱的太史令司马迁；那里有念诗给牧童、老妪，不断修改，写下旷世诗篇的白居易……他们的身上总能让我看到好问则裕的影子，让我明白"非学无以致疑，非问无以广识"的道理，我想这大概就是学"问"的真谛吧。

"妈妈，下次我还会举手问，哦！不！是认真思考后勇敢地问！"我大步走出了书房……

奇妙的未来世界

刘辰菲　华东师范大学附属小学四（3）班
陆婉婷　指导教师

周日下午，社区图书馆里跑来了一对兄妹，小菲和小乐。他俩爬上爬下地到处翻找，他们是在找什么呢？原来这几天他们家里来了个新成员，是一只可爱又乖巧的小猫咪。兄妹俩对小猫咪爱不释手，每天都要逗着小猫咪玩，给小猫咪讲故事，分享学校里发生的趣事……但是小猫咪无论怎么逗，它只会"喵喵"地叫，兄妹俩抓耳挠腮地始终不明白小猫咪的意思。小菲心生一条妙计，去图书馆找一本"喵喵语"翻译辞典，就可以和小猫咪好好玩耍啦。

可惜的是，俩人翻找了半天，忙得满头大汗，还是一无所获。小乐坚决不放弃，锲而不舍地爬上梯子到高处找书去了；小菲则有点泄气，随手拿了本《机器猫》漫画坐在地上翻看起来。

看着看着，突然一只通体雪白的硕大猫咪从书里蹦了出来，它用雪白的爪子轻轻地拍了拍小菲："小菲，你读书可得认真点啊。"小菲愣了一下："咦？你不是只会喵喵叫吗？"猫咪悠然自得地甩了下尾巴，略微得意地抬头说到："我叫MARS猫，来自未来世界，别看我也有着萌萌的大眼睛，圆滚滚的躯干骨，但是我的本事可实在不一般。"话音刚落，MARS猫突然来了个凌空翻，又跳起了霹雳舞，逗得小菲哈哈大笑。

接着，MARS猫绘声绘色地说起了它神奇的进化旅程。原来，它是只人工智能猫，是聪明的人类科学家通过观察和记录猫咪的行为、声音和表情，建立了大量的数据模型分析研究，成功破解了猫咪的神秘内心世界，模拟出人与猫之间的对话而做出来的。这样的人工智能猫就不再是一个简单的宠物，它可以通过细致观察我们人类的表情，在我们沮丧的时候，以卖萌逗乐小主人；在我们开心的时候，一起记录、分享喜悦。

小菲听得正出神，突然就听见小乐在上面大声嚷道："我找到啦！这里有本讲'鹦鹉学舌'故事的，既然鹦鹉能行，那猫咪也一定能开口说话！"刹那间，MARS猫"嗖"的一声消失了。小菲揉揉眼睛，从梦中醒来。

小菲迫不及待地和小乐分享起了刚才的梦："我一定要让MARS猫真实地来到我们身边。"小菲暗暗下定决心，将来一定要成为一名科学家，继续研究和发展人工智能技术，为人类创造更多的奇迹和便利。她知道，未来世界是一个奇妙的世界，只要我们用心去探索和学习，就能够创造出无限的可能。

奇特的钟表

郑　颖　河南巩义市实验小学四（2）班
田晨雨　指导老师

在希望小学里，有两个"另类鸟"，他们就是大名鼎鼎的张家兄弟，分别叫张秋和张馨。这俩兄弟可是出了名的大玩家，上课鼾声如雷，下课上蹿下跳，每次老师批评他们时，人家俩还理直气壮地说："我还小，学习先搁一搁，要不然以后连玩的时间都没有了！"各科老师也无可奈何，请家长、让同学帮忙、写检查……所有方法都用遍了，他们依旧我行我素，丝毫没有改变。

但有一天，一切似乎都有了转机，这源于张秋和张馨做的一个梦。梦中那是一个晴朗的午后，兄弟两个在水池旁遇见一只猫，雪白的身上点缀着淡棕色的纹理，仿佛穿着一件带水纹的花衣。猫咪转头，露出黑葡萄般水汪汪的眼睛，脖子上还挂着一块小钟表，真是一只可爱的猫，六目相对，神奇的事情发生了，猫咪奶声奶气地开口，露出粉嫩的小舌头："你们好，我是时间猫，你是不是感觉到时间过得太慢了？""啊，对对对。"兄弟俩异口同声回答。"看在咱们这么有缘的分上，我送给你们一个礼物吧。"说着猫咪就把挂在脖子上的小钟表递给了他们并且嘱咐道，"这块表可以调整时间。"张馨接过表，这块儿表没有指针，没有数字，有一个小小的按钮。张秋想了想，俯在张馨耳边道："明天要期末考试了，我们直接过暑假吧。"张馨听后，郑重其事地点了下头，并按下了按钮。

忽然，一阵疾风吹过，午后的太阳以肉眼可见的速度西移，越来越红，越来越低，直至变作一抹残阳消失在暮色中。接着，斗转星移，一夜加一个白昼的时间，弹指即过。将张秋与张馨传送到了考试之后的时间，伙伴们正在热火朝天地跟他们玩耍。他们兴奋极了，每日沉溺在游戏与欢乐之中。但美好的暑假转瞬即逝，他们想："马上又要上学了，我们把一学期也调走吧！"

说着两人一起按下了按钮。就这样日复一日，年复一年。张秋和张馨无意间看了眼时间，猛地一惊，蓦然回首，时间竟已经过去50多年了，他们从以前鲜衣怒马的如花年华到如今满头白发皱纹爬上脸颊，并且一无所有。他们后悔了，放声大哭："我还不想老，我还有许多事情没有干！"二人已经意识到，在浩大的万古时间洪流面前，人的生命不过是沧海一粟。

忽然一阵鸟鸣把他们从梦中惊醒，"幸好，幸好！"兄弟俩有一种大难不死的感觉，他们互相对视一眼，立刻从床上爬起抓住书本，纵情地大声朗读起来。

但此刻他们不知道，金色的日光透过窗户，斜射入一个角落，在那个不怎么引人注目的地方，一个没有指针的小钟表，正默默闪耀着光芒。

小事情大教训

谢宇乘　上海泗泾小学五（5）班
薛　梅　指导老师

周三晚上，我像往常一样，在客厅专心致志地写作业。

我正飞快地写着作业，突然，我双眼一惊，似乎被什么东西吓住了。我手中的笔不觉一停，双眼注视着一道题目。这道题十分难，只告诉了我们两个数字，求第三个数字。这，这该怎样求呀？三个数连倍数关系也不告诉我，恐怕连伟大的数学家也解不出答案。

就在我抓耳挠腮、百思不得其解之际，耳边传来一个声音："大宝，你在干什么？"我被突如其来的响声吓得四肢发抖，我回头一瞅，原来是爸爸。爸爸对我说："不会吗？"我可是考满分的人，怎么能在爸爸面前说"不会"二字呢？我假装一副胸有成竹的样子，摆了摆手，拍拍胸脯，不屑地回答："怎么可能，这小菜一碟！"爸爸忽然看了眼手机，神秘一笑，说："你先写，等一会儿我来看……"话未说完，便已回房关门。

我立刻拿出草稿本，拿笔算了起来，写了又写，擦了又擦，算得越来越不对劲。五分钟过去了，十分钟过去了，十五分钟都过去了，而我还在冥思苦想中。突然，我听见爸爸在房间里嘀咕着："看看那小子写好了没。"瞬时，我万分紧张，空气犹如用胶水粘住了一般宁静，只听见自己的心脏在缓缓的开门声、重重的脚步声中，跳得犹如打鼓般"咚咚"作响。

爸爸走到我身旁，问："写完了吗？"

"一个字也……没写。"我断断续续地回答，大颗大颗的汗珠从额头渗出。

"为什么没写？"爸爸问道。

"我……我……"我的脸一瞬间"唰"地变成了枝头硕大又成熟饱满的柿子。

"我……不会。"我本来不想承认，可"不会"二字已经脱口而出！我惭愧地低下了头。

爸爸摸了摸我的头，说："孩子，做人不可逞强，结果事情搞砸了，自己反而变成了小丑。之前我看手机，是因为数学老师在班级群里说那题有错，叫我告诉你改一下。"我听了，简直无地自容，抄起笔，对爸爸说："爸爸，改哪？"爸爸回答："先改这个……改成……"我卖力地改起题目来……

正如邹韬奋先生所言："我们当以不学耻，不必以不知为耻。"我们应该不懂就问，勤奋好学；不应该不懂装懂，害人害己。

我做错了吗

刘亦凡　上海广灵路小学五（2）班
潘瑞华　指导老师

"你俩今天怎么了……"教室外的走道里传来班主任老师严肃地询问。此时的乐乐和小西瓜沉默不语，闷闷地低着头，眼中闪着委屈。

教室里的小凡也坐立不安，眼睛不时瞄着门外，竖着耳朵倾听着外面的动静，那握笔泛白的指关节隐隐地透着内心的纠结和沉重："我是不是有些过分了，他们可是我的伙伴……"

画面切换到10分钟前的图书馆。只见乐乐敏捷地爬上了梯子，在满满当当的书架高处飞快地浏览书名，不时抽拉出一本书低头翻阅，但紧蹙的眉尖似乎在宣告没有一本是中意的。她一边扶着梯子，一边擦了擦额头冒出的薄汗，又转头噘着小嘴冲着同样在下面忙活的小西瓜抱怨着："全是小蝌蚪一样的文字，多没意思呀，要不我们还是瞧瞧漫画书，那里边有意思的情节多些！"呵，她还真说上了劲儿，眼睛亮着光，声调也拔高了不少。

小西瓜原本就在低处的书架前来来回回，不是俯身低就地浏览书目，就是仰头伸脖地查阅，敏感的鼻子早被那书本间夹杂的细密飞尘弄得麻痒，十分难受。反正也是没有什么收获，他随手抽了一本封面看得顺眼的漫画书，干脆一蹲身，一屁股坐在地上，背靠书架翻看起来。小凡找音乐老师有事正巧路过，透过走廊的窗户那两个伙伴翻阅漫画的专注模样全落在他的眼里：啥，这两个家伙真是胆大，在看漫画书啊！老师早就强调让大家多阅读"有营养的"课外读物，他们还敢偷摸着看漫画？"告老师去"的念头一起，小凡满身正义地径直跑进了班主任办公室……

上课铃声响了，眼看着乐乐和小西瓜恹恹地走了进来，一声不吭。小凡心里也堵着了，那股子不安更强烈了。这节是体育活动课，进行室内棋类活动。同桌小凌叽喳着拉上小凡，邀请前排的乐乐和小西瓜一起玩。一向大大咧咧的乐乐实在是绷不住了，气鼓鼓地嘟囔着："哎，真是倒霉，我们想帮小凡找个故事怎么这么难，居然还被某些人告状。"

"谁说不是呢。小凡就要参加故事演讲比赛了，要不是他说还没找到好故事，今天我们俩也不会去图书馆……"小西瓜头点得跟木鱼似的。

小凡心里咯噔一下，震惊地瞪着乐乐，脑子里乱哄哄的，想张口又不知说什么。整整一节课，乐乐抱怨不断，小西瓜无精打采的，小凡也是绷紧了身子，只觉得身边的小凌聒噪得令人脑门儿疼。

晚上，小凡辗转反侧，一会儿他为自己的"恩将仇报"感到惭愧，用被子闷着脑袋缩成一团；可过不多久，他又一脚踢开被子，重重地呼着气，觉得自己"揭发违纪"似乎也没有做错。就这样折腾了好久，他才迷迷糊糊地睡着了。第二天一大早，小凡顶着"熊猫眼"来到学校，还是主动跑到办公室，把昨天听乐乐说的内容干巴巴地重复了一遍。这个平日里伶牙俐齿的小家伙，现在可迷茫了："老师，乐乐和小西瓜是想帮我，她们好像没做错。但我当时不知道，以为他们……我……是不是做错了……"老师终于听明白了，瞧着小脸皱成一团的小凡，摸着小凡的脑袋，开导着："你有乐乐和小西瓜这样热心的小伙伴真是幸福。你可以和他们一起去找寻一些有益成长的书来看，一起收获读书的乐趣不是很好吗？现在就去告诉他们你想要讲的故事类型……"小凡的眼睛亮了，挺起了小胸脯不住地点着头。老师就是"高"，一下子就让小凡又恢复了超强的行动力。

图书馆里又出现几个人忙碌的身影，搬梯子的咯吱声、翻阅书页的沙沙声、小脑袋凑在一起小声讨论的喳喳声……在满是书香的宽敞图书馆里，大家一起为小凡的演讲比赛做着准备呢！

代价最大的一次冲浪

韩金宸　北京中关村第三小学四（12）班
韩芸泽　指导教师

"知之为知之，不知为不知，是知也。"我在机场还拿着古文卡片在背诵，其实我还不太理解这句话的含义，直到这次海南之旅结束后……

这次海南之旅始于一个月前的"约定"……还是在期末考试的前一天，小汤神神秘秘地凑过来小声说："我考完试就要去三亚了，等你到了三亚，我们一起去冲浪怎么样？"当时正在紧张复习的我马上回过神来："好呀，一言为定，我也好几年没去冲浪了。先安心复习吧，希望我们都可以拿个好成绩一起去三亚过新年！"话虽这么说，但其实我并不会冲浪，我只是想表现我很勇敢，后来这些话就被我抛之脑后了。

马上就到了飞三亚的日子。坐上飞机后，我恨不得3分钟飞到三亚，飞机快落地的时候就仿佛看到海边的浪花在向我们招手，我迫不及待地想要体验冲浪的快乐！

爸爸给我找了一位特别优秀的教练。"欢迎两位游泳健将！"教练说完我们便迅速换上游泳衣。我特别兴奋，我在北京学过滑雪，这不就是掌握好平衡吗？教练在海边耐心地教给我们冲浪的动作和注意事项，我看到小汤在认真地听，而我却心不在焉：也许你也不会冲浪，但我会滑雪，而你不会，哈哈哈。我今天最帅啦！此时我脑海里浮现了大家在给我拍帅气冲浪照片的画面，我就是这片海滩的主角！"好，没问题！我都记下来了！"不知过了多久，我就随声附和了一句好让教练放心，反正刚刚我们都在泳池练习了十几次了。

当我们来到海边时，小汤也满心欢喜地说："走吧，小晨，我们俩一起从这边进水，你看那边的浪马上过来了。"我不耐烦地说："我们分开吧,你看,另一边的浪花更大,我要去那边!"边说我边推着浪板冲进了水里。"大家一定要注意安全,注意随时观察浪花的变化……"教练耐心地在大喊,随后便冲进了海面上。

当我刚刚进水的时候还很兴奋,可谁知,这浪花也太猛了,这水咋这么软好像海绵一样,这和刚才的感觉不一样啊。这浪花也不按套路出牌啊!还没等我缓过神,忽然一个大浪花拍在我的脸上,"救……"接下来眼前一黑……

我再次睁开眼的时候,看到了泪眼婆娑的妈妈,此时,头一阵剧痛,只听到一个男孩的声音:"小晨睁开眼睛啦!教练!"此时我看到了教练长舒了口气。这一次,爸爸没有严厉地批评我,而我也"一反常态",那天晚上我主动写了400多字的反思,脑海里一直回荡着"知之为知之,不知为不知,是知也"。

原来无论是学习还是生活都需要诚实、真诚,这样才会让自己变成真正的"主角",而不是靠虚荣心、无知,如果不诚实,真的会害了自己,甚至付出沉重的代价!

毛球先生

汪熙雯　上海市实验学校附属东滩学校三(2)班
严佳颖　指导老师

丽丽和骏骏是一对双胞胎姐弟,姐姐丽丽喜欢看书,弟弟骏骏喜欢捣蛋,还经常把姐姐的书偷偷藏起来不告诉她。虽然弟弟很调皮,但是姐姐还是非常疼爱弟弟。

这天,骏骏又把姐姐新买的童话书《毛球先生》藏了起来。这本《毛球先生》讲的是一只猫咪的奇遇故事,丽丽才看了一半,非常喜欢。

骏骏见姐姐在书房里焦急地东翻西找却怎么也找不到，坐在地上乐得哈哈大笑。就在丽丽翻着书架的时候，突然，有一本书从书架上掉了下来，不偏不倚正好砸在骏骏的脑袋上。骏骏只觉得自己脑袋一疼，眼前发黑，便晕了过去……

不知过了多久，骏骏醒了过来，他发现自己躺在书房的地板上，两眼看东西模模糊糊，还有很多小星星在眼前飘来飘去。周围空无一人，骏骏心里有点害怕，他想站起来，可是浑身上下一点力气也没有。这时，书房的窗户边，有一个身影站了起来。那身影越来越大，几乎要把整个窗户都填满了。骏骏用力揉了揉眼睛，这才看清窗口那个身影居然是一只硕大无比的猫咪。而此刻那只猫咪也正瞪着圆圆的眼睛注视着他，骏骏感觉自己下一秒就要被猫咪吃掉了，于是大声呼喊着："救命啊！救命啊！快来救救我！"

就在骏骏高声呼救的时候，身后传来了丽丽的声音："你怎么了，这是毛球先生呀，你不认识它了吗？为什么要对着它喊救命？"骏骏抬头一看，原来丽丽正坐在书架的梯子上一边翻书一边和他说话。骏骏疑惑地问道："这猫咪怎么会这么大？它叫毛球先生？我认识它吗？""对呀，它是毛球先生"丽丽回答说，"你是不是在地板上睡傻了，连毛球先生也不认识了？"丽丽又好气又好笑地走下梯子，来到窗户边，一边拉动窗帘，一边抚摸着毛球先生那毛茸茸的爪子，而这只巨大的猫咪也笑盈盈地任凭丽丽抚摸，还撒娇似的把脑袋往丽丽的身上蹭。

不可能，我一定是在做梦，不可能有这么大的猫咪。骏骏心里越想越害怕。忽然，一阵风从窗外吹到了骏骏的身上，他感觉自己有了点力气，于是挣扎着坐起了身子。他问丽丽："我刚才在干什么，怎么会睡着了？"丽丽皱了皱眉，想了一下才说："刚才你就坐在地上给毛球先生读故事书，可能是你太困了吧，读着读着就睡着了。我看你睡着了，就把书放回书架上。"骏骏惊讶地问："你说什么？我在看书？你开什么玩笑，我才不喜欢看书呢！"听到骏骏这么问，丽丽笑嘻嘻地说："那本书可是你最喜欢的《猫咪奇遇记》，不信，我拿给你自己看。"说着丽丽便爬上书架的梯子去拿那本书。就在丽丽的手指刚从书架上挑出那本书时，书却自己滑落了下来，啪的一声，又砸在了骏骏的头上，骏骏眼前一黑，便什么也不知道了……

又不知过了多久，骏骏感觉耳边有人在叫他。"快醒醒，快醒醒！"他吃力地睁开眼睛，发现是丽丽在身边叫他。"你没事吧，刚才我找书的时候不小心弄掉了一本书，那书掉下来砸到你的脑袋了。"丽丽着急地边说边抚摸着骏骏的脑袋。骏骏这才好像想起了什么，赶忙往窗口看去，只见窗外除了蓝天白云什么也没有，只有微风吹动着窗帘一晃一晃。"毛球先生呢？"骏骏赶忙问道。丽丽捡起地上的书说："找到了，砸到你的就是这本被你藏起来的《毛球先生》，看你以后还敢不敢捣蛋。"骏骏接过丽丽手里的书，惊讶得半天说不出话来。

从此以后，骏骏也爱上了这本书，经常会独自一个人坐在窗边读《毛球先生》，而他也总感觉窗边有一只可爱的毛茸茸大猫在陪伴着他。

胡同图书馆

杨斯羽　云南曲靖富源县第二小学六（7）班
李海燕　指导老师

在那个车水马龙，满是高楼大厦的城市，有一条格格不入的胡同，这条胡同黑漆漆、静悄悄的。里面的房屋，有的杂乱无章，有的已废弃，让人觉得这胡同是上个年代的。但在这胡同里却有一个别致的图书馆——胡同图书馆，这个图书馆温馨而舒适。

经营这图书馆的是姐弟俩，准确来说是姐姐经营的，弟弟只是每天放学来帮帮忙，然后看看书。

这天，弟弟放学回来，带来了一只巴掌大的小猫。姐弟俩都很喜欢小猫，每天悉心照顾它，可是没见小猫长大一点儿。他们带着小猫到处看兽医，可都无果。这天，弟弟哼着小曲儿，连蹦带跳地走着，他今天看完了一本文言文的书，而且还深入地理解了，老师夸了他，可把他开心坏了。

　　到了图书馆，他看到了有他那么大的一只猫，惊讶得不得了，天下怎么会有这种奇事，他想了一晚上也没明白。虽然心中有疑问，但这丝毫不影响他爱读书的这颗心。这不，又过了几天，他又读完了一本书，他发现小猫又长大了一点儿。他心中冒出一个想法：只要我读一本书，小猫就会长大一点。于是，他就开始加快速度地读书，一有时间就读书，小猫越长越大，占了半个图书馆。

　　姐姐觉得奇怪，问了弟弟，弟弟告诉姐姐原因。姐姐说："这下好了，想知道你有没有认真读书，就看它了。"弟弟没说话，只是静静地看书，在不经意间，小猫又长大了一点儿。

　　市民们不知从哪来的消息，纷纷来图书馆看这只小猫，图书馆一下子从无人问津到人山人海。后来时间久了，生活又回到了往日的平静。但，来图书馆看书的人明显增加了不少。

　　黄昏时，经常会有这样一幅画面：姐姐在整理书柜，弟弟坐在凳子上看着书，小猫静静地看着，一切都那么安静，美好。

在不足中成长

徐桢越　上海民办尚外外国语小学四（3）班
姚莹莹　指导老师

邹韬奋先生曾经说过，世界上没有人是全知全能的，每个人都有不知道的事情，这并不丢人。丢人的是那些明明不知道，却假装知道，甚至为了遮掩自己的无知而撒谎的人。这种光明磊落的态度，承认自己的无知，比虚伪的掩饰更加使人尊敬。

就像海洋中的一滴水无法了解整个海洋的深邃，夜空中的星星无法探寻整个宇宙的广袤，人类也难以掌握所有的知识。古人云："知之为知之，不知为不知，是知也。"这话说得多么深刻啊！只有承认自己的不足，才能够有学习的动力，才能够有进步的可能。如果我们总是害怕自己显得无知或者无能，那么我们就会错过很多学习和成长的机会。

这让我想到了两个故事：一个是《井底之蛙》，故事中一只生活在井底的青蛙以为天空只有井口那么大，自己是最聪明的，当见多识广的鸟儿告诉它天空其实无边无际时，它才意识到了自己的无知。另外一个是发明大王爱迪生的故事，他在一次记者会上，被记者问到对于一项新研究的看法，爱迪生坦诚地说，他对此一无所知，因为这项研究超出了他的专业领域。他没有假装知道一些他不了解的事情，这种诚实和坦率反而增加了他的信誉。这两个故事告诉我们，"井底之蛙"式的自我满足到头来还是一无所知，不耻下问的精神才是使人进步的动力。

作为一名小学生，学习时我也经常会碰到不会或不懂的问题，有的时候我会感到难为情，害怕别人认为我不聪明而不敢提问，甚至会不懂装懂。但是，邹韬奋先生的话让我明白了，即使我知道得不多，也不应该害怕承认，因为只有承认自己的不足，才能更好地学习。在这个信息爆炸的时代，人们每天接触的知识是古代的几十倍甚至上百倍，有许许多多未知的领域需要我们去探索，我们不能因为自己的无知而感到羞耻，而是要保持孜孜不倦的学习态度，才能不断地提升自己，去拥抱这个瞬息万变、精彩丰富的世界。

承认不足是另外一种"完美"，我们要在坦承不足中成长，迈向更高的目标。

请不要叫我百事通

刘开来　广东广州从化温泉镇第二中心小学405班
谢少颜　指导老师

我从小喜欢看书，常常把我在书中学到的知识分享给身边的小伙伴。小伙伴有不懂的来问我，问题都能迎刃而解。小伙伴都叫我"百事通"。

元宵节的夜晚，月光如水，照耀着大地，景色仿佛披上了一层银纱，美丽极了。一家人坐在月光下，赏月聊天。我主动讲起了月亮的故事，从玉兔捣药讲到嫦娥奔月，从天狗吃月讲到吴刚伐桂。妈妈夸我是个名副其实的"百事通"。

正当我滔滔不绝地讲故事的时候，弟弟突然问我："哥哥，你能给我讲讲今天为什么叫元宵节吗？"我一时语塞，我虽然知道一些关于月亮的故事，但是我却不知道元宵节名称的来历。我的心咚咚地跳得厉害，心想我可不能在弟弟这个"小字辈"面前丢了面子，毁了我"百事通"的形象。于是我跟弟弟说："元宵节名称的来历不好听，我讲一个更加好听的故事吧！"可是弟弟却执意不肯，非要我讲不可，妈妈也在旁边附和道:"你是百事通,你就给弟弟讲讲吧。"我一下子觉得骑虎难下,心想,号称"百事通"的我怎么能被小弟弟难住呢?于是决定编造一个来历蒙混过关,反正弟弟也不知道。于是我开始现编现讲起来。

正当我讲得起劲时,爸爸轻声打断了我,他说:"在古代,正月也叫元月,古人称夜为宵,正月十五是一年中第一个月圆之夜,所以称正月十五为元宵节。"弟弟听完后说:"原来哥哥也不是什么都知道啊,还不懂装懂!"听完弟弟的话,我脸都红了,恨不得找一条地缝钻进去。

爸爸说:"每个人都有自己的知识盲区,不懂并不可怕,可怕的是不懂装懂。"孔子曾经说过:"知之为之,不知为不知,是知也。"敢于承认自己的不懂,是一种智慧的表现。

听完爸爸的话,我也明白了,知识的海洋是无边无际的,人不可能什么都懂。不懂并不可耻,不懂就要学习,不可以不懂装懂。从那以后,我再也不让别人叫我"百事通"了。

窗边的猫

肖怡敏 江苏南京溧水实验小学通济街校区六(6)班
蒋 岭 指导老师

天空像大海一般蓝,万里无云,反衬出天空的美。图书馆内,一个男孩正捧着本书,幻想着他的世界。

书中的世界五彩缤纷,既多彩又让人快乐;书中的世界奇妙有趣,让人欲罢不能;书中的世界充满了不可能,让人深思。男孩盯着书页中那奇妙的世界,那个世界科幻又有趣,不禁让他想起了已经去世的宠物。

男孩捧着书，在脑海里描绘起了他那特别的朋友，心中默念着：圆圆的身子，大大的眼睛，粉粉的鼻子。想着想着，泪水似要流出来。他又记起了妈妈告诫过她，男子汉大丈夫不能流泪了。他依稀听见了他那特殊的朋友的声音，这声音转瞬即逝。但在男孩耳边，一直回荡着这个声音。

男孩正疑惑地左右张望着，迎面走来了一个女孩，她说道："咦，这本书我也看过呢，书中说只要有星辰就可以看见你想见的人，话说你看完了吗？"男孩脸上闪过惊讶，随即便发问道："这是真的吗？想见的不是人也可以看到吗？"语气中是怎么也掩不住的兴奋，脸上因为兴奋泛起了红晕。"嗯……大家都是这么说的，应该可以吧。"女孩话语中含着不确定，但随即又坚定起来。男孩看向手中的书，只剩几页了，今天便可以看完。男孩的心七上八下跳个不停，手也止不住地颤抖。

他稳了稳心神，准备将这本书看完。正准备开始看时，他又听见了那个声音，是他那特殊的朋友才会发出的声音，他急忙抬头望去，左看看，右看看，当他看向窗边的时候似有一只大猫在那边，但是转瞬即逝，像是看花了眼，但这并不妨碍他看完书。

女孩拿来梯子准备拿书，男孩顺便也抬头看了一眼，时针已经指向九点钟，但是十点钟他就该回家吃午饭了，书说不定会被别人借走。男孩的心更加快地跳动着，似乎要跳出来了，他不再看其他不重要的东西，专注地盯着前面的书。

时间像调皮的孩子，总是趁你不注意的时候就溜走了。男孩恰在此时看完了书，他抬头望向窗边时，他的朋友正静静地看着他，男孩惊讶地发现他那位特殊的朋友变得十分大，男孩十分疑惑。突然，尘封的记忆悄然钻了出来，男孩小时候曾对他说，想要他能够变大一些，这样他们就可以一起玩了，还可以保护男孩，男孩回过神时，正想再看一看他，他却已经悄然走了。

原来他一直陪伴在他的身边，静静地、默默地陪伴着他。

奇幻之旅

韩依恬　上海交通大学附属马桥实验学校四（2）班
顾志强　指导老师

一觉醒来，我发现自己不能说话了，只会不停地喵喵叫。我心想："我没有故意学猫叫啊，为什么我的喉咙只会发出喵喵声呢？"我赶紧走到镜子前，"哇！我的天呀！我竟然变成了一只肥猫。"我看着镜子里的自己真是难以置信。这，这怎么可能？我是一只猫啦！

我蹑手蹑脚地打开房门，四处张望，发现在厨房忙碌的妈妈根本没发现我，我快速地蹿了出去，太神奇了！我爬上了大树，我跳到了台阶上，我竟然可以像猫一样上蹿下跳，飞檐走壁。这也太酷了。不，我现在就是一只猫。一路上我看见了同学琪琪，我向她快乐地挥着小手，刚想打招呼，突然琪琪大叫一声："哇，好肥的一只猫咪啊！"她温柔地抚摸着我柔软的毛，"你好啊，猫咪，你怎么吃得这么胖？"我刚想说我本来就胖啊，但是喉咙一痒，只发出了两声"喵喵"叫。她继续摸着我的长毛，边摸边说："哇，大肥猫呀，你的毛可真舒服呀，要是你的长毛是我的抱枕，我每天都能睡一个好觉。""哼，我才不要做你的抱枕呢！"我心想，一生气我用猫尾巴拍了一下她的手。"哎呀，好痛，你这只大肥猫，长得那么胖，脾气还不好！"琪琪一脸生气地走开了。糟糕，我竟然打了学霸，她一会儿会不会报告老师，还是赶快溜了吧。我以迅雷不及掩耳的速度蹿到了树上，一溜烟地跑了。唉，我现在是只猫，他们都不认识我了。我百思不得其解，为啥我变成了一只肥猫？难道是因为昨天在图书馆看了一本魔法的书，学着书里念了几句咒语，所以今天就变成了猫了……不行我得想办法变回来。

我三步并作两步蹦跶到学校，左右观望，四处无人，于是一溜烟儿从图书馆的窗户跳了进去。哈哈,变成猫还是有好处的。早上的图书馆真安静,班长来得可真早,她有条不紊地整理着书架的书籍。小博士辉辉也来得早,他又在看什么深奥的书籍,他是我们班的知识小百科,懂得可多呢。只见他坐在地上一边翻阅着书,一边嘴里还在嘟囔:"班长同学,你知道吗?原来在古埃及的时候,猫长期被视为圣兽,古埃及人是世界上最大的饲养猫的群体,还有猫神巴斯泰托,是充满着野性的战争之神。"班长说:"小博士你懂得真多啊!"原来猫还有猫神,我沾沾自喜,想象着自己现在就是猫神,充满着野性的力量,于是我开心地蹦跶起来。"啊!猫!猫!我怕。"班长大叫一声,差点从梯子上摔下来。"哇,猫神显灵了!"小博士激动万分,我刚想给他一个猫抱,突然觉得身体被拽了起来,耳边响起熟悉的咆哮声:"怎么还不起床,又要迟到啦!"我猛地打了个激灵,醒了,摸摸自己的身体。哎!我还是我,猫神不复存在,但梦中的奇幻之旅却深深印入我的脑海中了。

树林里的图书馆

陈天遨　上海新普陀小学四(2)班
夏晓庆　指导老师

2050年的地球上,随着科技的发展,人们越来越依赖电子方式记录和传达信息。渐渐地,书籍变成了一种原始的媒介,被人们遗忘在了历史的角落里。

可是,有这么一个特别喜欢书籍的教授,他花了一辈子时间搜集各种各样的纸质书,除了搜集市面上能买到的书以外,他甚至还在埃及的金字塔里发现了一本古老的书,在一个废墟里找到了一本失传的童话故事……就这样,他收集了上百万本书。

这么多书，要多大的空间才能放得下呢？他想了很久，突然灵光一闪：把书缩小，就能一劳永逸解决这个问题了！于是，他挑选了一处山谷，种了一片灿烂的樱花林，搭建了一座恒温恒湿的小木屋，之后使用缩小灯将书本和书架全部缩小并装进小木屋，打造了一个微缩图书馆。

　　此时教授已经垂垂老矣，预感自己即将走向生命的尽头。为了照顾这个微缩图书馆，他拼尽全力，做了一只圆润而毛茸茸的大猫机器人，赋予了它丰富的智慧以及判断能力。教授决定取"智慧"之意给它命名：索菲（Sophie）。"请帮我好好照顾图书馆，希望能遇到仍然享受书香的人类。"教授温柔地抚摸着索菲，平静地无疾而终。

　　大猫索菲静静守着这座图书馆，一晃就是好几年。一个阳光明媚的春日，男孩小天和女孩小海来到这块美丽的地方，发现了这片樱花林和小木屋。"哇，真美啊！"小海奔进樱花林。"你看，那里还有猫！"小天惊喜地叫着——索菲闲庭信步到他们面前。

　　看到索菲毛茸茸的样子，小天和小海都忍不住蹲下来摸他。索菲一边舒服地发出呼噜声，一边开口说话了："你们好，我是图书管理员索菲，请问你们想不想去图书馆？"

　　小天疑惑地眨了眨眼："图书馆是什么？是挂满了电脑的房间吗？"

　　"嗯——不是的。"索菲回答，"图书馆里没有电脑喵，只有我主人搜集的上百万本纸质书。""嗯？纸质书又是什么？"两个好朋友疑惑不解地问。

　　"顾名思义，就是用纸做的实体书，是一种相对原始的信息记载方式喵。"大猫回答说。

　　"这也太神奇了吧！眼见为实，耳听为虚。索菲，你快带我们去那个图什么……图书馆！"小天说。

　　索菲说："喵——顺着这条路一直向前走就到图书馆啦！"

　　他们穿过樱花林，走到了小木屋前。"这里就是图书馆了喵。"索菲说，"对了，图书馆的书很小，我要先把你们缩小喵。"于是，它的眼睛突然变成两个缩小灯照在小天和小海身上，两个好朋友一下子缩小了。

"哇！太神奇了！"小海说。"快看，这些架子上都是纸质书！"小天惊讶地呼喊起来，"纸质书翻起来可真有独特的感觉！"他们如饥似渴地在架子上寻找起来。"哼哼，很不错吧？电子书虽然容易搜索，但是书架可以让你们更容易地和好书不期而遇喵！"索菲自信地说道。

小天和小海沉迷在书海中：动物百科、童话故事、历史事件、外国文学……他们摸着那些小小的书，就好像在和不同的好朋友交流。大大的索菲静静趴在一旁，时不时给他们推荐一些好书。

窗外樱花飞舞，窗内书香满屋，大大的猫咪打着呼噜，就这样，在这个小小的天地里，小天和小海拥有了一个"世外桃源"。

爱，让一切自然发生

巫艺琳　江西赣州石城县大由中心小学三（1）班
范望清　指导老师

一天放学回家的路上，我和哥哥看到路边蜷缩着一只小小的流浪猫，它卡其色的毛，脏兮兮的，有的甚至板结在一块儿，显然是很久没有洗过澡了。它"喵喵"地叫着，叫声里充满着哀伤，我猜想它可能是饿了。

"这只小猫太可怜了。"我说，"哥哥，要不我们把它抱回家吧？"

"好吧。"哥哥说。

我们把小猫抱回家，幸好爸爸妈妈也同意了，给我们在院子里开辟出一个地方，建了一个猫舍。

我们想先给它一些食物填饱肚子，可是我们没有猫粮，小猫都爱吃什么食物呢？

我们立刻兵分两路查找资料，哥哥上网搜索，我去书本里查找，然后我们把信息汇总在一起。原来猫会吃烧熟的鱼肉、鸡肉等肉类，还会吃鸡肝、鸭心等动物内脏，还有烧熟的土豆、红薯、胡萝卜等蔬菜。

我们立刻行动，给小猫制作了一顿美餐，小猫狼吞虎咽地吃起来。

吃饱以后，我们给小猫洗了个澡，小猫感到很舒服，在猫舍里安安稳稳地睡了一觉。醒来以后，小猫精神多了，也可爱多了：它的鼻子小巧玲珑，眼睛特别大，像两颗闪亮的宝珠，炯炯有神。此后，我们经常陪它玩耍，有时候还到外面去遛猫。

渐渐地，小猫跟我们熟识了，与我们变得亲近起来……

周末的一天上午，天气晴朗，我和哥哥照例去公园遛猫。到了公园，小猫可开心了，它在地上打滚、撒欢，还跟一根鸟毛做游戏……

忽然，小猫抓住了一只小老鼠，它一会儿放开它，一会儿又把它捉住……最后它把老鼠给吃了。不一会儿，我感觉小猫的体型好像变大了。这是什么原因呢？我们有点担心，先去网上查找资料，可是一点收获也没有。我们只好带着猫回到书房去查阅资料。

此时，上午九点，我们的猫安静地卧在一旁，莫名其妙地瞪着大眼睛。

哥哥拿起一本书，坐在地板上投入地看起来。

我想，答案可能没有那么简单，我搬来一架梯子，在更高层的书架上翻找起来，我一本本地翻阅，最后真的发现了秘密。我们在书中读到这样一段话：

爱，让这一切自然发生。人和动物和谐相处，爱，可以让小动物快速生长。

原来，小猫的长大，是自然而然的事情。

魔力巨猫

邱子悠　河南濮阳经济技术开发区实验学校三（11）班
胡金英　指导老师

"书卷多情似故人，晨昏忧乐每相亲。"每个人都喜欢看书，星球上的巨猫也不例外。

有一只巨猫，它的体形很大。大家都取笑它是一个大胖子。它就趁夜深人静时逃出了它的星球。巨猫误打误撞来到了地球。巨猫来到地球后很恐惧。只要看见人类，它就躲得远远的。一次偶然的机会，它遇见了云云，云云对巨猫说："别怕，我不会伤害你的。"巨猫半信半疑来到了云云身边。通过自我介绍，他们很快成了好朋友，巨猫把自己的经历告诉了云云，云云说："不要在意别人的眼光，做最好的自己。"云云很喜欢巨猫，就把巨猫带回了家。云云的姐姐在家发现了巨猫，她也很喜欢巨猫，云云的姐姐每天带着巨猫在家看小人书。不知不觉，巨猫从庞大的身体变成了拇指小猫，巨猫为此感到很疑惑。

今日正好轮到云云的姐姐当图书馆管理员了，姐姐于是带着云云和巨猫在9点来到了图书馆。姐姐先把图书消毒。再把书柜擦干净，最后把图书摆放整齐。姐姐一边干活儿，一边哼起了自编的小曲儿："我是小小管理员，干呀干呀干得好。"此时，只见云云飞奔到书柜前，拿起一本《上下五千年》坐下来安静地看起来，不知何时巨猫也凑过来跟着云云一起看起了书。他们看了九九八十一页，一眨眼，巨猫看着眼前的云云忽然变得如米一样小了。巨猫连忙伸出自己的手一看，原来自己又变成了一只庞大的巨猫了，它恍然大悟，终于知道了自己变化的原因了。原来看没内涵的书会让自己变小，看一些正能量的书，会让自己变大。巨猫兴奋地告诉大家："看正能量的书会让自己变得强大，看负能量的书会让自己变得弱小。"

不久它就变成了一个才高八斗的巨猫了,从此,它再也不在乎别人异样的眼光了,没过多久巨猫就返回了星球。这次,它做起了活泼开朗的自己。回到星球后,它还在学校旁开了一家书店。书店里有许多名著,有《水浒传》《红楼梦》《三国演义》《西游记》《三十六计》《论语》等成千上万本书籍。它让星球上的小动物也感受到了书的魔力。在巨猫的带领下,动物们都变成了"腹有诗书气自华"的小可爱。

从此之后,星球动物再也不嘲笑巨猫了,并向巨猫学习。巨猫的书店越开越大,逐渐遍布整个星球,这个星球在巨猫书店的影响下被大家称之为"书球"。

奇妙的旅行

阎一辰　河南巩义市实验小学六(6)班
白称心　指导老师

一个阳光明媚的午后,我和妹妹到图书馆看书,妹妹看到书架上方有一本叫《流动的血液》的书,很好奇,于是就爬上梯子踮起脚尖,伸长手臂,想拿到那本书,可是刚碰到那本书,那本书就掉了下来,发出了一道刺眼的白光,刺得我们睁不开眼睛。

当我们再次睁开眼睛时,发现自己已经不在图书馆了,而身前却站着一只和大人一样高的猫。妹妹平时最爱猫,这会儿却被吓得躲到了我的身后。"嗨,你们好呀小朋友,我是猫博士,让我带着你们去了解人体里面血液流动的秘密吧。"那只猫一边说一边向我们招手,"来,请上我的飞船吧!"我和妹妹既担心又害怕,但好奇心还是驱使我们走进了飞船。这时路边有一个小朋友摔倒,膝盖受了伤。只见猫博士按下飞船的缩小键,说:"让我们趁着这个伤口进入小朋友的身体,去了解血液吧。"说话间,我们的飞船已经变得小到人们肉眼看不到的地步了,我们顺着伤口进入了血液。

进去之后,飞船的周围有很多红色的扁扁的东西,猫博士介绍道:"这是红细胞,是因为有它们,血液才是红色的,它们还负责输送氧气。"就在这时,血液的流速突然加快了,猫博士赶紧操纵飞船用吸盘吸附在了血管上面。这时,我看到远处有些长得很奇怪的东西向这边飘来,于是问猫博士那些是什么东西,猫博士回答说那些是病毒。

"啊,病毒进来了怎么办?"妹妹焦急地问道。

"看到这些无色的东西了吗?这是白细胞,他们会清除这些病毒。"猫博士镇定地回答。

果然,有一些无色的圆圆的东西跑过来消灭了病毒。我又看到许多黄色的东西堵住了伤口,便用手指着伤口处问道:"这些是什么东西?"猫博士望向我手指的方向,说:"这些是血小板,他们会暂时堵住伤口。"

突然,血液流动的速度再次加快,飞船被冲走了。过了好一阵子,飞船才停止下来,这里的血管比刚才的血管宽阔了很多,猫博士对我们说:"我们快到心脏了,心脏会不停地跳动,为血液流动提供动力,让血液流到身体的各个部位,这就是人体的血液循环,很神奇吧。好了,我们该回去了。"

回到地面上以后,我和妹妹对猫博士很感激:"谢谢您猫博士,让我们有这么一次奇妙的旅行,还让我们学习到了很多有用的知识。"

"不用谢,有机会我再带你们进行更加有趣的旅行!"猫博士说完,又一道白光亮起,我和妹妹又回到了图书馆,这真是一次奇妙的旅行!

小猫的图书馆

刘怡乐　兰州大学附属学校六（5）班
王秀梅　指导老师

莉莉和她的哥哥乐乐养了一只小花猫。每天放学的时候，小猫都会提前跑到学校的柳树下等他们，嘴里衔着不知从哪儿来的纸张，仔细一看，有时是报纸，有时是杂志，有时候是书，甚至还有漂亮的绘本。还有些时候，小猫会叼着一些彩纸和几个过家家的玩具。和他们一起回到家后，小猫就把这些东西叼到猫窝里，然后就一动不动地钻在里面。莉莉和乐乐一开始也没有特别留意，可小猫渐渐每天都这样做。

一个周五，莉莉和乐乐一放学就一起奔向小猫平时等他们的柳树下。可是树下空空如也。他们还去了花丛、操场，所有的教室、校门口的草坪、灌木丛、喷泉……学校的每一寸土地都找过了，但是连影子都没找到。莉莉说："小猫是不是已经回家了？"乐乐恍然大悟："哦，你说小猫是不是饿了，提前回家了，妹妹？""很有可能。"

于是，大家都看到了黄昏下飞奔着两位少年的身影……

兄妹俩刚到家门口，就看到妈妈留下的小字条，她有急事，今晚值夜班，明天早上才回来。乐乐："那我们赶快去找小猫吧。""可不是嘛！"

于是，他们翻遍了家里的每一个角落，最终锁定了猫窝。莉莉探头钻进了猫窝："啊！"奇怪的事情发生了，妹妹不见了！乐乐立刻也钻进了猫窝。突然，一股强大的力量把他吸到了一个小盒子里。"我怎么变小了？"兄妹俩异口同声地问，"我也不知道啊！"他们又一起回答。"这是，一个盒子？"莉莉问。"应该吧。"忽然，一个巨掌从空中拍了下来——打开了墙上的开关,灯亮了。

他们看到了一排排整齐的书架、一架架梯子、一个个软垫和他们家的小猫。不对,现在是大猫了。大猫张开嘴巴:"小主人,你们好!"乐乐:"你会说话?"莉莉扶正了下巴。"在我的图书馆里,所有动物和植物都会说话。"莉莉再次把下巴扶正:"原来这是你的图书馆!"

他们三个尽情看书、玩耍、聊天,直到天亮。兄妹俩打着哈欠道别。小猫说:"如果你们下次还想来,只要钻进猫窝,喵喵喵叫三声就进来了!"

兄妹俩回到床上补觉了,很快就沉沉睡去。妈妈这时回来了,看到孩子们安详的睡脸,就陪他们躺下,一起进入了梦乡。

光明磊落的态度

罗翊水　甘肃华亭皇甫学校六(1)班
殷红霞　指导老师

知之为知之,不知为不知,我们当以不学为耻,不必以不知为耻。光明磊落的态度,没有什么难为情,若不懂装懂,终有一日会露出马脚,到那时就更加难堪,而虚伪的行事,终会有人揭示你的把戏。

夕阳的余晖映照着窗台,映出了我读书的身影。放学了,大家陆续走出教室,就剩我一人,坐在窗边思考着问题,预习着明天的内容。到了傍晚,我回家了,月光洒在窗边,听着窗外孩子的笑声,月亮和星星在窃窃私语,我渐渐入睡了。

第二天早上,我们照常上学,在一阵欢声笑语中进了教室。第一节便是语文课,快到结束时,语文老师问了一个问题:"有谁知道巴沙鱼是哪一种鱼?"思来想去,我还是不知道那鱼是什么,我也没有见过,也没听大人口中说过，但看着旁边同学们的手陆续举起来，我心想：我一直被同学们称为"小百度"，我不举手，我的称号可能就一去不返，我会被狠狠地嘲笑。脑海里想象他们的嘲笑，我竟然鬼使神差地将手举起来，只希望语文老师千万不要叫我回答，心里祈祷了好多好多遍。真是怕什么来什么，老师叫我回答问题，我一改以往，站起来支支吾吾地答道："嗯……巴沙鱼……嗯，是一种鱼。"同学们大声哄笑，有的甚至捂住肚子笑，我的脸一会儿红得像番茄一样，一会儿又紫得像茄子一样，我不知道是继续站着，还是在同学们的嘲笑、奚落中坐下，我坐立难安。

老师维护了一会儿秩序，又叫了我的同桌回答问题，他说了好多关于巴沙鱼的知识，听得大家都向他投去了崇拜和羡慕的目光，但我的脸是青一阵紫一阵，老师的心情也是多云转晴，不再责怪我。

在一阵欢声笑语中下课了，同学们大都围在了我同桌那，一会儿问巴沙鱼在哪生活，一会儿又问巴沙鱼吃什么，他也对答如流，滔滔不绝地讲着，看得我羡慕极了，同学们平时都围在我这，今天却围在他那。唉！过了一会儿有几个人朝我走来，他们是来嘲笑我的，我伤心极了。以前的称号一去不返，那个称号现在在我同桌那，听着他们对同桌的夸赞，和对我的奚落、嘲笑，我很想逃离这里。

出了教室，我就在想：当时我不逞英雄，会不会不是这样的结果，就不会听他们的挖苦，他们笑我虚伪、不诚实，如果当时不举手就好了。

一直到回家的路上我都在想，如果当时诚实一点，没有举手，就没有那样的结果，但世界上没有后悔药。这件事让我明白了：我们都不是全知全能的，我们不知道的事要勇于承认，这正是光明磊落的态度，没有什么好遮掩的，要是一旦露出马脚，到时会更难堪，而虚伪的心境，在精神上就已经很痛苦了。

知之为知之，不知为不知，是知也。

落日的余晖为天空染上了一抹酡红。

以不学为耻，不可以不知为耻

贾嫣冉　甘肃华亭皇甫学校六（1）班
殷红霞　指导老师

对于邹稻奋先生的这段话，从中我们可以理解到：一些事情，不知道就是不知道，如果不知道的事情说知道，迟早有一天就会露出破绽，一旦露出了破绽，就会更加感到难堪，而这个破绽露出后，定会叫你苦不堪言。

记得那个黄昏，晚霞映在了每个学生烂漫的笑容上，是的！放学了，每个孩子就像蜜蜂一般，一天的事情都做完了，急急匆匆地赶回家。在人群中我认出了接我放学的父亲，我笑着向他奔去。父亲在那时也发现了我，笑着向我展开了双臂。

回到家，父亲问我："今天在学校里学到的知识，你都掌握了吗？"我很不耐烦地点了点头说道："学会了，学会了！"父亲看着正专心看电视的我，很无奈地摇了摇头。

到了第二天，我们要迎接一周一次的学习评测，我心想："老师教我们的，我都学会了，一点都不担心！"可是等到开始考试时，我看着卷子上的题目，一脸茫然。"好难啊！"我小声嘀咕道。我瞄了眼周围的同学，都埋头疾书，我很疑惑："这么难的题，他们都会？"我看了看同学，又看了看卷子。"只好赌一把了！"我心想。我就靠着老师讲的课和练习册上做的题，一道道答下去。考完试后，同桌说："这次的题好简单啊！"我说："才不简单，这么难的题，你怎么会的？"同桌继续道："这些题老师不是让做过吗？"

"什么时候？我怎么不知道。"

"就是昨天晚上啊！老师说觉得自己还没学懂的看一下，昨天在班群发的小练笔。"

"什么?"我大喊,"昨天?我怎么没看见,难道说,那时候爸爸问我的是这个!"

回到家,爸爸问今天评测做得怎么样,难不难。我心虚地说:"不难,不难。"手心里都攥出一把汗。

第三天,评测成绩出来了。我焦急地等着组长发我的卷子,班里乱成一锅粥,我看见同桌的卷子:98。我瞪大眼,望着他。他小声说:"哎呀,粗心了,粗心了!这么简单的题我都能写错。"我又看了看周围同学的卷子,上面分数一个比一个高。我心想:我的卷子怎么还不发呢?这时组长站在我面前大声说:"怎么回事?这么简单的题你都能做错?"我立马凑上前去看我的卷子,上面清晰地用红笔写着:74。我不由自主地慌张了起来。放学了,我将卷子带回了家,父母看着我的试卷,让我心中慌张得更加厉害了。我头上冒着冷汗,突然,一个声音传到了我的耳中:"你记得我说的那一句话吗?"很明显,这是父亲在说。我擦了擦头上的汗,想起了邹韬奋先生的话。那是父亲经常说给我的,我低下头,脸红地说:"爸爸,对不起,我知道错了。"父亲还是像往常一样温柔地说:"没事,但,下不为例!只要你记住——以不学为耻,不可以不知为耻。"

夕阳下,还是那个高大的身影展开双臂,等待着那很小只的身影,还是一样的话:"今天学的,你都掌握了吗?"但这次的回答是:"还没有全掌握。"

从那以后,万家灯火的窗前,台灯下一个大人俯着身,在给一个小孩写写画画……

能给我一本故事书吗

李泽锐　浙江金华永飞文学园地四年级
戴永飞　指导老师

天黑了，外面下着瓢泼大雨，夜空中没有了群星，也没有了月光，大街上没有了人群，也没有了往日的喧嚣，只有一种静谧又凄凉的美。

十岁的苏诺，手里拿着一本《格林童话》，这是他最喜欢的一本书，可此时却一个字也看不进去。他回想着白天由于同桌课堂上故意捣乱，两个人争吵被老师批评的场景，心里的委屈又一次涌上心头，苏诺的脸上写满了悲伤和无奈，不禁让他想起了童年时和母亲在一起的时光。

记得他还很小的时候，母亲就陪他一起读各种各样的绘本，还常常对他说："快点长大吧，长大了就能自己读书，看到更精彩的世界了。"就是这句话使他对长大变得向往，长大后的世界到处都是蔚蓝的天空和明媚的阳光。

再后来，苏诺上小学了，父亲常常出差，十天半个月才回来一次，母亲也天天加班，他每天都要在学校门口的图书馆等妈妈，目送别的同学一个一个被家人接走，而他却只能在图书馆看书，这是他每天心情最黑暗的时刻，似乎黑得连天上一点星光也没有，使他感到无比孤独和寂寞。

此时，一只避雨的小猫走了过来，环顾了下四周，趴在了苏诺的脚边。它和自己以前养的小猫有些相似，棕黄的毛，白色的肚皮，一双褐色的眼睛透着无限的忧郁和深邃。苏诺放下书，把它抱了起来，轻声地说："你为什么待在这里，是不是也在等妈妈？为什么你不能时时刻刻待在父母身边？为什么你不能一放学就回到家中？为什么？为什么？"苏诺越说越伤心，越说越痛苦，他想知道，为什么？小猫的眼角滚下了几颗泪珠，落在了故事书上，此时书上好像突然写满了内容。在书中，他仿佛看到了曾经父母带着他一起游玩时的开心和雀跃，看到了他因淘气而受伤时父母的心疼和关爱，看到了冬夜里生病看急诊时父母的焦虑和担心，看到了母亲带他读书时的温暖和温馨……这一刻，他所有的疑问全都找到了答案，这一刻，他终于懂得了父母的爱，博大而宽厚，坚定而深沉！这时他听到了母亲叫他的声音，他和小猫说了声再见，站起身来，微微一笑，他不想让母亲担心。

雨停了，苏诺把车窗按下，群星在空中闪耀，淡淡的星光洒向大地，让一切都明亮起来。在这夜深人静的时候，苏诺手里拿着故事书，望着群星，终于懂得了父母对他浓浓的爱。

不懂就问

张小贝　江苏宿迁泗阳县双语实验学校五（2）班

想要打开知识的大门，你就要以"问"为钥匙，想学识渊博就是这么简单。很多人都愚蠢地抛弃"问"这把钥匙，凭一己之力就想推开大门，必然失败，所以觉得获得知识十分困难。而那些知识渊博的人，他们用"问"这把钥匙打开了知识的大门，获得了无穷的知识。

有很多人都觉得"问"很丢脸，这有什么好丢脸的呢？明明不懂还要装懂，这才是最丢脸的。

东汉时期，华佗是个名医，可他刚开始行医时，本领并不高明。他自己也知道这一点，为了提高医术，便虚心向别人学习，最后终于成了一代名医。可贵的是，成了名医后，华佗依然向高明的老先生请教。我们在景仰华佗医术高明的同时，也不要忘了学习他身上这种谦虚好学的精神，只有放低姿态，才能更好地成就自己。

唐朝，著名诗人李白，一代诗仙，酷爱写诗，听闻许宣平老翁吟诵一首诗，便知道对方是一位不可多得的好诗人。因慕其诗而欲结交其人，接下来，李白为了寻找老翁而付出了许多努力。有诗写道：翻山越岭若等闲，坚毅精神在心田；亦师亦友真名士，两位诗人佳话传。政治失意的李白自此在友情、诗情中寻找到了慰藉，一代诗仙爱诗的本色得以充分彰显，当时的李白已然名扬四海，但他仍然把老翁当作知心诗友，虚心求访，可见学而无涯。而他和许宣平老翁的这段事迹也因此被传为千古美谈。

"山外有山，人外有人"，无论你多么优秀，多么厉害，都有人比你优秀，比你厉害，你不能骄傲，要虚心请教他人，才能让自己不断获得知识。

从一出生开始便注定了你要学习，你要请教他人。如果没有问题，哪有那么多真理呢？真理来源于问，不懂就问，才能有人去探索、去发现，才能出现一个个的真理。不懂就问，难道有错吗？

一定要记住，勤学好问是一种才华，它绝对不会让你显得笨拙，你在取经途中不光学到了书本上的知识，更能学会书中没有的知识。

所以，要具备谦虚求学的优良美德，不懂就问，不会就学，而不要自以为是，不接受他人的建议和指导。相信，低调又谦虚的精神和品格会让你获益匪浅，取得卓越的进步。

第十三届"韬奋杯"全国中小学生创意作文大赛获奖名单(中学组)

特等奖

赵圆雯　　章昕悦　　王艺澄　　佘尚达　　张晓瑜

一等奖

胡睿哲　　郑　好　　顾皓涵　　胡可言　　唐婧涵
魏诗粤　　杨岬泽　　谢沅锦　　黄奕芃　　潘濠乐

二等奖

李之善　　朱亦萱　　王思涵　　张乔聿　　任逸飞
施存芫　　陆沁滢　　李梓萌　　黄靖淳　　刘任轩
陆柏涵　　王添颐　　陶佳栎　　孙苇杭　　余佳淇
曾子涵　　杜海岳　　徐漫翎　　孔子悦　　吴佩莹

三等奖

吴晨涵　　丁琦轩　　艾添忆　　黎嘉颖　　许德昊
张思施　　吕　行　　赖宇轩　　孔济桐　　严舜航
郑　露　　周　全　　詹贺欣　　郭子涵　　王　菁
王棠磊　　罗杰译　　赵沈添　　张诗晗　　罗雅珊
车荣哲　　刘航语心　林彦佑　　陈乐萌　　林芷妍
崔畅轩　　郑睿熙　　范嘉琪　　叶亦奇　　彭江宁
叶雅彤　　冒佳文　　梁卓诗　　赵佳燏　　杨浩葳
陶雨瑄　　程子煜　　陈雨杉　　石胡杰　　程熙涵

优秀奖

齐子彤	王怡珊	戴华金	陈思玄	齐子轩
黄晨熙	郁梓涵	王泓添	仲雨嫣	王加翼
郑语萱	韩宇轩	熊瑾萱	陈诗瑶	刘宇柔
黄思涵	朱子强	沈暄泽	徐瑞阳	周恺辰
朱语桐	李可馨	王雅逸	徐子熙	郑熙川
刘俊哲	刘可馨	陶诗宇	彭楚杰	崔露月
陆计媛	卢晨以	郑铭辉	赵宇泽	王裴然
管维安	张宝丹	宋楚怡	陈子纾	李西桐
张 璨	管昕熠	郑欣怡	孟乐瑶	韩思成
张睿祺	杜艾宸	顾博宇	史盛添	周舒瑜
陈珈儿	黄度宇	聂思甜	陈泓燕	邱馨月
赵政赫	孔何祺	郭润泽	秦懿辰	唐紫涵
许柳依	李菲桐	张昊天	陈语颖	王湫远
景乐一	刘阅微	顾艺晨	杨子瑶	文巧嫣
顾陆萱	刘佳轩	陈竣泽	汪伊晗	刘立希
杜浩宇	林黄箴言	杨子欢	王嘉豪	张楷浩
黄紫萱	李 杰	程 翰	张韵烨	时 尚
王宇喆	罗可萌	冯祺胭	林珊羽	聂雨歌
韩埝菓	张漫青	孙梓涵	刘昕悦	许文琪
吴逸泓	胡一飞	陈逸欣	张钰涵	韩佳邑

第十三届"韬奋杯"全国中小学生创意作文大赛获奖名单(小学组)

特等奖

汪彦伯　　刘婧悠　　华　暄　　陈思诺　　李一诺

一等奖

于铠源　　张怀蕙　　蔡依依　　杨芊晴　　孙苡安
郭若楠　　霍思如　　李展逸　　马蕴宜　　孟语希

二等奖

汪坤麟　　钱云汉　　朱思衡　　胡晨希　　张鹿鸣
陆至君　　刘宸宸　　李昊彦　　冯俊熹　　王梓赫
陆梓骏　　方清岚　　管上集　　江雨霏霏　胡淳元
崔柏冉　　胡桢析　　陈祈泽　　张诣琛　　郑相宜

三等奖

史岚尹　　孙毓璟　　黄新喻　　张芷萱　　盛天翊
张译心　　宋俊贤　　周祉晴　　陆向暄　　黄越筱曼
陈依依　　葛怀羽　　刘奕辰　　庄　宸　　张淇奥
胥艺鼎　　陈璟涵　　石　乐　　邢　栋　　陈胤垚
刘辰菲　　郑　颖　　谢宇乘　　刘亦凡　　韩金宸
汪熙雯　　杨斯羽　　徐桢越　　刘开来　　肖怡敏
韩依恬　　陈天遨　　巫艺琳　　邱子悠　　阎一辰
刘怡乐　　罗翊水　　贾嫣冉　　李泽锐　　张小贝

优秀奖

王奕宁	张绍迪	陈欣然	王心蕊	张书瑶
陈　曦	胡明扬	郭语桐	刘　蓁	李佳颖
陆天浩	石令仪	季沐晴	陈姝含	熊子吉
陆宇浩	戴瑞言	王也恬	孙多米	蒋肇佳
唐悦桐	陆薇瑶	陈思羽	薛然之	赵依苒
骆朱轩	金翊平	马熙尊	郑煜霖	顾博天
庄宸彦	蔡沐宸	吕筱玥	郑煊晴	李卓萱
王若昭	蔡宇博	郭睿妤	田　幂	刘景源
葛思杨	高琬清	王峥音	周涵蕴	王骆宁
程振霄	张嘉彧	张筠添	赵思默	张子羽
赵芸汐	颜寿屺	程渲茗	范钰萱	曾李互茗
杨云越	钟易安	布子涵	李一诺	刘玉瑶
王颢云	邓天一然	高沐阳	宋沛霖	李俐昕
陈彦臻	李昕阳	万竞壕	王紫伊	刘一涵
庄无瑕	毛建荃	刘思含	陈卓昕	骆苇杭
叶融耀	姚　铄	周芷莹	万书妍	毕一鸣
林家睿	章诗芸	张雅淇	常容菲	陈　茉
刘逸璇	唐健博	姚姜宇	刘谨言	孙美萱
耿彬瀚	姜岂壬	孙逢春	冯熙卓	史沐阳
罗伊一	林彭羽	陈逸瑄	唐浩翔	罗雯淇

第十三届"韬奋杯"全国中小学生创意作文大赛优秀指导老师

白称心	白 京	陈 浩	陈 华	陈 娟
陈丽婷	陈美彤	陈 香	戴永飞	董 楠
杜 敏	范望清	葛 丽	顾爱军	桂 雯
郭若琳	郭育苗	还 华	韩芸泽	何逸群
侯金岺	侯渭媛	胡金英	胡 苗	胡 玥
黄 蕾	黄丽玉	黄芊芊	江 帆	蒋 岭
孔艳芳	李安生	李海燕	李 宏	李慧雯
李建兵	李 娟	李新鸽	李艳玲	林雍华
刘 丹	刘黄瑛	刘 淼	刘佩宁	刘双凤
刘 颖	罗 铖	马 娟	孟微萍	牟陈子
倪明娅	潘樊洁	盘子榕	沈 磊	沈文春
孙加影	田晨雨	田 菊	田 茜	王 宝
王 蓓	王晨璐	王丽萍	王明意	王淑敏
王维斌	王秀梅	吴秋鸿	吴恬恬	夏素华
谢少颜	辛 龙	徐 鸣	杨 帆	杨 婧
杨柳婷子	杨艺博	杨雨霏	姚 涛	殷红霞
俞春婉	袁凯怡	苑文丽	张 蕾	张 利
张兴武	张亚梅	张 艳	张园园	张 哲
赵海倩	赵梦秋	赵 琼	周 波	周亚琴
周 莹	朱晨愿	朱妞荣	朱阳旭	祝成明

图书在版编目（CIP）数据

第十三届"韬奋杯"全国中小学生创意作文大赛获奖作品集 / 韬奋纪念馆，《少年文艺》编辑部编. —上海：少年儿童出版社，2024. — ISBN 978-7-5589-1991-6

Ⅰ. H194.5

中国国家版本馆CIP数据核字第2024TE0899号

第十三届"韬奋杯"全国中小学生
创意作文大赛获奖作品集

韬奋纪念馆 《少年文艺》编辑部 编

赵　燕 封面图
胡晓蕊 魏　恺 沈骋宇等 插图
钱　黎 装帧

| 责任编辑 | 吴佳欣　吴丽丽　唐　宁 | 美术编辑 | 钱　黎 |
| 责任校对 | 陶立新 | 技术编辑 | 许　辉 |

出版发行 上海少年儿童出版社有限公司
地址 上海市闵行区号景路159弄B座5-6层　邮编 201101
印刷 常熟市文化印刷有限公司
开本 720×980　1/16　印张 19.25　字数 267千字
2024年8月第1版　2024年8月第1次印刷
ISBN 978-7-5589-1991-6/Ⅰ·5248
定价 58.00元

版权所有　侵权必究